無聲的臺灣

周玉山 著

東大圖書公司 印行

國立中央圖書館出版品預行編目資料

無聲的臺灣／周玉山著．-- 初版．--
臺北市：東大發行：三民總經銷，
民85
面；　公分．--(滄海叢刊)
ISBN 957-19-1902-0（精裝）
ISBN 957-19-1903-9（平裝）

1. 論叢與雜著

078　　　　　　85001299

著作人　周玉山
發行人　劉仲文
著作財產權人　東大圖書股份有限公司
臺北市復興北路三八六號
發行所　東大圖書股份有限公司
地　址／臺北市復興北路三八六號
郵　撥／〇一〇七一七五──〇號
印刷所　東大圖書股份有限公司
總經銷　三民書局股份有限公司
門市部　復北店／臺北市復興北路三八六號
重南店／臺北市重慶南路一段六十一號
初　版　中華民國八十五年三月

編　號　E 85321①

基本定價　陸元貳角

行政院新聞局登記證局版臺業字第〇一九七號

ISBN 957-19-1902-0（精裝）

獻給

瘂弦先生

自序

民國八十年，我推出了《文學徘徊》，也告別了青年時代。民國八十五年，以這本《無聲的臺灣》，充當中年後的第一種文錄。

四十不惑，那是聖人的境界。於我來說，四十有惑，遠勝從前。身處今日的臺灣，目睹各種亂象，眼看兩岸紛擾，能不憂心如焚？二十年來，我以研究彼岸爲業，稍解大陸當局的思路，也深苦臺灣當局的不知彼。兩岸近在咫尺，對比强烈，卻有人以未逮之力，挑戰中華文化，並與全體中國人爲敵，若欲借此求取尊嚴，則效果適得其反。中共非中國，當局非人民，我站在中國人的立場，對兩岸當局多所直諫，換來的憤怒，非我所能計了。

本書選文六十四篇，用以紀念六四事件，內容則觀照兩岸中國的種切。全書分八輯，第一輯談孫中山先生，從〈我們國父〉，到〈孫中山思想與大陸改革〉，企盼以新的角度，詮釋孫先生的行誼和主義。第二輯談國族觀念，從〈因爲有中華民國〉，到〈論族群融合〉，剖析台灣的現實與出路。第三輯談國民黨，從〈西望神州〉，到〈我們救黨的理念〉，激起回響之熱烈，爲我生平所僅見，可知吾道不孤。第四輯談人物，從〈追懷玄默先生〉，到〈無限惜別意〉，其中除毛澤東外，無論健者或逝者，都令我懷想不已。

第五輯談文化，從〈記浩然營〉，到〈臺北市文化局芻議〉，足跡遍及海內外，心在精神建設則一。第六輯談五四與六四，二者相隔七十年，中國的進步無由展現，我心所爲危，不免多加著墨。第七輯談大陸文學，這是我的本行，從〈大陸文學作品中的政治〉，到〈賀敬之的道路〉，六十年來的左翼文學，由此見到縮影，其中的成敗悲歡，雖萬言亦難盡述。第八輯談書，從〈父親的回憶錄〉，到〈印象深刻的叢書〉，約略可以透見，我視書爲第二生命。

三民書局兼東大圖書公司的主人劉振强先生，五度爲我出書，且不删一字，凡此俱現其慷慨。我在感激之餘，想起前人的句子，或可囊括劉先生與我共同的心情：

起向高樓撞曉鐘，
不信人間耳盡聾。

無聲的臺灣　目次

《第二輯》

【第三輯】

《第四輯》

【第五輯】

【第六輯】

【《第七輯》】

【第八輯】

第一輯

《第一講》

我們國父

戴季陶先生的詞，黎錦暉先生的曲，國父紀念歌靜靜躺在玻璃墊下，陪我很久了。一紙莊嚴，在晚秋的時節，總會發出音來，一如春三月。

每逢國父的誕辰與忌日，我輕聲唱，給自己聽。我們國父，首倡革命，革命血如花。我在日本山口，看到「明治維新胎動之地」的勒石，友人說，國父曾經在此練兵。推翻了專制，建設了共和，產生了民主中華。我在馬來西亞檳榔嶼，想起國父曾經在此開會，策畫第十次起義。該地舊稱庇能，如今滿城炎黃子孫，相對如見故人。

我輕聲唱，給自己聽。民國新成，國事如麻，國父詳加計畫，重新改造中華。民國二年討袁之際，國父來到臺北，接見島內同志。下榻的梅屋敷，位於中山北路復興橋下，我自幼至今，流連瞻顧，不下百回。班上的學生告訴我，他們自幼至今，從未足履斯地。

我要以何種心情唱下去呢？三民主義，五權憲法，眞理細推求。這些眞理經過近一個世紀的實驗，在世界各地放出了光亮。印尼的蘇卡諾推崇它，據此寫下建國五原理。建國三程序來到西方成爲政治發展的理論源頭。《大英百科全書》記載它，加州大學柏克萊分校研修它，我們的憲法標榜它，現在我們的官吏漠視它。漠視者可能沒有讀過一篇原文，況論十二巨冊的《國父全集》？

一世的辛勞，半生的奔走，爲國家犧牲奮鬥。是誰？是誰在中山陵上，看到「中國國民黨葬總理孫先生於此」，湧出久未謀面的男兒淚！國父靜眠或失眠於此，此地古稱蔣山，中國國民黨的總裁蔣先生，靜眠或失眠於慈湖。同志一度說，總裁一日未奉安南京，我們就一日不解除心喪。現在，同志上下交征利，總理總裁擺在那裡？

國父精神，永垂不朽，如同青天白日，千秋萬世長留。在臺灣，燒青天白日旗獲判無罪，燒青天白日滿地紅旗獲判微罪。燒旗者自稱終結者，狂呼中華民國業已不存，卻還保存自己的中華民國國民身分證，捨不得燒。是的，一證尚存，即可說明國父的不朽。「眼前多少頑無恥，不認梅花是國花」，張大千先生因此喜歡畫梅。大陸近年公開徵求國花，結果選梅者爲數最多，暗香浮動兩岸。此間爲數甚少的男女，不認國父，也不認國家，無父無國，何以名之？

民生凋敝，國步艱難，禍患猶未已。鄧小平反對三民主義統一中國，質問民國三十八年以前的成效。的確，若見成效，北京市民當年不會夾道歡迎共軍入城。可是，以後呢？毛澤東早在詩詞中鼓舞農民，「分田分地眞忙」，那是眞的嗎？大千畫梅，他畫餅。更有人在九十年代前夕，慰問屠城的劊子手，說將來還要殺無赦。這樣的統治者，一再充當人民的救星！

莫散了團體，休灰了志氣，大家要互相勉勵。武昌起義，革命軍的口令是「同心協力」，從十多顆子彈出發，蔚為一夕的驚天巨變，團結奏出了凱歌。國父坐鎮廣州時，令不出大元帥府，舉世更無一國承認，其志仍可摩頂。臺灣的外匯存底世界數一數二，許多條件遠勝於昔，我們可有重返中原的志氣？

國父遺言，不要忘記：革命尚未成功，同志仍須努力。西方學者寫《孫逸仙傳》，副題是「壯志未酬的愛國者」。中國太大了，廣土衆民，問題成山。如何讓廣土開遍自由花？如何讓衆民成為資產而非債務？有待一個合情合理的制度，千千萬萬名接力的跑者，在個人利益與國家利益之間，尋找著力點，然後鼓動春風，又綠江南岸。

臺灣的跑者啊！請借力春風，先綠淡水河。明年此刻，或更早的春三月，我們在河畔，合唱國父紀念歌！

81.11.12 聯合副刊

拋棄自家無盡藏

八十三年九月八日，考試院院會決議，高考將廢除國父遺教，普考將廢除三民主義。各報在頭版刊出這個消息，可見其重要。時值中國國民黨建黨百年前夕，此訊尤其令人省思。

高普考的科目繁重，堪稱國內考試之最，如今各減一科，考生想必額手稱慶，皆大歡喜。國父有生之年，也未料到三民主義會成為考題，他只希望付諸實踐。實踐固有賴全民，更有待官員，因為後者擁有較多的權力。偏偏，許多官員忘記了三民主義。

在三民主義的國度，官員忘記了三民主義，無論如何並不光彩。但是，考選部王部長似乎不作此想，他在立法院答詢時，做錯了去年的考題，因此更加強其廢除之念。我們清楚看見，他在知道答錯後，面有得色。

假如他答錯的是別科，該科是否也要廢除？考試是要準備的，命題方式更是可以變革的，然而他卻根本否定了本科。高普考的國父遺教與三民主義，現已完全改為選擇題，此為遷就電腦閱卷之便，卻引發命題不當之議，這不是國父遺教與三民主義的專利，而是所有測驗題科的共象，試問是否因此要取消一切？

站在萬千考生的立場，少考一科總是喜訊，因爲減輕了負擔。此外的理由，例如「一黨的主義」、「脫離時代的意識形態」等，都有商榷的餘地。

從印尼的蘇卡諾總統，到美國的雷根總統，皆以外國元首之尊，推崇三民主義。前者視爲建國的寶典，後者舉林肯總統的蓋茨堡演說並論。南斯拉夫在狄托總統任內，也推行了民生主義的土地政策。南韓國土統一院院長的辦公室內，標示了三民主義的要旨。新加坡的官員告訴我，該國國宅的普及，實現了孫中山先生的理想，即「住者有其屋」。至於五權憲法，至八十年代初，世界已有三十餘國，實施了九十多種不同的監察長制度。請問，這是脫離時代的思想嗎？

三民主義是天下的公器，非一黨所得而私，亦非一國所能獨據。開發中國家固宜奉爲共同的藍圖，已開發國家也頗可借鏡。例如，西方在戰後盛行的政治發展理論，國父早於「建國三程序」中猛著先鞭，即由軍政發展到訓政，再發展到憲政，如此循序漸進，啓迪民智，政治方能穩定。再如國父的「錢幣革命」論，早在凱恩斯批判「金本位」制前，即已通電於世，要點則在以紙鈔代替金銀，且借人力加速爲之，如今放諸全球而皆準。請問，這是脫離時代的思想嗎？

就中國大陸而言，由於中共統治的失敗，馬列主義盡失人心，三民主義遂獲有識之士的重視。例如，一九七九年三月，大陸民主運動勃興時，《解凍》雜誌發表宣言，要求建立以孫文學說為核心，符合現代人需要的新國學。一九八九年五月，大陸民主運動再度勃興時，天安門廣場上，出現了國父的大字「天下為公」。不少證據顯示，大陸已有人以孫先生的思想，取代馬列主義和毛澤東思想。

國父為救中國，發明了三民主義。數十年來，其主張引起廣泛的討論，也在部分地區付諸實踐，證明了可行與當行，在即將來臨的二十一世紀，仍有助中國及其他國家走向現代化。準此以觀，國父無愧為世紀人物。「民族主義是國家圖發達和種族圖生存的寶貝」，「民權是時勢和潮流所造就出來的」，「二十世紀不得不為民生主義之擅場時代也」，舊世紀漸終，新世紀將臨，這些詞句全部變成事實，在人類舞臺上展現了光芒，實非不知者的片言所能折。

高普考為公務員考試，公務員組成政府，政府是實行三民主義的主力，因此高普考包含國父遺教和三民主義，有其合理的背景。今日臺灣的亂象，如貧富懸殊、修憲爭戰，乃至國家認同等問題，溯本追源，多與背離三民主義有關。公務員既為民表率，研讀國父著作，自有其現實的需要。又公務員須依法行事，憲法則高於所有法律，可謂萬法之母。中華民國憲法前言明載，制定的依據是國父遺教。憲法第一條則指出，中華民國基於三民主義，為民有、民治、民享之民主共和國。凡此皆足以說明，國父遺教有憲法上的地位。大家必須知道，中華民國憲法的起草人張君勱先生，並非國民黨員，而是民主社會黨領袖，益證國父遺教與中華民國憲法，並非一黨的私產，而為全民的公器。

依高考簡章，國父遺教包括三民主義、建國方略、建國大綱，這是根據國父遺囑而來的。國父逝世至今已近七十年，中國國民黨建黨更已滿一百年，考試院現在決議，廢除國父遺教與三民主義之試。考生因此感到輕鬆，政府和國民黨卻應該感到沉重，後二者的損失非常可觀，我們可曾聽到一聲遺憾？「拋棄自家無盡藏，沿門托缽效貧兒」，主事者面對一個沒有思想、沒有信仰、沒有力量的未來，回望國父遺像，可有一絲不安？

83. 9. 25. 聯合副刊

來到晚晴園

來到晚晴園，歷史突然明亮了。

由於年湮代遠，歷史經常留存在昏黃的書卷裡，幽暗的圖片上，依稀的記憶中。新加坡的陽光，不分春夏秋冬，直射在晚晴園，驅散了昏黃與幽暗，也修正了想像的記憶。於是，歷史復活了，近在眼前，沒有距離。我初來乍到，走進歷史的空間，想到眞實的從前，一時噤不能言。

自幼至今，重溫孫中山先生的步履，是我不斷的心願。我以史爲圖，按圖索驥，尋訪過臺北的梅屋敷，香港的皇仁書院和西醫書院，澳門的鏡湖醫院，南洋的檳城與獅城，東京的上野，紐約的中央車站等，或許還有其他，但仍多所遺漏。孫先生半生在海外，足跡遍全球，堪稱當時中國的第一旅行家，其遠其廣，遂不可及。

獅城就是新加坡，我兩度往訪，一次是臺北的初秋，一次是隆冬。抵達此間，涼寒立刻換成燠熱，萬綠也難擋驕陽。天意憐幽草，人間重晚晴。在這樣的天空下，晚晴園三個字，似乎註定了有一段明亮的歷史。

一九〇〇年七月九日，孫先生首度來到新加坡，營救日本友人宮崎寅藏。後者所寫的《三十三年落花夢》，記述兩國革命志士的情誼，令我少年時代悠然神往。一九〇六年四月六日，孫先生在晚晴園，成立了中國同盟會新加坡分會，國民革命的香火，至此正式傳遞到南洋來。

往後三年，晚晴園沸騰在火熱的浪潮裡。黃克強、胡漢民、汪精衛、陳楚楠、張永福諸氏，在這裡與孫先生共商革命大計。一九〇七年五月的黃岡起義，十二月的鎮南關起義，一九〇八年四月的河口起義，策畫處都在此地。莫謂孫先生閉門造車，鎮南關的火線上，先生親自操礮的身影，長留天地之間。

一九一一年十月十日，武昌起義成功，孫先生時在美國，原擬趕回上海，親與革命之戰，以快生平，但又思及樽俎之間的效力，大於疆場之上，於是先謀解決外交問題。十二月十五日，孫先生抵達新加坡，會晤陳楚楠、張永福、林義順、鄧澤如、陳嘉庚等同志，提出建設中華民國之道。此際的晚晴園，散發出最大的光澤，但也逐漸功成身退了。

民國問世，志士還家，晚晴園從炫爛歸於平淡，一度人去樓空。稍後，落入印度商人之手。再後，爲日本軍閥所蹂躪。待其重現歷史的光輝，已是戰後的一九四六年了。該年至一九五一年，成爲中國國民黨新加坡支部辦公室，不讓中國同盟會新加坡分會專美於前。如今，它屬於中華總商會，受到血濃於水的照料。

在新加坡，我不止一次感受到華人的血濃於水。他們來自閩粵，但幾乎全說我們的國語；先後兩位導遊，也都稱孫先生爲國父，和我們毫無隔閡。不過，他們也都坦言，過去接待臺灣團，從未帶到晚晴園來，沒有人提出，也沒有人知曉。臺灣團兀自喧鬧著，晚晴園兀自寂靜著，彈丸之地的新加坡，二者不相見，直如參與商。晚晴園沒有損失，臺灣團也沒有收穫，這是誰的責任呢？

新加坡之美，不僅在綠意，而且在建築，晚晴園並非其中之佼佼者，但自有莊嚴的氣度，非小家小廟者所能比擬。我入寶殿，觀其法相，分潤到歷史的溫暖，卻也聯想起現實的冷漠。冷暖相激，如何平靜我的思緒？

告別晚晴園，我又回到臺灣，這塊不能一日或忘的土地上，有我年邁的母親，時時垂詢歸期。但是，我必將三訪獅城，來到此園，在八百五十一坪的空間裡，安頓我憂國哀黨的靈魂！

83.11.12. 聯合副刊

李院長與三民主義

八十三年十二月十四日，中央研究院李遠哲院長表示，一本三民主義，頂多三個小時就可看完，不必花這麼多時間學習，大學聯招不考三民主義是件好事，他還說，中學時代應多涉獵社會科學各種思想，不該侷限在三民主義上。

李院長的話，喚起了我的記憶。整個中學時代，每冊國文課本，我都在開學當天讀畢，三民主義也不例外。但是我深知，課本只是引子，引我登堂入室，中國文學的廣闊天地，國父全集的豐富內容，都有待終身學習。課本又像窗子，我雖身處一隅，得以窺見天光雲影。它更像踏石，日後的鑽研因此而奠基，令我感念不已。至於師長的教誨，同學的討論，也增添了我的收穫。三個小時看完一本書，並不妨礙我對這門學科的尊重。

後來我專攻社會科學，常常根據三民主義課本，按圖索驥，詳讀國父評論過的各家著作，例如盧梭的《民約論》、孟德斯鳩的《法意》、彌勒的《群己權界論》、馬克思和恩格斯的《資本論》等，深感其評論一語中的。《國父全集》約六百萬字，本身即包羅各種社會科學的思想，乍看似顯駁雜，但是國父由博返約，推陳出新，發明了一個理論，這就是三民主義。可惜的是，許多人沒有讀過他的原著，厚實的十二巨冊，一本也沒有翻過，封面也沒有看過，就輕率否定其價值，世間眞有如此簡便的事！

中學時代起，我已涉獵社會科學的各種思想，這與三民主義不但沒有衝突，而且相得益彰。二十多年來，看過了千山萬水，回顧國父思想，更感覺合情合理，堪爲國用。青年朋友知曉其中的要義，對於眼前的修身和日後的治國，都有益無害，爲什麼要除之而後快呢？李院長領導的中央研究院，原設有三民主義研究所，後改名爲中山人文社會科學研究所，擴大了範圍，也正可旁證三民主義的骨架與血肉，和社會科學密不可分，且爲該所的張本，這是無庸諱言的。

大學聯招是否應該廢考三民主義？高中三民主義課本是否應該加重內容以免受辱？凡此皆可商議。我既非高中三民主義教師，也非大學國父思想教授，原本不必爲此費心。但是，年行已長，越發崇敬學問，深感各個領域的博大精密，自有可觀之處，如欲隔行批評，則須痛下工夫，以免失言，厚誣前賢了。

83.12.17.聯合報

孫先生在天涯

孫中山先生辭世至今，整整七十年了。

孔子中年出妻，先生晚年再娶，俱無損其成就，但歷史至此，不免出現空白，留給後人想像的空間。平路女士的《行道天涯》，就爲先生的革命與愛情，譜出迷人的新章。

先生的故事固然引人入勝，作者的筆法也眩人耳目，讀者看到，也彷彿聽見，先生和宋慶齡女士心底的聲音，史實加想像，構成了司馬遷的《史記》，也構成了平路女士的書。當然，後者是歷史小說，想像的成分較多，但因大量的史實佐證，讀來接近信史，不無〈項羽本紀〉的效果，眞是奇妙的組合。

我幼年時見過黃昌穀先生，他是先生的秘書，著名的三民主義演講，就是他筆記的，如今也出現在《行道天涯》裡，分外親切。書中的人物幾乎都已離世，但全部復活，言行和思維，一一恰如其分，令人眼見爲信，像是面對一部認眞的電影。拍成電影吧，可以爭取更多不讀書的眼睛，但是，鏡頭如何與這樣精工的文字爭勝呢？

先生走時，年近耳順，有些老，又不太老，至少比我看到的黃先生年輕，因此偶爾產生時空的錯覺。徐志摩先生假如健在，將爲百歲老人，但他實際居世三十五年，所以永遠不老，這是早走的唯一好處吧。父親告訴我，黃先生終生追慕著先生，一如弟子追慕著孔子。先生的吸引力，整整延續了一個世紀，並將進入新世紀，此爲我對兩岸的未來，最有把握的預言。

作者顯然也追慕先生。近四年來，她遍讀史書，又行道天涯，尋訪更多的資料，爲本書的發言，添增雄辯的力量。葛浩文先生研究蕭紅女士，最後產生幽明相戀的幻覺，當爲意志集中所致。作者以堅貞的意志，支撐自己，上天下地，穿越時空，爲民國第一夫婦立下文學的傳記。這是艱困的事業，她努力了，她成功了。

先生奔走革命，行蹤飄忽，晚年稍稍安定，得享忘年之愛，以其功在民國，對此誰忍深責呢？宋慶齡女士對先生的貢獻，一如宋美齡女士之於蔣介石先生。兩對佳偶都是革命的夥伴，大節無虧，小節不踰，婚後情感的穩固，皆無可疑，若與毛澤東的荒誕相較，就更分出高下了。什麼時候，大陸能夠公開毛澤東的眞貌？

中華民國呢？這是先生的國度，現在越來越小，小到容不下先生的思想。在課堂上，在考場中，在官員的心態裡，既無法負荷六百萬字的全集，也無力咀嚼二十萬字的讀本。有的人很忙，忙著忘記稍早的歷史，以及長遠的未來。有的人更忙，忙著撲滅中華民國，先生立下的豐碑，我們情感與生命之所繫。有的人催促我們，放棄情感，也放棄生命，我親耳聽到這樣的話語。

幸而有平路女士，不忘先生的革命與愛情，爲國內逐漸式微的孫學研究，獻上一冊動人的參考書，也爲先生的重返故國，鋪下一條平坦的路。先生的靈魂在天涯，很疲很累，且讓我們開卷，迎先生回家。

84.3.16.聯合報

民族主義與愛國主義

李登輝先生歷經多年努力，終可赴美訪問，中共因此嚴重抗議。論者指出，中國民族主義的力量不可低估。

近年來，中共鼓吹一國兩制之餘，時以「民族大義」相責於我，但無論對內對外，皆未使用「民族主義」一詞，而以「愛國主義」代之，這是有原因的。

民族主義首重救國保種，不言階級。大同主義式的世界主義與之相較，也有緩急先後之分。孫中山先生強調，我們以後要講世界主義，一定要先講民族主義，「所謂欲平天下者先治其國」。這句話，正是民族主義與馬克思主義的截然不同處，後者認為「欲平天下者先滅其國」，所以主張「國家消亡論」。

馬克思和恩格斯在《共產黨宣言》中，甚至表示工人無祖國，決不能剝奪他們所沒有的東西，以此答辯旁人對共產黨欲廢祖國的責難。一八七三年一月，馬克思又發表〈政治冷淡主義〉，認爲工人階級如果鬥爭國家，就是承認國家，此與永恆原則相牴觸，所以應在心中堅決反對國家的存在，並透過購閱有關消滅國家的文獻，證明自己在理論上對國家的極端蔑視。這種說法，不免阿Q式的精神勝利，但馬克思等人是深信不疑的。

恩格斯在《家族、私產和國家的起源》、《反杜林論》等著作中，也得出國家消亡的結論。因此，「全世界無產者聯合起來」的國際主義，非但不以民族主義爲基礎，不想恢復民族國家，反欲除之而後快。

共產黨平時因爲反對民族主義，連帶也反對民族文化。馬克思說：「商品的占有者最後明白，民族只是基尼的標記。」基尼是英國金幣的單位。馬克思認爲，由於資產階級的發展、商業自由、世界市場和工業生產等因素，將使民族主義逐漸消滅，民族文化自亦不存。他表示，無產者大部分已自然擺脫民族成見及其文化，一切運動在本質上是人類的、反民族的。這樣的立場，再度說明其國際主義，與民族主義積不相容。

馬克思如此，列寧和史達林亦皆如此。他們直指民族文化是資產階級的騙人工具，意在分裂各民族的無產階級，妨礙無產階級的國際文化，所以必須打倒。在此必須說明的是，共產黨在理論上，亦即文化觀點上仇視民族主義；在行動上，亦即政治謀略上則利用民族主義。世人因此以民族主義者稱之，但並未獲共產黨本身所首肯，反而視爲貶詞，不可不察。

時至今日，中共仍將民族主義的重點，界定爲資產階級處理民族問題、民族關係的原則和政策。「特點是抹殺階級矛盾，以全民族的代表自居，把本民族的利益，其實是本民族中資產階級的利益，置於其他民族的利益之上，煽惑、驅使人民、排斥、歧視以至壓迫、掠奪其他民族，企圖以民族鬥爭取消階級鬥爭，借以維護資產階級的統治，謀取資產階級的利益」。依中共之見，民族主義既爲資產階級的專利，評價自屬負面，針鋒相對，在所不惜。

中共貶抑民族主義，除受馬列主義的影響外，還有一個現實的原因，即大陸上少數民族林立，提倡民族主義，無異鼓勵種族意識，製造分裂。因此，中共改倡愛國主義，圖使大陸人民由愛國而愛共，達到鞏固政權的目的。「愛國主義具體表現爲熱愛自己的社會主義國家、捍衛社會主義國家的勝利成果、建設社會主義的覺悟和熱情」。大陸出版的每一部辭典，都在宣揚類似的理論。

我們當然反對中共的觀點，但要提醒臺灣同胞，一百多年來的中國民族主義，乃至愛國主義，並非理論指導行動，而是行動超越理論。證諸中外歷史，又何嘗不是如此？所以目不識丁的匹夫匹婦，亦知投入抵禦外侮的行列，例如抗戰時的游擊隊。中共以〈義勇軍進行曲〉爲國歌，有其號召人心的深意。正因民族思想源於天性與種性，絕大多數的大陸人民，不論辭典如何詮釋，都以禦侮伐逆爲愛國。這股不由分說的力量，是偉大的，也是可怕的。

那麼，我們少部分主張分裂的先生，是否願意面對現實而積極備戰？是否願意放棄綠卡而死守斯土？假如答案不太肯定，我們有權請求部分先生，仔細讀讀中國近代現代史，並睜眼看看兩岸大多數的人心，然後虛心承認，自己不能代表兩千一百萬同胞！

84. 5. 28. 聯合報

孫中山思想與大陸改革

前言

二十世紀已進入尾聲，當代各種主義競賽的成果，彰彰在世人耳目，原不待辭費。然而保護自己本爲人之天性，見賢思齊更爲不可多得的情操，因此還原眞貌，增進理解，提供比較，予人遵循或暗自遵循的方向，仍屬必要。

今本此善意，分析孫中山先生的思想脈絡，盼供大陸改革之參考。孫先生固高懸理想，亦兼顧實際，他明確指出，大凡一種思想，不能說是好不好，只看它是否合用，「如果合我們用便是好，不合我們用便是不好，合乎全世界的用途便是好，不合乎全世界的用途便是不好」。三民主義與馬列主義相較，究竟何者適合國情和爲世所需，可由實驗得之。今從大陸改革之所需，分論民族、民權、民生思想的可能助益。

民族思想與大陸改革

中國古來素重天下一家，但並非因此即無民族思想，孫先生曾謂：「蓋民族思想，實吾先民所遺留，初無待於外爍者也。余之民族主義，特就先民所遺留，發揮而光大之。」先民的民族思想，除表現在反抗蒙古和滿清的宰制中國上，還可上溯古代，如《詩經》的「戎狄是膺，荊舒是懲」，管仲的尊王攘夷，孔子的嚴夷夏之防，孟子的用夏變夷，以及歷代民族英雄的奮鬥史蹟等。所謂發揮光大，當指濟弱扶傾，各民族地位平等，民族同化，民族自決，以民族主義爲世界主義的基礎，大亞洲主義的重王輕霸等。由此可知，孫先生的民族主義固紹西洋民族統一運動之餘緒，更有中華民族的血緣。

中國自古即爲文化大國，孔子「嚴夷夏之防」的民族主義，可謂文化的民族主義。正因中國的歷史悠久，遺產豐富，所以孫先生演講民族主義時，雖處於學術界反傳統的濃厚氣氛下，仍力排眾議，強調發揚固有文化的重要。他指出民族構成的要素有五：血統、生活、語言、宗教、風俗習慣。後四者含有文化性質自不待言，即血統亦含有一半——血是生物性，血而有統，則是文化性。蔣介石先生也指出，民族主義是一種文化意識，其中包括民族思想，也包括民族感情。一個民族珍視自己的歷史，愛護自己的文化，維護自己的尊嚴，恢復自己國家的獨立，這就是民族主義的精神所在。由此可知，文化爲民族的靈魂，同胞的共識，捨民族文化而談民族主義，若非出於無知，即屬蓄意變貌，結果總是忘本失根。

共產黨在理論上亦即文化觀點上仇視民族主義，在行動上亦即政治謀略上則利用民族主義。一九四九年以後，中共由於長期統治的失敗，造成大陸人民對共產主義的遍失信仰，以及對共產黨的遍失信任，三民主義遂獲有識之士的重視。例如一九七九年大陸民主運動勃興時，《解凍》雜誌於三月發表的宣言第一條就指出，該社要積極宣傳人類的一切進步思想，目前特別要宣傳盧梭的人權思想，以及孫中山先生的民主學說。第七條則要求中國擺脫古老的程式，重新探索適合今天和明天的新哲學思想、新政治結構、新經濟理論、新道德原則。在重新修正和發展的基礎上，建立起以孫文學說爲核心，符合現代人生活和感情需要的新國學。此處所提的孫文學說，並非僅指知難行易論，而是三民主義的代名詞；新道德、新政治、新經濟、新哲學四者，也與三民主義的民族、民權、民生、哲學各部門等義。一九八九年大陸民主運動再度勃興時，天安門廣場上更推出孫先生的大字「天下爲公」。不少的證據顯示，孫先生的思想在大陸上，已有人拿來取代馬列主義。

發展中國人民的文化創造力，恢復中國對世界的國力平衡，建設富強康樂的新中國，實現世界的和平統一，乃三民主義的積極要義。今天中國民族主義的進程，已包括復興民族文化，此爲蔣介石先生的遺命，也正爲共產黨過去所欲否定而不可得者。但我們必須正視，中共對大陸人民的文化創造力，的確摧殘過度，阻礙了中華民族的進步，使得孫先生「從根救起」的呼籲，如今又到眼前來。讓更多大陸人民理解文化建設的急待迎頭趕上，也就日益迫切了。

近代中國的民族主義，主要是西方侵略下的產物，因此可謂防衛的民族主義。俄國十月革命後，第三國際和蘇聯即利用中國知識分子的愛國情懷，鼓吹民族解放運動，做爲共產主義運動的踏腳石。又爲遷就中國人口的結構，不惜放棄馬克思的農民觀，拉攏使成工農聯盟，以爭取多數，形成「中國的共產主義」，終在一九四九年得手於大陸。幸而天佑中國，留一臺灣，讓三民主義重顯光輝，強化了和共產主義的對照。中共獲有大陸後，先向蘇聯一面倒，公開表示走俄國人的路；待此路不通，又與蘇聯爭奪馬列主義，直指對方爲修正主義，而以正統自居。時至今日，仍堅持四項基本原則，念念不忘馬列主義，並將大量民族精英逮捕判刑，凡此都顯示其違背民族主義的實質。海峽兩岸的中國人民，處此嚴峻考驗的時代，宜乎攜手連心，共同清理中共積欠民族的債務，迎向現代化的二十一世紀。

民權思想與大陸改革

現代化的定義衆說紛紜，大抵指整個社會與文化背景的綜合變遷。開發中國家的現代化大致有下列現象：1.政治方面，由鄉村的權威制度轉變成選舉、政黨等；2.教育方面，減少文盲和增進生產技能；3.宗教方面，世俗化的信仰代替傳統的宗教；4.家庭方面，大家庭制度逐漸消失；5.社會階級方面，地理和社會的流動增加，天賦的階級制度逐漸改變。中國追求的現代化與此定義類似，標誌了傳統社會過渡到大衆社會時的陣痛，它的催生者是知識分子，催生針是民主與科學，此二者正爲民權主義與民生主義的本質。

柏拉圖以降的西方思想家，謂哲學起於驚駭（surprise）。中國現代化的起源，也可歸納於此。不同的是，前者源於宇宙自然現象的變異，後者則源於西方人爲力量的侵略。中國人因受刺激而有反應，爲了救亡圖存，必須求新求變，所以在鴉片戰爭後不久就展開初步的現代化運動，孫中山先生的現代化理論即爲三民主義。

就民權主義而言，孫先生對民主的重視，可謂生死以之。他爲了要中國眞正以民爲主，行主權在民之實，締造了中華民國。他所以要排滿，意在推翻帝制，「就算漢人爲君主，也不能不革命」。他本著權能區分的原則，提倡直接民權和五權憲法，使得全民政治和萬能政府的理想能夠同時達成。他在主張全民政治時，同意史密斯（Alfred Smith）的見解：「以更多的民主，革除民主的流弊。」（All the ills of democracy can be cured by more democracy）他更指出民主與專制不能並存：「余之民權主義，第一決定者爲民主，而第二之決定，則以爲民主專制必不可行。」此語無異對中共堅持的人民民主專政，做了先知式的批判。

證諸中外歷史，三民主義中的民族主義，大致可謂行動超越理論，民權與民生主義則見理論指導行動。民權思想中足供今日大陸參考者甚夥，包括政黨政治、權能區分與人權觀等。

依孫先生之見，政黨由少數優秀分子組成，動機在取得政權，組織議會與政府，以領導全國國民。現代議會或政府的主腦，即爲事實的政黨。組黨之目的，應爲國家造幸福，爲人民謀樂利。凡一黨秉政，不能事事皆臻完善，必有在野黨從旁監督，可以隨時指明。國民見執政黨政策不利於國家，必思有以改弦更張，因而贊成在野黨政策者必居多數。在野黨得到多數的信仰，即可起而代握政權，變爲執政黨。政黨的另一作用，在防止專制政治復活。「凡一國政治之善良，純恃強有力之政黨以擁護憲制，而抵抗少數者之專制。故政黨之作用：1.以養成多數者政治上之智識，而使人民有對政治上之興味；2.組織政黨內閣執行其政策；3.監督或左右其政府，以使政治之不溢乎正軌，此皆共同活動之精神也」。準此以觀，今日大陸實無政黨政治可言。

中共現仍強調，四項基本原則是立國之本，是四支擎天柱，其中社會主義是必由之路，人民民主專政是根本保證，中國共產黨是領導核心，馬列主義毛澤東思想是行動指南，皆不可動搖。何以共產黨是領導核心？主因有三：1.沒有共產黨就沒有社會主義新中國，2.共產黨領導的多黨合作制適合中國國情，3.西方的兩黨制或多黨制不適合中國國情。就後者而言，是資產階級維護其統治的手段，鄧小平即質問：「資本主義國家的多黨制有什麼好處？那種多黨制是資產階級互相傾軋的競爭狀態所決定的，它們誰也不代表廣大勞動人民的利益。」中共領袖的心態如此，孫先生的相關理論很難在大陸立刻付諸實現，有待吾人加倍的努力。

權能區分則爲民權主義政治制度的張本，此種分權於政府而言，並未削弱其能（power），反而兼顧中外的特色，透過五權憲法的運作，發揮萬能政府的功效。於人民而言，則增加其權（right），對官吏能放能收，對法規能創能改，此之謂直接民權，遂使全民政治成爲可能。如此任用官吏、役使官吏、駕馭官吏、防範官吏，然後始得稱爲一國之主。相形之下，大陸四十餘年來悲劇的根源，正在於權力的過度集中，並扼殺眞正的民意。大陸的民智已開，要求自由民主的呼聲時時可聞，惜乎官智未開，當局以解放者自居，卻與自由人爲敵，殊不知解放（liberation）與自由（liberty）同義，皆指脫離奴隸或束縛的狀態，恢復人的本能與尊嚴。中共領袖若能放下身段，認清潮流，從權力的絕對論者轉換爲相對論者，則大陸政治庶幾有清明的一天。

孫先生的人權觀亦頗值得執政者採納。他主張權能區分，即因人民有權，才能監督政府；政府有能，方可保衛人權。一九〇六年他訂頒〈中國同盟會革命方略〉，明言在軍法之治時期要掃除積弊，窺其義蘊，與尊重人權息息相關：「政治之害——如政府之壓制，官吏之貪婪，差役之勒索，刑罰之殘酷，抽捐之橫暴，辮髮之屈辱，與滿洲勢力同時斬絕。風俗之害——如奴婢之蓄養，纏足之殘忍，鴉片之流毒，風水之阻害，亦一切禁止。」民國初成，他在臨時大總統任內重申此令，並主張：1.依法律事實論罪，既往不究；2.禁止買賣人口，確保人身自由；3.崇尚法治，禁止刑訊體罰；4.革除官廳稱呼，建立公僕思想；5.尊重民意，取消暫行報律；6.人民享有選舉、參政等公權，居住、言論、出版、集會、信教之自由等私權；7.禁賣苦力，保護華僑；8.嚴禁官吏違法，保障人民權益。凡此凸顯自由與平等二義，展現民主的精神，可知人權即民權。

人權的底線則爲尊重生命，耶穌說「不可殺人」，孟子說「不嗜殺人」，皆應爲統治者所服膺。一九八九年六月四日，中共領袖在法國大革命兩百周年、五四運動七十周年、魏京生被捕十周年之際，展開震驚全球的北京大屠殺，充耳不聞自由、平等、博愛和民主、科學的呼聲，置第五個現代化於死地，不讓現代秦始皇專美於前，大陸人民的苦難再現，孫先生的民權思想也更令人嚮往了。

民生思想與大陸改革

大體而言，現代化是廣泛的現象，主要爲農業社會轉變到工業社會的過程，因此工業化當然是它的動力與特徵，然而並非全部。現代化一方面指社會的經濟成長和工業化，另一方面指社會組織和關係的理性化。現代中國兼顧工業化成長和理性化發展的，以孫中山先生爲第一人。他早年習醫，具有科學工作的經驗，視科學爲系統、條理之學，強調實事求是的重要，「拿事實做材料，才能夠定出方法」；換言之，不能單憑學理。他更以科學的方法解決社會問題，亦即民生問題。生產工業化以求富，分配社會化以求均，就是他爲解決中國民生問題設計的兩條路。

一九一九年八月，孫先生開始發表《實業計畫》，該書爲中國工業化的藍圖，即利用歐戰時規模宏大的機器，以及完全組織的人工，助長中國工業的發展，並協助各國戰後工人問題的解決，可謂兩全其美。申言之，實業計畫旨在用外國的資本主義，造成中國的社會主義，調和這兩種人類進化的經濟能力，使之相互爲用，促成世界文明。孫先生思患預防，避免重蹈歐美工業革命的覆轍，特強調勞資協調，以互助代替競爭，即一方面要完成工業化，一方面要在此過程中實施社會化的政策，所以他提倡各種合作事業。

互助合作與階級鬥爭，正是民生主義與馬列主義的哲學分野。大陸官方在六四殺人後的總結是：「從動亂到暴亂的事件，就有著深刻的國內和國際背景，是階級鬥爭存在和激化的一個典型表現。實踐告訴我們，在新的歷史條件下，仍然存在著特殊形式的階級鬥爭。我們要遵循鄧小平同志的指示，研究在一定範圍階級鬥爭的新的特點，總結在改革開放的條件下，堅持人民民主專政的新的經驗。」階級鬥爭是馬列主義的核心，毛澤東疾呼「千萬不要忘記」，鄧小平不能忘情於此，對階級敵人也就殺無赦了。

十九世紀資本主義的罪惡，帶給馬克思主義活動的空間。時至二十世紀末期，全世界的眼睛都看到共產黨執政後的罪惡，說明了歷史的嘲諷與公平。孫先生的民生主義則同時防止資本主義流弊和階級鬥爭的發生，其經濟政策以人性爲基點，以中庸爲指針，和平漸進，不走極端，國營與民營並用，公有與私有並行，農業與工業並顧，生活自由與社會安全並施，計畫與自由並進，生產與分配並重，如此執兩用中，雙管齊下，不難達到均富的理想。一九二四年四月，孫先生又頒布建國大綱，強調革命之目的在建設，而建設之首要在民生。一九四九年起，中華民國政府在臺灣即本上述原則，平衡發展工農，並從民生工業著手，逐漸推進輕工業與重工業，奠定了經濟成長的基礎，也證明了計畫性的自由經濟之效果。

中共取得政權後，則厲行中央集權的計畫經濟，一如其政治路線，都一邊倒向蘇聯。從一九五〇到一九五七年，經過三年的經濟恢復期和第一個五年計畫後，所有制的結構趨向單一化，中央支配的財力高達四分之三，地方僅及四分之一。一九五八到一九六〇年，毛澤東更把優先發展重工業之舉，歸結爲「以鋼爲綱」，展開全民大煉鋼，並把農戶轉入人民公社，取消自留地和集市貿易，準備快步跑向共產主義，結果連續三年財政出現赤字，活活餓死了兩千多萬人民。一九六一到一九六五年，三面紅旗紛紛落地，乃改採調整、鞏固、充實、提高的方計，收回地方權力，走向中央集權的老路，但修正得較爲溫和。在劉少奇主持下，農村大力推行三自一包——自留地、自由市場、自負盈虧和包產到戶，以個體農產生產補救集體的不足，農村經濟乃漸復甦。一九六六到一九七六年，毛澤東發動文化大革命，鬥倒了功高震主的劉少奇，也將國民經濟拉到了崩潰的邊緣。事實證明，在「以階級鬥爭爲綱」的口號下，抓革命、促生產並不能兩全，最後必待毛澤東棄世，大陸經濟方能起死回生。

一九七八年底，中共召開十一屆三中全會，決定集中力量進行經濟建設，實施改革開放政策，開始由單一的公有制，轉向以公有制爲主體的多種所有制形式；並由指令性的調撥分配，轉向「國家調節市場，市場引導企業」；過去採平均主義、吃大鍋飯的供給式分配，也轉向以按勞分配爲主體的多重分配。此種所謂鄧小平模式，其實就是以資本主義的管理方法，推動社會主義經濟的運行。十載以還，大陸的生產力因此而獲改善，人民的生活亦然。可惜中共在經濟上向右轉，政治上依然靠左行，從逮捕魏京生到北京大屠殺，皆在鄧小平的訓令下爲之，十年經改的令譽也就毀於六四一夕。由此益證三民主義環環相扣，民族、民權、民生缺一不可，執政者尤當全面關照。

結論

毛澤東曾經倡言：「從孔夫子到孫中山，我們應當給以總結，承繼這一份珍貴的遺產。」這段話感動了許多中外人士，以爲毛澤東是孔子和孫先生的傳人，且能更上層樓。直到批孔運動大興，或遲至文革結束後的十惡大審，才從一個英雄崇拜的幻夢中醒來。六四的槍聲一響，又驚破了另一個幻夢。

於是有更多人想起了孫先生，以及他歷久彌新的思想。今後大陸的改革者如欲在安定中求進步，自宜參照《三民主義》、《建國方略》、《建國大綱》等著作，按圖索驥，走向光明。

第二輯

第二講

因爲有中華民國

國父和諸先烈先賢建立的中華民國，已經八十二歲了。就世界列國史來看，它依然年輕，需要我們來呵護。

它曾經很大，全盛時期，擁有土地近一千兩百萬平方公里，人口逾五億五千萬，但在三十八歲時，受到最大的創傷，只剩下土地三萬六千平方公里，人口約八百萬。美國前總統艾森豪曾說，二十世紀最大的悲劇，就是中國大陸的赤化。如今二十世紀漸終，似乎還沒有其他悲劇超過中華民國的失去大陸。大陸的苦難從此不斷，文化大革命時達到了高潮，六四的槍聲一響，提醒世人那苦難尚未終篇。大陸有許多老人懷念中華民國，許多青年嚮往中華民國，是千眞萬確的事實。

四十四年來，中華民國只剩下臺澎金馬，現在的人口是兩千一百萬。有人以爲臺灣獨立是分裂國土，其實後果比這個還嚴重。站在全中國的立場，「臺獨」的確是分裂國土，因爲假如不計外蒙古，大陸的土地爲九百六十萬平方公里，人口現約十二億，「臺獨」將使全中國失去了兩百六十七分之一的土地，六十分之一的人口。然而，站在臺澎金馬的立場，「臺獨」將使中華民國片土不存，一無所有。「臺獨綱領」業已明載，「臺灣共和國」的領土正是臺澎金馬！中華民國使我們從貧困走向富裕，從動亂走向民主，今後還要更富裕更民主，卻有人想置它於死地，也就是置我們於死地！

假如臺澎金馬沒有中華民國，早就在中共的統治之下，這已是一個歷史常識了。那麼，我們躲得掉「鎭壓反革命」嗎？躲得掉「土地改革」嗎？毛澤東說「鎭反只殺了七、八十萬人」，好一個「只」字！他收到的報告其實縮水了十倍。至於「土改」，當時兩岸不約而同推行此事，結果臺灣沒有留過一滴血，大陸卻殺了五百萬個地主和富農。這裡所說的「殺」，是英文的kill，限定死亡者，受傷的人不在其列，以「土改」爲例，株連了六千萬家屬，也不在其列。中共派定的「黑五類」是地主、富農、反革命分子、壞分子、右派分子，地主即排名第一。相形之下，臺灣的地主人人平安，個個發財，實在太幸運了。

然後，我們躲得掉「三反五反」和「反右派」鬥爭嗎？接踵而來的「三面紅旗」，造成兩千多萬的大陸人民死於飢荒。稍後的「文化大革命」，更是中國有史以來最大的劫難，胡耀邦透露，因文革而身心嚴重受殘者高達一億人以上，最後，我們躲得掉「六四」大屠殺嗎？

因爲有中華民國，我們在臺澎金馬都躲掉了，除了安居致富，還發展出眞正的政黨政治。我們必須明瞭，政黨之上，還有國家；政黨之外，還有人民。我們的國家是中華民國，它印在鈔票上、印在郵票上、印在國民身分證上，更在我們生活的所有空間中。有一位「臺獨」先生狂呼，「中華民國已經不存在了」。試問，他捨得燒掉自己的鈔票和身分證嗎？他爲什麼隨身攜帶這些「廢紙」度日呢？另有一位「臺獨」先生聲稱，「中華民國是虛幻的」。試問，「臺灣共和國」的實際在那裡？幾個土製炸彈，幾把扁鑽刀棍，就能湊成一支「共和軍」嗎？他們目前還不是靠國軍的保護而存活嗎？

容我們進一步請教：身上同時擁有美國政治庇護護照或公民證的「臺獨」先生們，可願在點火造成燎原之勢後，留守臺灣與兩千一百萬人民共存亡？可願在成事不足敗事有餘後，也燒掉自己的美國護照或公民證？假如答案是猶豫的，我們要大聲質問，你們憑什麼破壞我們的家園，引來中共的打劫，然後讓苦難在臺灣上演，自己卻一走了之？

因爲有中華民國，臺灣才得免於赤禍，我們方能各展所長，共創一個自由繁榮的天地。爲了安身立命，爲了親友無災，也爲了給十二億大陸人民一個希望，我們要讓中華民國永遠屹立，萬世千秋。是的，呵護中華民國就是呵護我們自己。人，何等珍貴，假如沒有人，臺灣和全中國只剩歷史，沒有未來。爲了兩岸的中國人，我們支持一個永恆的中華民國！

82.8.吾愛吾家

列席者言

八十二年八月十六日至二十二日，中國國民黨召開第十四次全國代表大會，筆者獲邀列席，心得殊多，在此略述一二。

較諸歷次大會，「十四全」最大的特色是民主。黨主席由全體出席代表票選，不同於過去的起立。雖然計票過程不無瑕疵，七百名當然代表的合法性也令人質疑，但畢竟產生了三百多張廢票，李登輝主席的得票率爲百分之八十二，而非過去的將近百分之百。民主最簡要的定義就是容忍異端，百分之十八的異端，堪稱一項可貴的記錄。

「十四全」也凸顯了黨內制衡的重要。臺灣既已解嚴，則威權統治隨之而終，不但出現了第二種聲音，更出現了千百種聲音，黨內亦不例外。出席代表中贊成設置副主席者，高達一千零七人，驚動了場內外。李主席稍後順應民意，建議設置副主席若干人，贏得全場的掌聲。論者或謂此舉如同「家父長制」，以一人定乾坤，不脫威權色彩。然就長遠觀之，四位副主席或能發揮制衡之效，避免主席的乾綱獨斷，則黨內民主可期。

從開幕以後到閉幕以前，會場始終出現多種意見，八月二十三日的一中全會亦復如此，再度顯示了黨內的多元，「十四全後將沒有第二種聲音」之說，勢必無法成立。就得票率來看，根據大會記錄，黨主席獲得一六八六人支持，四位副主席獲得一六九五人支持，後者得到在場代表百分之百的同意，說明了黨內制衡的呼聲無可抵擋。

「十四全」的另一成就，是各項文件中固然強調歷史的新開端，也堅持思想與力量的傳承，解除了黨內的疑慮。例如，李主席致開幕詞時，五度提到歷史的新開端，觀其內容，如政黨政治、全民自由意志、經濟奇蹟、兩岸交流等，蔣經國先生在世時即已推行，並非後繼者的獨樹一幟，因此李主席的詮釋，當可平眾議了。

大會在閉幕前發表宣言，強調中國國民黨是全民的政黨，過去雖曾全力以赴，惟仍難免缺失，今後自當時時警惕，不斷改進，以更大的努力，走向鄉村、走向工廠、走向海外、走向大陸，齊心建設一個免於金權污染，崇尚公平正義的社會，也期待全國同胞時予鞭策和鼓勵。

筆者參與起草的這篇宣言，或許說出了國民黨今後努力的方向，但也指出了過去的缺失，這些缺失又表現在「十四全」。例如，中央委員及常務委員改選，農民與工人代表絕少提名，更絕少當選；賄選的傳聞不斷，甚至證據確鑿，卻未見黨中央採取任何行動，徒以「大家的品格這麼高，不會賄選」相應。如此敷衍塞責，內不足以領導同志，外不足以號召全民，最後受害的當然是整個國民黨。國民黨今後要與民衆在一起，還是要與金主相過從？要繼續執政，還是要淪爲在野？端看主事者的一念！

一介平民看軍人

九月三日到了，每逢佳節倍思軍。

一歲到十歲，我在眷村度過。父親是文人，但當時在軍校任教，我的成長過程，遂與軍人密不可分，他們的苦樂，影響了我的童年，以迄於今。

軍校位於北投，與聞名的溫柔鄉近在咫尺，但屬於全然不同的兩個世界。每天，我被號聲喚醒，在軍歌中行動，規律而理所當然。時至今日，我常返軍校演講或口試，重溫號聲與軍歌，凝神敬聽之餘，不但覺得拾回了童年，也拾回了國家。

民國四十年代，國家在苦難後重生，我們在貧窮中長大。父親穿著補丁的褲子上班與教課，我赤足尋找路邊任何丟棄的金屬，拿去換一根麥芽糖。風雨來時，軍人抱我到教室避難；風雨過後，軍人幫家中重修竹籬。軍人本身的苦，寫在辛勞的臉上，也呈現在侷促的宿舍中。李登輝先生在選舉之前訪問眷村，才曉得軍人過得是什麼日子。相形之下，我們不但四十年前就已知曉，而且身歷其境，眞眞實實度過每一天。

民國五十年代，父親轉任政大教授，舉家搬離北投，軍人不再大量出現我眼前，復興崗的記憶卻愈來愈清晰。「你時常航到我的夢中來，現在你又航到我的醒中來，我的醒是我更深的夢。」數十年來，我年年回去圓夢，不止是看看童年，也爲了尋找民間失去的正氣。

是軍人的這股正氣，支撐了中華民國的不倒，並爲臺灣的進步奠基。四十多年來，臺灣從未發生所謂的兵變，軍人也未涉足所謂的政爭。他們堅持民主，容忍叛國的言行，即使忍無可忍，依然按兵不動，面對所有的邪惡與羞辱，他們練就了聖人的修養。

今天中華民國的聖人，主要就是軍人了。民國六十年代起，臺灣的經濟迅速發展，全民的生活大致好轉，軍人的待遇也略獲改善，但若與所失相比，所得仍微不足道。他們在前線，在山中，在海上，在天空，在部隊，沒有自由，也很少下班，這種日子，有些老百姓一天也過不了，有些軍人卻過了一輩子。

他們保衛了臺灣的安全，臺灣因此走向繁榮，繁榮卻與他們保持距離，這是什麼邏輯？這算不算公平？他們都是血性漢子，只因熱愛國家，就註定成爲工商社會的淘汰郎，無人理會他們的心聲，叛國者更無視他們的存在，他們的苦悶可想而知。這種精神上的苦悶，較之物質上的不足，更待疏導與改善，政府於此，可謂責無旁貸。

我是一介平民，但也曾服役軍中，兩年的預官生涯，眼見軍人的犧牲，也感慨他們的苦悶，不免憂心：聖人不可多得，這個行業會不會式微？幾乎每一個國家都要有軍人，讓軍人享有更佳的心情、更大的尊嚴和更好的待遇，是國家安全的不二法門。如今，朝野都應該面對現實，正視軍人的需要，關心他們的想法，解答他們的疑惑，不能再逆向而行了。

83.9.吾愛吾家

我所知道的政戰制度

民國四十一年一月六日，蔣經國先生奉蔣介石先生之命，在北投復興崗創辦政工幹部學校，聘父親爲教授，旋兼革命理論系主任。我的童年生活，就在復興崗度過。

復興崗在日據時代爲跑馬場，草創之初，艱辛萬狀，連稚齡的我都不能忘卻，後來有文爲記：「我在眷村長大，童年無襪，但是有家。眷村雖窮，家家上有屋瓦，人人時綻笑容，所以思及童年，心頭猶暖。」

十歲時我遷離北投，待重返復興崗，已是一名準預官，接受政戰訓練了。復興崗三月，和所有受訓的同學一樣，飽享長官的照拂，是我服役兩年中最愉快的經驗。此後由於先讀過研究所，我在他校擔任英文教官，未成爲眞正的政戰官，眼見軍中的政戰官日夜忙碌，我不免慶幸自己的教職了。

眞正稍解政工制度，還是近年來的事。我在校對父親的回憶錄時，始悉我國在唐朝時，元帥之上設有監軍，代表皇帝監督軍隊，即含「以政領軍」的意義。有人說國軍的政工制度效法於蘇俄紅軍，可謂只知其近，不知其遠。

抗戰勝利後，政黨退出軍隊，政工制度解體，而軍隊國家化之說高唱入雲。此說原本甚善，但在中共強力滲透下，部分軍人動搖了愛國思想，不知爲何與爲誰而戰，導致戡亂的失敗。政府來臺後，痛定思痛，乃設政工幹部學校，培養專才，安定軍心。四十多年來，臺灣從未發生眞正的兵變，即可旁證政工的貢獻。同理，四十多年來，臺灣從未發生眞正的學潮，亦可旁證救國團的貢獻。

現在，又有人提議要廢除政戰制度，持此說者仍以軍隊國家化爲由。盡人皆知，我們的國家是中華民國，軍隊國家化當然就是中華民國化，國軍愛護與保衛中華民國，本屬天經地義，但非常巧合的是，過去與現在主張取消政戰制度的人，多無愛於中華民國，甚至不乏顚覆中華民國者，他們何以要致政戰制度於死地呢？

因爲現在的政戰，早已由服務取代了監督，成爲軍中不可或缺的一環。它既是保母，又是心理諮商者，自然受到弟兄的歡迎。我多次到軍中主持座談，深感臺灣的民主業已進入柳營，政治的忌諱可謂一掃而空，百家爭鳴的現象一如議壇，而且屢試不爽，可見「打小報告」之說不堪一擊。如今，弟兄家有急難找輔導長，不幸失戀找輔導長，各種疑難雜症都可找輔導長。是否要廢除政戰？首先應該問問軍中的弟兄。

政戰制度並非沒有缺點，我個人認爲，政戰幹部的養成環境可精益求精。政工幹部學校早已改爲政治作戰學校，今後宜再改制爲國防政治學院或復興大學，以利吸引更多的師生。「革命軍的基礎在高深的學問」，該校畢業生到國內外深造的名額宜更增加，晉升將官的名額亦然。總之，政戰幹部時刻在照顧弟兄，他們自己也應受到更好的照顧，這才是檢討政戰制度的務實之道。

82
6.革命軍

與共軍談哲學

我與諸位素昧平生，哲學不是諸位的專業，於我也只是淺涉，今天因此話題而在紙上相見，不無突兀之感。不過，二十年來我每天讀大陸書，看大陸報，多少知悉一些諸位生活的背景，乃冒昧以陳。

哲學研究宇宙和人生，用以增進智慧，獲致幸福，這是一般公認的定義。哲學的起源呢？西方人說由驚駭而生，首先因自然現象而起。面對風雨和雷電，人類驚駭之餘，開始研究宇宙的奧秘，於是產生了哲學。

人類研究風雨和雷電，希望化有害爲無害，化無害爲有利，以解決生存問題，所以就人類自身而言，求生是哲學的起源。孫中山先生強調，人類求生存才是社會進化的原因，階級鬥爭則否。這樣明確的話，既說出史實，也奠定了他的哲學家地位。

宇宙和人生都是奧秘的，由於變化多端，不免費人疑猜，而有「懷疑生哲學」之說。其實，驚駭在先，懷疑在後，接著必有長考。笛卡兒說「我思故我在」，胡適先生說「做學問要在不疑處有疑」，分別展現了哲學的精神。魏京生先生由順從而懷疑，由懷疑而探索，終至鼓吹民主，反對新的獨裁，其思想過程也是哲學的。

諸位是現役軍人，除了義務役外，從軍的動機不一，有人基於理想，有人迫於生活，也有人爲了各式的優惠。無論如何，追求幸福當爲大家的共識，或者專注自己與親友，或者兼顧人民與國家，凡此都已貼近哲學的定義。我想請教的是，假如人民的幸福被毀，諸位是否驚駭？有何反應？

臺灣的憲兵營房，總有下列標語：和平、慧敏、廉潔、勇敢。以和平居首，不尚武力，這是中國人心的主流，值得肯定。諸位可願知道毛澤東的看法？一九六七年二月三日，他對卡博、巴盧庫表示：「有人說，中國愛好和平，那是吹牛，其實中國就是好鬥，我就是一個。」他因爲好鬥，所以發動文化大革命，拿槍桿子對付同志與同胞，造成中國有史以來最大的劫難，也拉大了海峽兩岸的距離，這個教訓能不記取嗎？

不幸的是，拿著槍桿子對付同胞的慘劇，重演於一九八九年。數以千計的學生和市民死於非命後，鄧小平接見了戒嚴部隊的高階幹部，強調鎮壓的必要，全無殺人的悔意。五年後的今天，身兼中央軍委主席的江澤民，猶謂六四屠城之舉，「是把壞事變成了好事」。諸位來自民間，不難聽到各界的聲音，能否接受上述的說詞？

諸位加入的軍隊，全名是「中國人民解放軍」，其中各單詞都值得思索。就哲學的觀點來看，中是不偏，既不偏於唯心，也不偏於唯物，心物二者合而爲一，中國也就是中庸之國。大陸過去的文盲遍地，現在的一切向錢看，皆非唯物論或唯物史觀所能濟。兼顧精神與物質的民生哲學，諸位將來不妨參考，用以安身立命，乃至治國平天下。

國者人之積，而且是全民的組合，今日大陸人口逾十二億，聚成一個通稱的中國。至於黨，僅爲部分人的組織，永遠不可能大於國，這是現代公民必備的常識。以大陸爲例，共產黨員五千餘萬，不及全民人口的尾數。諸位所受的教育，卻是黨大於國，四項基本原則中，只見堅持共產黨領導，而無整體的國家觀念，更無共和國的影子。諸位於此，能夠無感？

至於人民，中共過去界定爲工人階級、農民階級、小資產階級、民族資產階級，「以及從反動階級覺悟過來的某些愛國民主分子」。這是〈人民政協共同綱領〉的從寬解釋，但非指全民，自不待言。現在，人民的定義是擁護社會主義和祖國統一的愛國者。由此可知，假如懷疑中共的社會主義，或未表示擁護，就不是人民，甚至是敵人，此爲中國大百科全書的規定。諸位眼見大陸的現況，如何一分爲二，不斷鬥爭好幾億的「非人民」呢？

最後講到解放。解放就是自由，例如解放黑奴，就是使黑奴自由；解放婦女，就是使婦女自由。四十多年來大陸最可議之事，當爲言必稱解放，卻不准談自由，二者從同義詞變成敵對語，爭取自由的學生也就淪爲槍下的冤魂。諸位現在或已知曉，大陸並未眞正解放，有待大家繼續獻力，諸位尤可發揮智慧，以一念之覺，棄絕霸道，維護和平，保障大家的生命與自由。

為了中國人民的解放，我在期待諸位的長考。

83.11.14.中央副刊

重回黃埔

誰沒有聽過黃埔呢？

在成功嶺，我們唱陸軍軍歌。風雲起，山河動，黃埔建軍聲勢雄。那年結訓返家，火車抵達臺北，千百人在月臺上唱這首歌，贏得旅客的掌聲如雷，也贏得我溫暖至今的回憶。

在中正紀念堂，面對牆上的黃埔校歌，我輕唱起來，不理會周遭的日本觀光客。怒潮澎湃，黨旗飛舞，這是革命的黃埔。在歌聲中，我走進了黃埔，歷史的芳香撲鼻。

我打開史冊，看到了輝煌的名字，也感覺出時局的緊迫。整整七十年前，也就是民國十三年，事情分外忙碌，那是革命前夕的必然景象。

一月二十日，中國國民黨第一次全國代表大會在廣州召開。

一月二十四日，陸軍軍官學校籌備委員會成立，孫中山先生委任蔣介石先生為籌備委員長。

一月二十八日，孫先生確定黃埔島為陸軍官校校址。

一月三十日，國民黨「一大」閉幕，與會代表接受大會委託，返回各地爲軍校招生。

二月二十一日，蔣先生請辭籌備委員長職務。

二月二十三日，孫先生批覆「不准辭職」。

三月二十一日，軍校入學試驗委員會成立。

四月二十八日，第一期學生入學考試放榜，正取三百五十名，備取一百二十名。

五月三日，孫先生任命蔣先生爲陸軍官校校長。

五月九日，孫先生委派廖仲愷爲駐校國民黨代表。

六月十六日，黃埔軍校舉行開學典禮。

時間暫停在六月十六日，林木茂密的黃埔島，此時果然風起雲湧，國民革命史嶄新的一頁打開了。孫先生主持典禮時，向黃埔師生深致期勉之意：

—今天在這地開這個軍官學校，獨一無二的希望，就是創造革命軍，來挽救中國的危亡。

—我們要知道怎麼樣可以做革命軍，便要拿先烈做模範；要拿先烈做模範，就是要學革命黨，要學革命黨的奮鬥。有和革命黨的奮鬥相同的軍隊，才叫做革命軍。

—要做革命事業，是從什麼地方做起呢？就是要從自己的方寸之地做起，要把自己從前不好的思想、習慣和性質，像獸性、罪惡性和一切不仁不義的性質，都一概革除。所以諸君要在政治上革命，便先要從自己的心中革起。

—我們要把革命做成功，便要今天起立一個志願，一生一世，都不存升官發財的心理，只知道做救國救民的事業，實行三民主義和五權憲法，一心一意的來革命，才可以達到革命的目的。

—立地做革命軍，先要有什麼根據呢？要有高深學問做根本！有了高深學問，才有大膽量；有了大膽量，才可以做革命軍。所以革命軍的根本，還是在高深學問。

—我因為要維持共和，消滅這般貪暴無道的軍閥，所以要諸君不怕死，步先烈的後塵，更要用這五百人做基礎，造成我理想上的革命軍。

孫先生有感於民國雖已成立十三年，但革命尚未成功，主因就在沒有革命軍，所以他寄望於軍校師生。結果，後者果然完成他的理想，擔負了救國救民的責任，寫下了國民革命的光榮史。

民國十三年繼續推前，在槍林彈雨中。

九月三日，何應欽奉命籌備教導團。

九月十二日，孫先生率師赴韶關北伐，軍校第一隊學生隨從護衛。

十月十五日，軍校師生參加戰鬥，平定廣州商團，占領全部據點，首樹軍校聲威。

十一月十三日，孫先生乘船北上共商國是，經黃埔時登岸，觀看第一期學生戰術演練。

十二月一日，軍校政治部議設政治訓練班，培訓見習官和見習黨代表。

特別值得一提的是，民國十三年冬，陳炯明又準備進犯廣州，蔣校長親率子弟兵東征，於次年二月首克東莞，再克淡水，告慰了臥病北京的孫先生。三月十三日棉湖大捷，又克興寧，蔣先生在親自督戰之餘，驚獲孫先生逝世的電文，哭賦了「艱難革命成孤憤，揮劍長空涕淚橫」的詩句。

東征軍推進時，百姓歡聲雷動，而官兵則高呼口號及百姓萬歲聲以和之。軍民如此和諧，致勝是必然的。民國十四年九月二十八日，成立未久的國民政府，任命蔣先生爲東征軍總指揮，以惠州爲目標，準備二次東征。

惠州自古以天險著稱，陳炯明又加強防禦工事，但在雙十節當天，革命軍以迅雷之勢迫近城郊，並以飛鵝嶺爲陣地，四日內，在血肉橫飛中攻下了城門。十月三十一日，東江底定。

民國十五年七月九日，國民革命軍誓師北伐，大會在北校場舉行，蔣先生任總司令。奮戰兩年，全國即告統一，黃埔師生又爲國民革命史添一彩頁。民國十七年七月六日，蔣總司令爲北伐完成祭告總理孫先生：「中正自許身黨國，久已矢之死靡他之決心，初不自意百戰餘生，尚能留此微軀，詣 總理之靈堂而致其瞻禮。今後有生之日，即爲奮鬥之年，竭其全力，濟以忠貞，成敗利鈍，未遑計也。靈爽匪遙，唯昭鑒愚誠而默相之。」蔣先生在文中並稱孫先生爲父師，此種革命的傳承，早在黃埔之前即已奠定，但更經黃埔歲月而發揚光大。

此後的八年抗戰，人無分男女老幼，全部投入民族禦侮的戰場，而戰場的指揮官仍爲黃埔老校長蔣先生，黃埔畢業生也都成爲日寇的剋星。國軍的堅苦卓絕，可由陳納德將軍證之：中國軍隊的物質配備情況壞到可怕，而他們的鬥志旺盛，士氣高昂，帶著惡劣的武器和疾病，面對數量、裝備都占優勢的敵人，奮勇作戰，絕不訴苦。

這就是黃埔精神，既不怕苦，也不怕死，以一當十，甚至以一當百，終於贏得最後的勝利。昆明的抗戰勝利紀念碑，爲西南聯大教授馮友蘭所撰，記錄了這份光榮：「中華民國三十四年九月九日，我國家受日本之降於南京；上距二十六年七月七日盧溝橋之變，爲時八年；再上距二十年九月十八日瀋陽之變，爲時十四年；再上距清甲午之役，爲時五十一年。舉凡五十年間日本所鯨呑蠶食於我國家者，至是悉備圖籍獻還。全勝之局，秦漢以來所未有也。」

政府播遷來臺後，陸軍官校在鳳山，黃埔遂從歷史走向現在未來。黃埔在鳳山，在成功嶺，也在昂揚的歌聲裡。

黃埔在有志青年的心中。

重回廣州的黃埔，我們立誓。

從千島湖慘案看中共的新聞政策

千島湖爆發了慘案，在臺灣的中國人痛心之餘，對大陸的相關報導不免質疑，乃至憤怒。本文盼能說明，「共產黨是特殊材料做成的」，中共當局尤其與衆不同，思維和行動的方式，非自由世界所能簡單想像。

今日大陸的新聞工作，是社會主義文化的一環。中共現仍強調，堅持馬克思主義、堅持無產階級政黨領導、堅持社會主義道路、堅持人民民主專政，是社會主義文化發展的基本原則。由此可知，共產黨的文化觀，不脫爲政治服務的舊調，且由於政治的強力主導，文化的附屬性和教條化尤顯強烈，時有悲劇穿插其間，已爲世人所共見。

共產黨把新聞工作列入無產階級專政的主要任務，並名之爲「思想影響的工具」。毛澤東明示，要推翻一個政權，必須先抓上層建築，先抓意識形態，做好輿論準備，報紙就是有力的宣傳武器。因此，中共新聞工作的傳統，特別表現在黨的領導上，並要求自覺地接受領導，和黨完全一致。

換言之，大陸的新聞工作必須以馬克思主義爲指導思想，宣傳黨的路線方針政策，堅持民主集中制原則，遵守黨的宣傳工作紀律。至於新聞事業的特性，則首重階級性，強調有時同一事實，經過不同的新聞機構處理後，可以變成兩條根本對立的消息。

依中共之見，在階段區分的時代，新聞報導既含意識形態，就其總體而言，是有階級性的。新聞是客觀事實經過報導者頭腦的反映物，身爲報導者集體的新聞機構，總是爲一定階級或其政治集團所掌握；身爲報導者個體的新聞工作者，也自覺或不自覺地成爲一定階級的代言人。

明乎此，再看大陸對千島湖事件的報導，也就不以爲怪，因爲彼岸的新聞機構，的確和我們不同。以四月四日的《人民日報》海外版爲例，首度披露了船難的消息，距案發已五天，若無二十四名臺胞遇害，此事絕不可能擠上該報的頭版，這是一項難得的「禮遇」！

該日《人民日報》頭版除簡訊外，共刊出十條新聞，依序是：1.中央領導人揮鍬義務植樹，2.貴州著力推進農業綜合開發，3.李鵬強調實行「一國兩制」方針不會改變，4.二百萬軍民參加綠化首都活動，5.李鵬指出不能要求人權只有一種模式，6.遼寧民營科技型企業靠人才優勢步步登高，7.中國加緊發展應用衛星技術，8.各地積極支援三峽移民建新家園，9.李鵬強調發展中美關係應著眼未來，10.浙江一遊船發生重大火災，引來有關部門高度重視。

中共的新聞政策，充分表現在這樣的版面上，宣傳政令，歌功頌德，無以復加。難得一見的災訊，放在左下一角，而且還要強調領導的關懷。是的，新聞就是宣傳，此外無他。對於「報紙是第二個政府」之說，大陸當局的理解是：第二個政府屬於第一個政府，都是爲共產黨服務，否則無由存在。報紙如此，廣電亦然。大陸的電視臺播出船難消息時，不但再三提及各級領導的關切、工作人員的辛勞，而且念念不忘死者家屬的「滿意」與「感謝」。

毛澤東早就說過：「死人的事是經常發生的。」既然經常發生，所以不是新聞，不足爲奇。臺灣的喧騰，一如「六四事件」後舉世的喧騰，或遲或速，終有靜止之日，又何傷於中共的統治？人權的底線是尊重生命，大陸沒有新聞自由，中國最好的報紙在臺灣，「最佳傀儡獎」其實在大陸。上述種種常識，自由世界業已知曉，但何傷於中共的最高領導？他們是特殊材料做成的！

83.4.13.聯合報

論族群融合

近年來，臺灣頗聞四大族群之說，即閩南、客家、外省和原住民。本此，朝野都有人倡族群融合。

嚴格說來，四大族群是不成立的。所謂族，無論是種族或民族，乃指人類在長期發展過程中，逐漸形成的共同體，具有共同的語言、地域、經濟生活，以及表現在共同文化上的共同心理素質。準此以觀，臺灣沒有閩南族，沒有客家族，也沒有外省族。原住民在大陸上稱為高山族，其實不止一族，但已可列入中華民族了。

誠然，閩南話和客家話不同，所謂外省人更有各種南腔北調，但不能據此認為彼此不同族，大家都是漢族！以福建為例，由於山多田少，過去交通阻隔，細分下來，方言可達六十種以上，我們能說福建有六十種以上的族群嗎？今之閩南話，其實是中原古音，也正是唐朝的國語，在大陸和海外，多稱為福建話，這是不在話下的。閩者，福建也。

閩南人即河洛人，是標準的中原人，也就是典型的漢人。河是指黃河，洛是指洛水。〈河圖〉、〈洛書〉以及〈洛神賦〉等，都是中華民族的文化遺產。河洛人或稱爲福佬人，仍是福建人之意。

臺灣只有一個，兩千一百萬人生活於斯，很難再分割地域。外省人住在山上，原住民住在城裡，閩客成爲鄰居，所在多有。更重要的是，由於大量的通婚，許多人根本是一家人了，經濟生活也密不可分。所以若要勉強區分，臺灣只有漢族與非漢族兩種人。但也因爲通婚，所以這種劃分並不準確。試問，漢族和非漢族的下一代，身上交融著兩種血液，屬於哪一種人？孫中山先生提出中華民族的觀念，正是有容乃大的表現。

既然沒有四大族群之分，也就不必刻意強調族群融合了，除非是指漢族與非漢族之間。對此，孫中山先生稱之爲民族同化，而且是自然的同化，非強制的以大欺小。其具體作爲，即漢族當犧牲血統、歷史與自尊自大的名稱，而和少數民族相見以誠，合爲一爐而冶之，這就是民族主義的積極目的。

所以族群融合說也罷，民族同化說也好，首重團結一致。日本如今成爲亞洲第一強國，原因不止一端，人民團結必爲重要因素。中國如今尚未統一，單就臺灣而論，人民不團結也爲舉世所共見，思之令人痛心！

族群融合四字，也有寫成族群融和者，可釋之「和爲貴」。今日之臺灣，紛擾不休，大有拼個你死我活之態。我們憂心的是，勝利者將一無所獲！強調族群之分者，固一時可能利用多數，而收打擊少數之效，但爭鬥既起，兩敗俱傷，最後得利者是觀戰的漁翁。本此憂心，我們呼籲同胞，重視孫中山先生提出的能知與合群。

能知，就是使大家知道，臺灣所處地位的危險，受到外來的壓迫。合群，就是要促成大家的團結，把家族、宗族乃至現在所謂的族群，聯成一個中華民國共同體。政府與人民之間，各黨各派之間，為了生存與發展，放下內鬥的武器，一致對外，並與大陸人民心手相連，促進兩岸的和平。

84.4.明報月刊

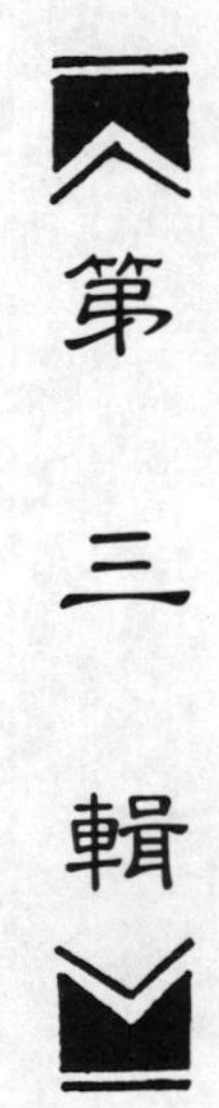

第三輯

第三講

西望神州

西望神州，懷想與愁思交織如雨，密打我的心。

它是故土，卻似敵國。從小，長輩憶說，學校教唱，青海青，黃河黃，還有那滔滔的金沙江。阿里山上有神木，我們明年回大陸。如今，四百萬人次的臺胞到過彼岸，錦衣晝行，引人側目，此岸的孩子卻改口，阿里山上有神木，我們拿來蓋房屋。共產黨喜以「逃」字，形容當年悲壯的渡海。是的，海隅避秦，不妨用此白描。四十載以還，親已遠，秦仍在，層出不窮的志士，又加入逃亡的行列，形成不絕的景觀。彼岸果有最壯麗的山川，最慘痛的離散，最殘酷的政權！學生見我一直不去大陸，乃問是否義不帝秦？我如何作答？

近二十年來，日日讀簡體字，讀出一個黨和政權的自大與無知，教條與反覆，堅守原則與不擇手段。什麼原則？順生逆死的共產黨領導。什麼手段？殫思極慮的軟硬兼施。證諸史實與時事，屢試不爽。分明是要消滅中華民國，卻說誰也不吃掉誰；分明是要納臺灣於「中華人民共和國」之下，卻說凡事好商量，天下可有如此廉價的謊言？一場國家攻防戰早已展開，於今為烈，我們迎風而立，沒有好心情。

西望神州，神州的希望在那裡？貧窮、疾病、愚昧、貪污、擾亂，胡適先生昔稱的五鬼，依舊鬧中華，中華走那條路？依舊大可議。不要對我說，這是資本主義的侵略，那是封建主義的遺毒，戰無不勝、攻無不克的馬列主義和毛澤東思想，為什麼禁不起檢驗呢？中國社會科學院的學者業已呼籲，既然標榜具有中國特色的社會主義，就該明白回歸孫中山先生。三民主義本為中國而設計，其積極意義在發展人民的文化創造力，用社會互助取代階級鬥爭，並以民生建設為首要，世界大同為理想。北京的老人啊！可聽得進這些主張？

西望神州，回看自己，並覽比觀，我們能不警惕？臺北的長者近也三復斯言——天下為公。身為尋常百姓，我們樂見此語，但是必須虛心檢討，有無選賢？有無舉能？有無講信？有無修睦？答案在《禮記．禮運篇》，或孫先生的墨蹟裡？如何化理想為行動？走出與世隔絕的高爾夫球場，走向農村城鎮的兩千萬民眾，是大道之行的第一步。蔣經國先生的榜樣在前，有為者不要忘掉他。待雞啼破曉，天下皆白，我們一同回大陸！

82.1.31. 聯合副刊

香港時報之死

在某些先生的盤算下，它早該死了，一個賠錢貨。臺灣處處向權看，也處處向錢看，它能活到今天，得年四十三歲半，已算恩賜了。孫中山先生在美國創辦的《少年中國晨報》，兩年前業已壽終，不是一個榜樣嗎？國民黨文化工作會就表示，它的時代任務已告終止，所以毅然決定停刊。好一個理直氣壯的「毅然」！

在文明的國度，小樹長大了以後，誰都不能任意砍伐，即使是種樹的人，也沒有動斧的權利。我在濃蔭蔽天的新加坡，聽到導遊如是說。的確，前人種樹後人涼，後人無權砍前人的樹。孫中山先生種下了《少年中國晨報》，蔣介石先生種下了《香港時報》，他們俱已成爲前人，黨內不肖的後人，如今卻砍光了總理總裁的基業，海外遂無一份黨報矣。

國民黨原本是海外黨，興中會的先驅，包括孫先生在內，個個是華僑；同盟會的精英，包括蔣先生在內，率多留學生。他們在海外立黨，到處宣傳，回國起義，終於成功，孫先生檢討時明確指出，宣傳之力實居其九，武力僅居其一。是的，經國有才皆百鍊，著書無字不千秋。筆下有字，印成報紙，深入人心，是一樁千秋大業。孫蔣兩先生所到之處，不乏新出的報紙，宣揚革命與建設，往往造成石破與天驚。黨內不肖的後人，如今卻下令拆除鉛字，享受耳根的清靜。聽！沒有聲音。

文壇的長輩告訴我，五十年代初期起，《香港時報》就以時論和副刊取勝，後者還闢有「詩圃」，極引臺灣詩人的視線。六十年代初期起，我進入中學後，常在圖書館瀏覽。它實而不華，樸素有味，日日奉中華民國正朔，帶給僑胞絕大的安慰吧，我想。報在黨在，黨存國存。國民黨和中華民國離開大陸那麼久，還能獲得僑心，它必然有功。如今報不在了，黨變質了，國家觀念也日漸稀薄，部分中華民國的政治領袖，與顚覆中華民國的人形同莫逆，誰怕蔣經國先生復活？看！天下爲公。

近年來，我成爲它偶爾的作者，領過偏低的稿費。每到香港，就像到世界任一地方，臺灣迅速消失，我急著尋找它，找回臺灣。報販說它銷路不好，但仍不難照面，猶勝國內的黨報。我見過它的工作人員，從董事長、社長到記者，都在堅苦卓絕中賣命。我還保存蘇玉珍社長去年九月的來信，同樣的信她發了一百封以上，廣向海內外人士求稿。「相信在您們有系統的文采裡，讓全世界的中國人能進一步瞭解，今天中國人如何生存於一個可以避免，卻被圈著的纜繩走過那段悲慘的命運。」如今臺灣的外匯存底世界第一，國民黨的財產也達天文數字，政壇鬥來鬥去，黨內離心離德，除了少數的孤臣孽子，誰關心彼岸的悲慘呢？

《香港時報》死了，死於萬貫家財的國民黨手中，九七大限尚未來到，它卻先走一步，解決了共產黨的難題。有些老員工哭了，有些共產黨笑了，還是中國的成語簡明扼要：親痛仇快。不哭也不笑的人呵，多久沒唱國旗歌了？守成不易，莫徒務近功。睜眼看看痛心疾首的僑胞，回頭想想自己的歷史，怎麼捨得給繼往開來的前方勇士，派上一張死亡令？

我，一個國民黨子弟，怎麼忍心說，它是一座墓碑，標誌了一個時代的結束。黃花岡的墓碑後，七十二塊砌石，塊塊刻有海外黨部的名字，可都化爲永恆的絕響？不要中國，只要本土；不要國民，只要金主；不要報紙，只要政府，這就是新的時代任務。不要說服我，請說服海內外所有的悲憤，讓自殺的手逍遙法外，身子卻寸寸埋入土中，耳邊傳來史家提前的宣判：不肖子孫！

82.2.22 聯合副刊

無聲的臺灣

一九二七年二月，魯迅來到殖民地的香港。十六日，他應青年會之邀，主講了「無聲的中國」。從此，無聲堪稱一個時代的特徵，也成爲知識分子的隱痛。

二十年代的中國，軍閥亂政，民智未開，文字是隔絕的。依魯迅之意，文字是祖先留給我們的可怕遺產，因爲太難，所以一般人無法用來達意。至於語言，只有幾個人聽聞，遠處便不知道了。凡此現象，造成一個無聲的中國。

魯迅當年棄醫從文，志在拯救同胞的靈魂。他奮力創作，也享譽文壇，卻仍無法喚起所有民衆。中國當時文盲遍地，大多數人根本不識「魯迅」二字。尤有甚者，幾百年來因爲害怕殺頭，所謂讀書人便只好寫些古文，和時事毫無關係。他不免感慨，「人是有的，沒有聲音，寂寞得很」。爲了鼓舞聽衆，他在結束演講之際，寄望青年，先將中國變成有聲。

要怎麼做呢？無非是大膽說話，勇敢進行，忘掉一切利害，推開古人，將自己的眞心話發表出來。此語看似簡單，力行者往往要付出身體的代價，魯迅本人就是一個例子，至少他賠上了健康，而中國依然無聲。從吶喊到徬徨，時艱仍在，而人已憔悴，文字經常是無奈的。

從二十年代到九十年代，從中國大陸到臺灣，時空完全不同，軍閥成爲陳蹟，主權在民之說高唱入雲，臺灣確已成爲全中國最民主的地方。此間有人缺錢和缺屋，大家都缺綠地和缺新鮮的空氣，最不缺的就是喧囂了。

但是，臺灣有時是無聲的。

對某些人物，對某些言行，我們噤若寒蟬。官方忙著消音，這是可理解的，因爲害怕動搖了國本，打擊了民心。民間呢？大部分的媒體知難而退，記者想到了最佳傀儡獎。知識界呢？笑罵固然不絕於耳，但很少形諸文字，因此行之不遠。我們能夠看到的，就是「英明偉大」之類了。準此以觀，臺灣至少還在局部戒嚴。

這個「局部」，偏偏是民主的實驗室，室內盡可發言，卻苦於無處發表。偶有突破，見於社論者，則獲衆口交讚，各界相告。在臺灣，文字有時仍屬奢侈品。還好，臺灣畢竟不是大陸，府中所謂「辦人」之說，只能是笑話了。

不是有人強調主權在民嗎？爲什麼有人不信呢？原來，言者旋即表示，話主要是說給大陸聽的。是的，臺灣雖已百家爭鳴，但還是喜歡沒有聲音。無聲可以升官位，也可以保飯碗，數千年來的國人，窮怕了，也餓怕了，所爭往往只是飽肚權吧。

魯迅的時代過去了，但是還沒有完全結束，那陰暗的一角仍在。「人是有的，沒有聲音，寂寞得很」，從無聲的中國，到無聲的臺灣，前呼後擁，你寂寞嗎？

83.5.23.聯合報

忘恩

聽說，遺忘是一種幸福。

太上忘情，那是涅槃的境界。孔子忘憂，一片坦蕩的心胸。淵明忘言，透見離俗的自適。種種遺忘，贏得今生的舒緩，後世的嚮往。

看來，遺忘值得學習。

但是，忘恩呢？

中華文化的主流，只有報恩，不容負義。父母的養育之恩，師長的教誨之恩，國家的栽培之恩，形成忠孝節義的傳統。報人張季鸞先生說得好，他的人生觀可簡稱爲報恩主義，報親恩，報國恩，報一切之恩。張先生還指出，他的大公報是不黨、不賣、不私、不盲的。凡此風格，環顧今日之兩岸，幾家能夠？

報親恩是孝，報國恩是忠。孫中山先生也說得好，現在民國沒有君主，但還是要盡忠。不忠於君，要忠於國，忠於民，爲全國同胞効忠。孫先生是新思想的領袖，但他不媚時俗，以忠孝仁愛信義和平直指人心，於今觀之，果然可大可久。

這種可大可久的觀念，共產黨卻貶爲封建主義。毛澤東和江青之流，不但在舞臺上打倒忠孝節義，還想在生活中徹底摧毁。如今大陸社會的亂象頻仍，當局倡以「五講四美」，但收效甚微。溯本追源，居高位者不要負責嗎？

號稱寶島的臺灣，我們生於斯長於斯，這塊最親最愛的土地，如今也不乏亂象。紛擾爭鬥，禍根何在？

答曰忘恩。

將近五十年前，中華民國政府和人民，在慘痛的犧牲後，光復了臺灣，趕走了殖民者。四十五年前，蔣介石先生離開了大陸，帶來了軍隊、黃金和故宮文物。前者保衛臺灣，抵抗最恐怖的入侵；中者養活臺灣，熬過最匱乏的歲月；後者充實臺灣，成爲最可貴的文化寶藏。其後四十年，由於全民的努力，臺灣得有若干成就，若問領導者，則爲蔣氏父子。上述種種，都是現代史的常識了。

但是，忘恩者同時忘史。蔣氏父子領導的中國國民黨，現在卻成了「外來政權」，而且唯一的目的，就是要「統治臺灣人」，持此說者因此感到生爲臺灣人的悲哀。

我們不禁要問：他被這個政權迫害到何等地步？

他在這個政權下求學與留學，加入政權與政黨，獲得提攜而且是破格的提攜，終有萬人之上的地位，享不盡的富貴與奉承。一度，提攜者和耶穌一樣，被他封為兩大導師，感動了許多吃果子拜樹頭的人。現在，宣布解嚴的提攜者，成為他口中「做到死」的獨裁者！

提攜者對他的厚愛，還表現在房舍上。我們清楚記得，那原本是五院院長的官邸，後來卻成為他的獨宅。數千坪的華屋巨院，風吹草低見羊群，堪稱城裡難得的景觀。請問：人畜悠遊其間，九十多歲的老父呢？

眞的，忘恩不是中華文化的主流，我們倒是在日本的對華態度上，一再看到這個現象。蔣先生以德報怨，日本政客卻以怨報德，從中日斷交到「南京大屠殺虛幻論」，日本羞辱了中華民國，也反彈到自身。偏偏，還有我們的政客，沾沾以曾為日本人自喜，並一再說給日本人聽！這一切，要抛掉多少「格」字？

抛掉這一切吧，遺忘果然是一種幸福！

83. 5. 27. 立報

門前一道清流

臺北出現清流，我們喜出望外。

俟河之清，何其不易，我們原本早已絕望，直至選戰展開，一道清流從窮山惡水中湧出，迅速蔚爲巨流，滋潤了乾涸的人心，這個城市才見甦醒。

臺北在一個月之內，滌淨了多年的污垢，堪稱一件奇蹟，難怪人人奔走相告。杜工部的喜淚，流在初聞光復的消息之後；我們的喜淚，因目睹清流而湧出。

自幼至今，我臨水而居，年復一年，早已成爲麻木的臺北人。偶而懷抱一線希望，置身水中，欲潔其身，果然適得其反。國民黨的十四全大會，民進黨的街頭示威，我躬逢其盛，不同的場景，換來同樣的嘆息。

八十三年十一月二十日，新黨在臺北遊行，走出了一道巨流，清新而且壯麗。我身歷其境，目睹了人數的層出，秩序的井然，警民的和諧，萬衆的交融。安定與團結，希望與快樂，盡在其中啊！

沒有路費，沒有飯盒，甚至沒有一瓶水，新黨本身就是一道清流。沒有垃圾、沒有暴力，當然也沒有金牛，市民的力量湧現了。十一月二十七日，天母重演了爆滿的喜劇，乾乾淨淨，準時收場。在此前後，大安公園夜夜也都有如此高水準的表現。一月之間，臺北人贏得大家的刮目相看，金權與暴力能不自慚形穢嗎？

十二月一日的中正紀念堂，二日的市立體育場，分別再放十萬人以上的熱力，驅散了初冬的冷冽，其中年輕的面孔居多，透露了臺北的有望。我從周遭彼此的交談中，聽到親切的閩南語和客家話，義工中也不乏原住民青年，在在粉碎了「外省黨」的謠言，族群的融合，於此獲得有力的證明。散場後的慣例，就是沒有一片紙屑，彷彿剛才沒有人群聚集。不用懷疑，這是嶄新的臺北！

四十二萬四千九百〇五票，新黨的市長候選人還是落選了，當選人迅速得到他的祝福，另一位落選人似乎未能思慮及此，我們不必苛求。但願選舉過後，這一道清流繼續匯集，蔚為更大的巨流，沖刷金權與暴力，好讓我們的家，我們的城，我們的國，乾乾淨淨，月月年年。

83.12.27.立報

救黨宣言

全黨同志們：

中國國民黨成立到現在，已經超過一百年了。一部中國現代史，是由本黨揭幕的。歷史的長河，源自遠古，走向未來，從未靜止。本黨的歷史，更是一條翻騰的大江，溫熱過中國人的心，也指引了中國的前途。

民國前十八年，孫總理和諸先烈先賢，從興中會出發，終於贏得武昌起義的成功，中華民國的誕生。建立民國的意義，在告別千載的專制，開啓百代的民主，這是本黨最大的光榮。

民國十四年，總理逝世，遺命開國民會議，及廢除不平等條約，這兩項未竟之志，後來都在蔣總裁手中完成。抗戰勝利後，國民大會召開，中華民國憲法頒行，我國從此進入憲政時期，這是本黨的又一成就。

民國三十八年，大陸淪陷，中央政府播遷臺灣，本黨隨之改造。從此，臺澎金馬成爲中國永不屈服於馬列主義的象徵，也成爲維護中華文化的堡壘，在本黨的執政下，中華民國日趨富強。

民國六十四年，總裁逝世，遺命實踐三民主義，光復大陸國土，復興民族文化，堅守民主陣容。蔣主席經國先生秉持總理、總裁大公無私的精神，以民衆的福祉爲重，繼續領導，造就出經濟奇蹟，並終止戒嚴，解除黨禁與報禁，開放大陸探視，啓動了政治改革，而有「臺灣經驗」之遠播。

民國七十七年，經國先生逝世，黨務國政委諸各同志。唯政爭屢起，終至黨務敗壞，人心渙散，危殆之局，日趨明顯。如今，中華民國憲法修得面目全非，金權與派系嚴重腐蝕當局。尤有進者，國家統一的立場逐漸模糊，所謂臺獨的主張益見猖狂，導致國內民衆對立，兩岸關係緊張。長此以往，開放社會勢陷混亂，繁榮經濟勢成過往，民主大業勢將毀棄，法治之局勢遭破壞，甚至我們的國脈民命，也將因此而斷絕！

我們隔海西望，大陸同胞在中共統治之下，歷經無數劫難，至今仍未脫離落後生活，本黨既倡民主均富，對此豈能無動於衷？回顧島內，則亂象日起，金牛與黑道同舞，當局與臺獨共鳴。當局且假民主之名，行獨裁之實，所樂道者，一爲本黨屬於「外來政權」，二爲彼曾做過日本人。前者百般詆毀，後者引以爲榮。從自貶身價到搖尾乞憐，在在令人痛心疾首！

黨由志同道合者所組成，本黨之道是三民主義，我們的志是信仰和力行三民主義。凡此皆爲世所聽聞，唯當局不聽不聞，一任廢考三民主義，而且勾結財團，縱容賄選，違反平均地權，造成貧富懸殊，民怨沸騰。部分從政黨員的行徑，正是本黨過去革命的對象，借用總裁的話，眞是廉恥道喪，氣節蕩然！

本黨發軔於革命，現在則爲具有革命精神的民主政黨。革命精神者，奉獻犧牲，而非爭權奪利。民主政黨者，以黨內民主，實踐政黨政治。如果黨內沒有民主化、制度化的決策程序，如果黨員競以權謀相向，唯利是圖，則如何成爲一個衆望所歸的黨？又如何進入全球民主潮的二十一世紀？因此，今後爲本黨計，一定要以民主領導代替權威領導，才是起死回生之道。

全黨同志們！正統的本黨，爲中華民國之所繫，亦爲中華民族之所寄，這是我們應有的抱負，也是不可推卸的責任。當局於此並無體認，既不知本黨的百年歷史，又公然宣稱，「現在已經沒有中國國民黨了」。我們對此種顚覆言行，若能容忍，則孰不可忍？今日的當局，罔顧誠信，驕橫剛愎，師心自用，排斥異己，顚倒是非，不辨善惡，致使老者憂之，壯者棄之，少者離之，優秀黨員出走，劣幣位居要津，形成人才的反淘汰，的確是黨已不黨了。

我們身爲中華民國的國民，實不忍見黨已不黨，國將不國！當局甚至公然表示，「要建立一個臺灣人的新國家」。試問，中華民國置於何處？猶憶當年，袁世凱改選國會，毀棄約法，謀害志士，收買政客，製造所謂民意，欲遂行帝制的陰謀時，梁啓超先生登高一呼：「中國不幸，元首謀逆！」於是舉國群起而攻，袁世凱終於羞憤而死。全黨同志們！全國同胞們！爲了防止另一個總統謀逆，我們要團結起來，正告當局：個人朝露，國家千秋；慾海無涯，回頭是岸。執迷不悟與改過遷善之間，端看其最後的自擇。若有不軌行動，國人共擊之！

本黨的再造，我國的永續，都是艱鉅的政治工程，有賴全黨同志和全國同胞的獻力。風雨急矣，時局危矣，且讓我們的挺身，在黨旗和國旗下，連成一線，聚成一體，爲救黨護國的大業奮鬥到底。

今本斯旨，我們呼籲：

一、全體黨員，尤其是正統的、忠貞的黨員，凡贊成本宣言者，請登記歸隊，推動黨務革新，清除金權、派系與暴力分子，重振黨魂黨德。黨魂者，三民主義；黨德者，公理正義。

二、確立黨內民主制度，決策的機關與程序，都不能再任一、二人率爾輕決，中常會尤須先行打破一言堂的現象。

三、恢復黨內監察制度，以免黨務及幹部、黨員的腐化。黨內專設中央監察委員，以超然的身分行事，不爲利誘，不爲勢劫，務期弊絕風清。

四、實踐黨務四大公開，即意見公開、人事公開、財務公開、賞罰公開。務期黨內無私念，黨外無公憤，以昭大信，再創生機。

起來，中國國民黨的同志們！我們無權可爭，無利可奪，但求上對總理、總裁、經國先生和諸先烈先賢交代，下對後世子孫負責。耿耿此心，在青天白日下，分外光明，我們誓將排除一切險阻，讓光明普照本黨，以及中華民國。

全黨同志們，起來！

84.4.12.聯合報

豈有文章傾社稷？

——「救黨宣言」的說明

兩年前，我追隨黨內先進，參與起草中國國民黨十四全大會宣言，並身歷其境，目睹會場的戰爭與和平，深感人心的向背，繫乎領導人的誠信。少年時代讀《論語》，見「自古皆有死，民無信不立」的句子，覺得不在話下。直到此時，方知儒家的可大可久，是經過事上磨鍊的。

今年，我又追隨黨內先進，參與起草救黨宣言。見報後，無論是不虞之譽，或求全之毀，都使我心情沉重；救黨改革委員會的成立，更使我感受政治的風暴。主權在民之說，似乎是知易行難了。

從事文字工作近二十年，我雖不敏，也寫書若干冊，撰文數百篇，反共愛國的立場從未改變。宣言一出，卻邀來「不要被中共利用」的警告，眞像回到二十多年前。當時我主編中學校刊，被訓導主任扣上紅帽子，深感不解，於是發願研究共產黨，後來撰寫碩士與博士論文，皆和共產黨有關，也皆以反共立論。今聞此警告，沉重之餘，也不禁莞爾。臺灣的進步，可謂日新月異，但有一些先生，在李伯的大夢裡，多年未醒。

「願爲五陵輕薄兒，生當開元天寶時，鬥雞走狗過一生，天地興亡兩不知。」詩人的感慨，千年猶撼我心。今日此地，號稱寶島，兩千一百萬人卻不得眞正的平靜，很多人在問：

我們應該過得了一九九五年閏八月，但五年、十年後又如何？更重要的是，還有沒有中華民國？

「金錢豹」這怪獸，已經在當局的縱容下坐大，一發不可收拾，怎麼辦？

小市民是無殼蝸牛，受薪階級是主要的付稅者，大餅在那裡？

國民黨的黨產越來越多，選票爲什麼越來越少？

舊的威權過去了，新的威權怎麼還躍躍欲立？

一連串的迷惑，充塞國人心中，最不能化解的，是國民黨的知識分子。既與特權無關，又要分擔惡名，罪與罰之間，不見人世的公道。隱忍多時後，不平之鳴必然爆發，激起的共震之大，也遠超乎當局的想像。

我和許多教授朋友，既服膺儒家思想，乃知其不可而爲，成立救改會，推出宣言，盼能挽狂瀾於既倒。近日以來，響應之熱烈，實非始料所能及，塡表歸隊者已經超過萬人，不便具名的支持者尤倍於此，我們看到了黨內的希望，這是中華民國的福氣！

於是，傳來黨紀處分之說。這是預料中事，但我仍不禁莞爾。

權力中人很難想像，權力外人還有未泯的良知，不死的血性。官僚政客也久不復聞：富貴不能淫，貧賤不能移，威武不能屈！

一九九三年十月二日，國民黨領導人在高雄公開表示：「現在已經沒有中國國民黨了。」是的，國民黨業已一分爲二，形實俱異。如今，臺灣國民黨處分了中國國民黨，未免唐突可笑了。

一九七九年七月十日，大陸老作家廖沫沙慨然賦詩：「豈有文章傾社稷？從來佞幸覆乾坤！巫咸遍地逢冤獄，上帝遙天不忍聞。」今日的臺灣，若眞還有冤獄的空間，則求仁得仁者又有何怨？我們不忍聞的是，中國國民黨的名器與聲譽，已經被糟蹋到這種地步，先烈先賢天上有知，那痛徹心肺的哭聲！

84.4.30.聯合報

我們救黨的理念

民國八十四年四月十一日，中國國民黨救黨改革委員會在臺北成立，發表宣言，並展開活動，獲得熱烈的回響。在此，我們進一步說明救黨的理念，盼能邀請全體同志，共同維護黨的歷史，導正黨的未來。

本黨的全名爲中國國民黨，而非其他。民國三十八年起，本黨只在臺澎金馬執政，但並未因此改名，結果成效卓著，且能凝聚海內外的民心。名正則言順，言順則事成。倡言「現在已經沒有中國國民黨」的人，離開了正統，也背叛了歷史，是不是應該回到兩歲的托兒所去呢？

正統絕非保守，而是眞正的進步與改革，「周雖舊邦，其命維新」，正是此意。具體而言，我們信仰孫中山先生的建國理想，主張回歸憲法，鼓吹廉能政治，推行黨內民主，而以「中華一統，民國萬年」爲終生的職志。

有此體認，我們不能不反對中共與臺獨，因爲彼等欲置我國與本黨於死地。我們也因此主張，黨員參與黨務革新，直選黨主席，淸除金權與黑道勢力，伸張眞正的黨意與民意。

救黨絕非奪權，而是爲我國與本黨添增一線生機，一股正氣。如果不能徹底改組本黨，聽任當前的黑金政治繼續猖獗，則臺灣不但是「貪婪之島」，而且將成爲「東方的西西里」。一個被金權與黑道控制的黨，即使能夠執政，對國家和人民也是無益的。因此必須救黨，使本黨走向民主之路，才是國家和人民的資產，而非債務。

本黨的生存命脈，乃在揭櫫自由平等的原則，而非縱容「金錢豹」吞噬「無殼蝸牛」。因此，我們主張重振黨魂黨德，力行民生主義，縮小貧富差距，打倒不公不義，使臺灣成爲眞正的均富寶島。由此也可知，三民主義實爲今日臺灣之所需。

我們主張公布黨產，規範本黨的投資範圍，建立公正的市場經濟秩序。黨營事業不能無限擴張下去，必須受到國法的約束，也應由全體黨員所監督，乃至受全國人民的陽光檢驗。

本黨必須揚棄威權心態，在世界潮流下，建立充分的民主機制，成爲眞正的民主政黨。我們反對任何形式的新獨裁，要求根據直接民權的精神，選出總統候選人，並由直選產生新的黨中央。

我們來自各地基層，傾聽各行各業的聲音，深感一個正統的中國國民黨，仍屬必要。因此誓將繼續努力，結合同志，在北中南東部、在海內海外，展開救黨護國的行動，用以報答萬千支持者的厚意！

84.5.9.時報週刊

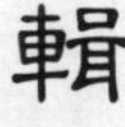

第四輯

第四講

追懷玄默先生

玄默先生辭世兩年多了，那片寂寞的身影，每每浮現我心。

初見先生的名字，是在中學時代。那時彼岸爆發文化大革命，傳到此岸的圖文，強烈震撼我的視覺，三十年代作家迭遭迫害的消息，尤其凝聚我的目光。先生的文章適時出現，談巴金，論周揚，說胡風，記田漢，並詳述共產黨與三十年代文藝的思想鬥爭，啓我蒙昧，解我迷團，終使我下定決心，追隨先生的腳步，獻力於此。日後我的碩士論文爲《中國左翼作家聯盟研究》，博士論文爲《五四運動與中共》，都是先生當年啓發下的產物，飲水思源，能不永懷？

先生著作中最扣人心弦的，當推《從迷失到覺醒》，鋪陳了知識分子的歷史大悲劇，用以悼念已死者，寄望未死者，並獻給方生者與未生者。本世紀初期，舉世掀起左傾的狂潮，從歐美到中國，從羅曼羅蘭到李大釗，皆奉共產主義爲圭臬，牽動了無數狂熱的心靈。其實早在十九世紀四十年代，馬克思和恩格斯就已發表《共產黨宣言》，但應者寥寥，及至列寧建立了政權，知識分子才爲之著魔，此誠如先生指出，事實的吸引力，非白紙黑字的理想所能比擬。結果「江山代有才人出，各苦生民數十年」，又爲不爭的事實。如今蘇聯已告解體，中國大陸何時才能免於苦難？先生不是基督徒，但假定眞有最後的審判，則願效法《懺悔錄》中的盧梭，昂首闊步，高舉著這篇講詞，走到上帝面前。

後來我才知曉，先生恰好出生於民國八年五月四日，當天爆發了青史留名的愛國運動。先生一如五四，誠摯純潔，本與共產主義無涉。民國十年七月下旬中共成立後，以在野的立場，開天堂的支票，逐漸贏得知識分子的嚮往。先生於此時成長，不免捲入大澤，和衆人一般，從泅泳到上岸，似亦付出了痛苦的代價。私淑多年後，我方有緣拜訪先生，但見長者敦厚，諄諄賜教，可謂典型的儒家。我聯想到三十年代及其前後，許多熱情的知識分子，以愛國始，以橫死終，未享天年，實大可哀。先生活了七十一歲，約與國民的平均壽命等長，亦屬不幸之幸了。

但我仍感慨先生的際遇。遠者不論，先生在臺從事編務與教職，復投身研究工作多年，日日寫作，月月交稿，竭其心力至油盡燈枯，卻旣無退休金，也無公勞保。三年前我趨府探病，方驚悉先生謙抑自持，不爲己謀，一至於此！先生當時初感腰酸，後來雙腿無力，疑似骨癌，但不能確定，民國七十九年一月九日病逝自宅，死因至今成謎。先生自謂不喜住院，而且榮總近在咫尺，可隨時就診，結果因爲壽終於家，該院還拒開死亡證明書。我悲痛的是，假如先生享有醫療保險，必可獲得較佳的照顧，不致坐待生命的終結。

先生走後，沒有隆重的公祭，修長的身軀火化成灰，留給夫人不乾的淚痕，和我永恆的追思。

我不平的是，身處號稱富裕的臺灣，一代文士卻如此不堪，王平陵、鍾理和諸先生的悲劇重演於九十年代，我們誇耀的國民平均所得有何意義？文化建設又從何談起？先生的晚景淒涼，爲臺灣的冷血添一紀錄，主事者若不改其志，紀錄將綿延不絕。先生去矣，靈魂俯視著大家的良心。

81.10.16.聯合副刊

迎王若望先生

王若望先生今天來到了台北。

世人如何稱呼王先生呢?作家、異議分子、中國的另一個良心,以及西方所說的冤情大使等,不一而足。一九五七年起,他一直不爲大陸當局所喜,也不止一次從容做楚囚,當局包括毛澤東,也包括鄧小平。

中共如何稱呼王先生呢?《人民日報》說他帶有流毒,必須肅清;《光明日報》說他是癌腫,定要割除;《解放日報》說他蠱惑人心,因此鬥爭是必要與嚴重的。當局想盡辦法推倒他,開除黨籍,查禁作品,勒令封筆,打入大牢,而他不動如山。

不動如山的王先生,與劉賓雁先生一樣,十九歲那年就加入中國共產黨。彼時他必然深信,中共志在救國救民,且有能力達到此目的。他以青年的激情,狂熱獻身,萬死不辭。及至中年,中共已由在野轉爲執政,軍事的勝利催化了政治的腐敗,其殘暴的眞貌也逐漸暴露於世。他基於對黨的久愛，乃發表勸諫的作品，結果三十多年來，分別被毛澤東和鄧小平所恨，視他的忠誠爲反骨，欲除之而後快。此種驅逐良幣的事例，不斷重演於其他作家身上，黨內遂無諫臣矣。

三國時代，蜀漢將領魏延的腦後傳有反骨，諸葛亮認爲他將來必有異志，便授馬岱錦囊妙計，殺了魏延。此說即令屬實，也不能引爲整肅王先生的奧援。今年七十四歲的王先生，初解人事就遭逢中國有史以來的一大變局，三十年代初期在上海藥廠當學徒時，更目睹帝國主義的交侵。帝國主義本與民族主義爲敵，列寧則以理論和謀略，將帝國主義與資本主義等同起來。資本主義本與共產主義爲敵，如此代換的結果，巧妙地將民族主義與共產主義等同起來。三十年代的中國青年，從民族主義轉爲共產主義，固事出多因，第三國際的苦心經營亦有功焉，益證中國共產主義來自異邦，賴以存活的土壤並非階級鬥爭，而是同胞自鴉片戰爭以來的愛國情懷。由此可知，列寧主義與馬克思主義不盡相同，列寧主義的奏效，無異宣布了馬克思主義的破產，但它畢竟席捲過中國青年的心。

王先生正是一位永恆的愛國者，他的身上實無反骨，心心念念都在中華民族的前途，六十年來發而爲文，也多關注於民情。中共展開反右鬥爭後，他被推入陷阱，爲了自救救人，乃潛心研究大陸何以處處是阱？阱中何以人滿爲患？文革期間，他受到更殘酷的迫害，一九七九年復出後，已年逾六旬，猶奮力寫作，鼓吹民權，撻伐專制，並以直言揭謊，替人鳴冤。爲此他又和劉賓雁先生一樣，贏得「文壇青天」之譽，世人卻不免感慨，大陸的法制何在？作家的重擔何時方能減輕？

一九八六年底，王先生對海外記者指出，大陸的政治經濟體制過於中央集權，大小事務都不向人民公開，選舉制度也欠缺民主。同時，他向知識界廣發信函，建議一九八七年二月召開大會，紀念「百花齊放」政策三十周年，凡此更引起中共的忌恨。時任中央政治局委員的胡啓立，就指他宣揚資產階級自由化，煽動擴大言論自由，胡啓立還是所謂的改革派！該年一月十三日，中共趕著開除王先生的黨籍，該日也就成爲他的自由日。

世人從此爲王先生添一稱呼——前共產黨員。五十年代起，東歐的前共產黨員爲了解民倒懸，屢向當局挑戰，近年終收大效。同樣的戰爭也曾出現在中國大陸，發生於前共產黨員與當局之間。將來必有更多的共產黨員覺醒，加入前者的陣營，向後者宣戰，並宣布十餘億人民獲勝。

爲了中國的將來，我們熱烈歡迎王先生！

81.12.25.聯合副刊

想起魏京生

一九七九年三月二十九日，魏京生遭中共逮捕，繫獄至今，整整十四年了。

十四年來，世局如走馬燈，大陸情勢尤見變化，不變的是魏京生仍在獄中，從二十九歲到四十三歲，坐老了英雄，唯齒牙尚健。中共透過香港的《紫荊》，發布英雄有齒的照片，用以嘲弄傳言，卻也喚起世人的注意，原來無恥者高居廟堂。世人皆曰魏京生無罪，中南海的領袖則謂不然，視八方的聲援如無物，死守惡道，獨裁到老。

魏京生獲罪的主要文章，正是〈要民主還是要新的獨裁〉。一九七九年三月二十五日，《探索》發行號外，社論即爲該文。四天之後，鄧小平透過北京市公安局，逮捕了魏京生，罪名卻是「反革命」。「朕即國家」的時代過去了，「朕即革命」的思想仍然存在，權力就是眞理，懷疑就是罪惡，民主呢？有人說遠在西方！

魏京生投身當時的民主運動，其目的在否定毛澤東式的獨裁專政，改革大陸的社會制度，使中國能在民主的環境中，發達生活與生產。他斷言誰鎮壓這場運動，誰就是名副其實的劊子手，不用等待歷史的裁決，人民心中的法庭立刻就將判定其罪，這種判決是最嚴厲的，不可更改的，法庭的力量可能因爲暫時對比的懸殊，而不能馬上顯示出來，但歷史將證明它是無敵的。此後十年，中共鎭壓了多次民主運動，而以六四事件最爲慘烈，人民心中的法庭果然已有定案，甚至劊子手也都畏懼歷史的審判，不敢居功與搶功，遂使魏京生的預言成眞。

該文的焦點人物就是鄧小平，魏京生說了重話，但都獲得驗證。於今觀之，鄧小平幾乎完全按照文中的論斷行事，而且屢試不爽。七十年代末期，大陸人民劫後餘生，自然望治心切，「讓鄧小平做做看」，成爲許多人的心聲，魏京生的火種，當時似未燎原。八十年代起，鄧小平的政治眞貌日顯，打擊異己的事例層出不窮，從淸除精神污染到反自由化，從白樺事件到六四慘案，終於造就了千萬個魏京生，接下第一個魏京生的火種，在海外傳遞，在城市傳遞，在鄉間傳遞，在獄中傳遞。火種旣已化身千萬，獨裁者僅拘其一，甚至不能減其分毫光芒，則拘禁又有何效呢？

魏京生仍在獄中的最大意義，就是凸顯了鄧小平的狹窄，記仇記恨，至死方休。該文早就提醒大陸人民，必須警惕鄧小平蛻化爲獨裁者。「鄧小平要民主嗎？不要。他不願去瞭解生活在水深火熱中的人民，他不願讓人民收回被野心家集團篡奪的權力。對於人民自發展開的爭奪民主權利的運動，他都說有人借此鬧事，是破壞了正常秩序，要採取鎭壓。」夠了，這段話就足以貶抑鄧小平的品格，否定他的英明。當然，偉大領袖即使暴怒，也不敢處死名人，因爲後遺症太大了。所以，魏京生還活著，這個鄧小平的頭號敵人，如今齒牙尙健，有一個黨說是德政。我們舉火，向德政致意！

魏京生昭告世人，他的火種取自孫中山先生。二十世紀之初，孫先生早已預言，民權運動的世界潮流，浩浩蕩蕩，順之則昌，逆之則亡。「你們共產黨人從來自吹自命高明於孫先生，爲何眼睜睜的望不見民主自由的人權運動，今天浩蕩的潮流正沖向一切獨裁的宮殿。你們這樣逆潮流的做法，正是全民革命的對象。」大哉此言！魏京生如開天眼，透見了日後諸多獨裁宮殿的崩潰。東方的那一座，在全民的巨浪下，能夠撐到下個世紀嗎？

要民主還是要新的獨裁？魏京生的登高一問，如今牽動了兩岸。彼岸的老人無職有權，垂簾聽政，不聞天下笑罵；此岸的老人無責有權，黨同伐異，自謂吃苦受辱。權力太可愛了，使人忘身之老，也忘掉世界的潮流。權力是否眞理？懷疑是否罪惡？民主是否允許統治者一再擴權？新的獨裁是否能因鄉情而曲諒？這些嚴峻的問題，既考驗兩岸當局，更考驗兩岸人民，大家一起來作答！

82.3.29.聯合副刊

殘陽如血

毛澤東誕生至今，整整一個世紀了。

在歷史的長河中，一百年很短；在個人的生命中，那是一座不易攀登的高峰。「萬壽無疆」的毛澤東，離世也已十七載了。從生前到死後，他都不寂寞，有人歌頌，有人痛恨。今天，全世界都談他。

躺在紀念堂裡的他，渾然不覺外間的爭議。對他來說，一萬年太久，只爭朝夕。身後毀譽，千秋功罪，過去無暇計及，現在更完全放下了。

但是爭議仍在，並勢將進入二十一世紀。大陸當局推崇他的思想，重印他的著作，紀念他的誕辰，奉若國父。倘問國父何以殺了那麼多同胞？當局良心未泯的話，應該無言以對。啊！無顏以對。

中華民國的國父孫中山先生，良醫興國，活人無算。「中華人民共和國」的國父毛澤東，流氓治國，死人無算。第一位因毛澤東而死的作家，就是王實味。

王實味原名叔翰，河南潢川人，一九○六年生，一九二五年考進北京大學文學院預科，次年加入中國共產黨。一九三七年十月，他奔赴延安，先在魯迅藝術學院任教，不久調到馬列學院編譯室，翻譯《列寧選集》等書。一九四一年七月，馬列學院改組爲中央研究院，他調任該院中國文藝研究室的特別研究員。這樣的背景，又紅又專。

一九四二年三月十三日和二十三日，中共中央的《解放日報》副刊上，披露了王實味的雜文『野百合花』。延安「歌囀玉堂春，舞迴金蓮步」的昇平氣象，以及「衣分三色，食分五等」的差別待遇，因此大白於世。

王實味的下場如何？一九六二年一月三十日，毛澤東在擴大的中央工作會議上親口說明：「還有個王實味，是個暗藏的國民黨探子，在延安的時候，他寫過一篇文章，題名『野百合花』，攻擊革命，誣衊共產黨，後來把他抓起來，殺掉了。」這次會議出席者達七千人，這段講話收入《毛澤東思想萬歲》中，很多人聽到了，也有很多人看到了。

毛澤東辯稱，那是保安機關的行動，不是中央的決定，但他同時指出：「罪大惡極的，也要捕一些，還要殺幾個。因爲對這樣的人，完全不捕、不殺，不足以平民憤。這就是所謂的『不可不捕，不可不殺』」。在這樣的指示下，保安機關殺人時寧多勿漏，也就不足爲奇。作家的血，從此流淌開來，歷久不衰。

毛澤東本人也算是業餘作家，畢生作詩塡詞多首，顯示其對古典文學的喜好，卻與中國傳統溫柔敦厚的詩教絕緣。早期的「問蒼茫大地，誰主沉浮」？表露爭霸的意念。壯歲的「數風流人物，還看今朝」，更見十足的帝王思想。及至晚年，「不須放屁，試看天地翻覆」，可聞粗鄙的流氓氣了。

毛澤東的流氓氣，其實屢見不鮮。一九六七年二月三日，他對卡博、巴盧庫表示：「有人說，中國愛好和平，那是吹牛，其實中國就是好鬥，我就是一個。」他集黨政軍大權於一身，狠鬥心目中的敵人，工具包括了筆與槍，對象包括了作家。致作家於死地的律條，則爲文藝政策。

毛澤東沒有獨創的文藝觀，無產階級文學的黨性思想，自馬克思和恩格斯首倡後，經列寧和史達林發揚光大，而爲毛澤東所襲取。

一九三二年十月，史達林提出「社會主義現實主義」的口號。一九三四年八月，第一次蘇維埃作家協會代表大會召開，通過其親信日丹諾夫執筆的盟約，訂爲文學創作和批評的基本方法，圖用社會主義的精神，從思想上改造和教育勞動人民，並在工廠工人、集體農場農民和紅軍士兵中培養新作家。日丹諾夫另外強調，蘇聯文學的主要典型人物，就是工人、農民、黨員、經濟工作人員、工程師、靑年團員和兒童團員。凡此多爲毛澤東所套用，在延安鼓吹類似的工農兵文學。

工農兵文學的精義，可用八個字來涵蓋：豪奴吆喝、歌功頌德。史達林以社會主義現實主義爲藉口，大肆整肅異己。毛澤東則以工農兵文學爲號召，成爲史達林第二。所謂毛澤東思想，其實就是史達林主義。此二人分別用作家的血，寫出兩國文學史最恐怖的篇章。

一九四二年五月，毛澤東在延安文藝座談會上講話，欽定了中共的文藝政策。該會召開的初衷，本在清算敢言的作家，如前述的王實味，並欲嚇阻同類的抗聲。因此，中共自有正式的文藝政策以來，就與文藝整風結下不解之緣。

毛澤東重複列寧所說，文藝是整個無產階級機器中的齒輪和螺絲釘，位置業已擺好，所以絕無自由運作的可能。他直言文藝必須爲政治服務，製造矛盾和鬥爭的典型化，至於爲藝術的藝術、超階級的藝術、和政治並行或互相獨立的藝術，「實際上是不存在的」。

他爲了向這些不存在的敵人宣戰，數十年來展開多次整風，連千萬人頭落地都不稍惜，萬馬齊瘖、百花凋零又豈爲其所掛意？一九四九年以前，中共統治區已有王實味事件和蕭軍事件等；一九四九年以後，被污辱與被損害的作家更難以計數，此固拜毛澤東個人之賜，實亦因政策使然。待其死後，作家仍遭整肅，即爲明證。

一九五一年五月，中共發動政權成立後的首次文藝整風，此因電影《武訓傳》所引起，其他若干「非正統」的事件也牽涉在案，許多作家被迫自我批評和公開悔過。延安文藝講話的肆虐，因中共統治區的擴大，更顯現其殺傷力，此後的文藝整風，一波勝過一波，至文化大革命達到最高潮。

一九五四年十月的第二次整風，起自俞平伯的「紅樓夢研究」事件，引發全面批判胡適思想，並對主持《文藝報》的馮雪峰，展開工作錯誤的檢查與鬥爭。此與三年前對《武訓傳》的批判相同，歷史背景和政治意圖一脈相傳，也都是毛澤東親自指揮的。

一九五四年十月十六日，毛澤東在〈關於紅樓夢研究問題的信〉中指出：「看樣子，這個反對在古典文學領域毒害青年三十餘年的胡適派資產階級唯心論的鬥爭，也許可以展開起來了。」他趁此一償《新民主主義論》中的宿願，即思總結中國新文化運動。由於胡適在五四時期的地位遠勝毛澤東，影響亦頗深遠，毛澤東基於補償心理，也不免要爲刷新歷史而努力。

這次整風一直延續到正式批鬥胡風開始，才告一段落，可謂間不容髮，毛澤東的文網之密，也由此可見。胡風的政治立場原與中共一致，周揚一度稱之爲「沒有入黨的布爾什維克」，其與中共的分裂，在對毛澤東文藝政策的抗拒，致觸後者的大怒。

一九五五年一月，毛澤東親自出馬，公開胡風的意見書，並且著手整肅。稍後，胡風及其友人都遭同時抄家，檔案資料也調到北京，毛澤東據此寫按語，分別於五月十三日、二十四日和六月十日，在《人民日報》公布關於「胡風反革命集團」的材料。「他們的基本隊伍，或是帝國主義國民黨的特務，或是托洛茨基分子，或是反動軍官，或是共產黨的叛徒，由這些人做骨幹組成了一個暗藏在革命陣營裡的反革命派別，一個地下的獨立王國」。毛澤東這段御批，使胡風的苦難日益逼近。

在搜出的「反革命」材料中，最令毛澤東感到難堪的，就是一九五一年八月二十二日張中曉致胡風的信，其中提到了《延安文藝講話》：「這書，也許在延安時有用，現在，我覺得是不行了，照現在的行情，它能屠殺生靈，怪不得幫閒們奉若圖騰！」毛澤東懷恨之餘，便大量製造輿論。一九五五年五月十三日到七月九日，《人民日報》就收到要求嚴懲胡風的來信一萬一千八百封。七月十六日，胡風被捕。此後，中共全面「堅決徹底粉碎胡風反革命集團」，成爲文革前株連最廣的文藝整風。

一九五七年七月十八日，《人民日報》的社論透露，胡風被捕後的肅反運動中，清查出八萬一千多名「反革命分子」，另有一百三十多萬人交代了各種政治問題。由此再度證明，毛澤東文藝整風的目的，不是文學的，而是政治的。

後來爆發了文革，十年的浩劫，鋪天蓋地的黑暗，如今已化爲億萬中國人的夢魘。大家覺得十年太長嗎？請看「偉大領袖」原先的構想。一九六七年八月三十一日，毛澤東接見阿爾巴尼亞軍事代表團時表示：「這次文化大革命代價是很大的。雖然解決兩個階段、兩條道路的鬥爭，問題不是一二次、三四次文化革命所能解決的，但是這次文化大革命後起碼要鞏固它十五年，一個世紀搞二、三次。」

毛澤東有此宏願，遂全力以赴，但壯志未酬。一九七六年九月九日，他的心臟停止跳動。十月六日，其妻江青等人被捕，象徵文革的結束。此時，大陸的國民經濟已跌至谷底，倖存者從谷底站起來，看到一長串的死亡名單。

因文革而死，也就是因毛澤東而死。世人在名單中看到了老舍與田漢、趙樹理與何其芳、鄧拓與李廣田，也看到了馮雪峰與邵荃麟、傅雷與麗尼、徐懋庸與王任叔。還有，豐子愷與阿英、周立波與范長江、楊朔與郭小川，數以千計的文藝工作者，全都在裡面。這是一次最悲慘的放榜，榜上有名者皆已成厲鬼，但總算有個名字。他們失去了肉身，告別了親朋，一無所有，所幸留下了作品。作品的可貴，在作家身後顯現出來。

但是，作品也使得作家的生命提前告終，讓可悲與可貴同其源流，堪稱大陸文壇的一項特色，主其事者正是毛澤東。一九六二年九月二十四日，他在中共八屆十中全會上有感而發：「現在不是寫小說盛行嗎？利用寫小說搞反黨活動是一大發明。凡是要想推翻一個政府，先要製造輿論，搞意識形態，搞上層建築。革命如此，反革命也如此。」毛澤東曾經坐收三十年代文學的成果，後來卻說果中有毒，必欲除之而後快。三十年代作家的命運，早在延安文藝講話時即已預卜，王實味不過先走一步罷了。

毛澤東離世已久，鄧小平在經濟政策上改弦更張，在文藝政策上則繼志述事，大陸作家的道路遂仍崎嶇。十年經改期間，爆發了魏京生事件、白樺事件、劉賓雁事件、王若望事件，也爆發了清除精神污染運動、反資產階級自由化運動，終有六四慘案和作家的流亡。一長串的事實證明，鄧小平不讓毛澤東專美於前，文藝政策尤其襲自毛澤東。他替作家廣設路障的結果，使得本身也窒礙難行。「眼前無路想回頭」，中共文藝政策的回頭路，卻見殘陽如血。

殘陽如血。一九三五年二月，毛澤東過婁山關，作〈憶秦娥〉，用了這四個字。那時他沒有料到，自己後來成爲紅太陽，享盡了豪奴的歌功頌德，更誤盡了天下蒼生，但終難逃自然與歷史的規律，徒留血色的黃昏，映照千萬個冤魂。

毛澤東已矣，鄧小平也即將離去，億萬個中國人民，包括作家在內，都在盼望；夕陽滅後，黑夜短暫，曙光揭曉，大家輕鬆自由行！

82.12.26. 中央副刊

惡風東

毛澤東生於一八九三年十二月二十六日，昨天是他的百年誕辰。

百歲光陰果眞一夢蝶？時間過濾人物，但留下歷史，歷史記錄人類的經驗，知名人物的經驗自然也在其中，甚至享有專章與專書，因爲他們創造了歷史。

歷史旣是人創造的，也是人記錄的，或出有心，或出無意，歷史時常失眞。無怪有的學者慨嘆，對過去而言，我們並未獲得如實的圖像，僅予詮釋和知性的重構。湯恩比亦曾感喟，片刻前的歷史已衆說紛紜，遑論遠古？從失眞到求眞，往往白了史學家的髮。

我，一個研究中國現代史的小兵，每天並覽兩岸的文字，比觀不同的記錄與解說，越發不能輕信歷史。有的人生前就由女兒代寫傳記，有的人死後多年猶享尊榮。親情使人軟化，權力使人腐化，眞貌也就紛紛淡化了。

今天，中共歌頌毛澤東到了最高潮。

死者和生者的權力，在此聯合演出，令人五目色迷。導演告訴大家，這是一幕喜劇，理當普天同慶。於是排練經年的大戲，此際在北京公演，億萬觀衆的反應如何，導演和演員在所不計了。

人的權力原本終結於死亡，毛澤東則不止於此。中共一再昭告世人，毛澤東思想是擎天柱，永垂不朽。它是中共的國策，當局權力的來源，所以毛澤東雖死猶生，忙著傳遞香火，給每一個嗜權的人。於是，從華國峰到鄧小平，背後都有一個毛澤東，江澤民也不例外，只是背後還有一個鄧小平。

毛澤東是中共的史達林，又身兼中共的列寧。列寧是俄共的國父，毛澤東即中共的國父。因此，只要中共執政一日，就不可能全面否定毛澤東。我收集了數以百計的專書，也閱讀過數以千計的專文，都在析論毛澤東，絕大多數揄揚他，奉爲不世出的英雄，解民倒懸的救星。啊！千千萬萬犧牲的人命，以及更多受傷的人心，都到那裡去了？誰能聽見他們的聲音？

所有的讚語中，以鄧小平爲最強音，因爲他的權力最大。一九八〇年八月二十一日和二十三日，鄧小平兩度會見義大利記者奧琳埃娜·法拉奇，一再強調毛澤東思想不僅過去引導中共取得革命的勝利，現在和將來還應該是共產黨和中國大陸的寶貴財富。「所以，我們不但要把毛主席的像永遠掛在天安門前，做爲我們國家的象徵，要把毛主席做爲我們黨和國家的締造者來紀念，而且還要堅持毛澤東思想」。鄧小平言不由衷嗎？請看天安門前的巨像！

怎樣還原毛澤東眞實的圖像？頌詞多如恆河之沙，有誰奢望取金其中？我們不妨聽聽毛澤東自己的話語。政治人物每以說謊爲業，但偶亦有眞情流露之時，這些「吉光片羽」，值得世人記取。

一九七〇年十二月，毛澤東以滿口湖南湘潭的土音，與美國記者埃德加·史諾暢敍。老友重逢，無話不談，他以「和尙打傘」自況。這句歇後語，意指「無法無天」，中國人聽得懂，外國人則未必。史諾後來描述，毛澤東有如苦行的孤僧，全身所攜僅一破傘，是一個淸教徒般的革命家。好一個民主進步的中國通！

早在一九三六年，史諾即抵延安，成爲最早向世界宣傳毛澤東的西方人，由他筆錄的毛澤東自傳，處處顯露了無法無天。毛澤東回憶少年時代，家中分爲兩黨，一爲其父毛順生，屬於執政黨；另一爲其母文七妹及衆子女，屬於反對黨。毛澤東仇恨父親，建立了一個聯合陣線對付他。「在我們家裡，辯證法的鬥爭始終不斷地發展著」。毛澤東追述此事時，不禁得意大笑。我讀到此處，卻笑不出來，證諸其後的言行，《論語》裡的話可說是千古不滅了：「不好犯上，而好作亂者，未之有也。」

一九一八年秋，毛澤東來到北京，擔任北大圖書館主任李大釗的助手。他後來指出：「我的地位是十分低下的，人們都不屑和我接近。我擔任的工作是登記到圖書館來看報者的名字，可是大多數人都瞧我不起。在這些來看報的人們當中，我認識了許多有名的新文化運動的領袖，像傅斯年、羅家倫之類，我對於他們特別感覺興趣。我想去和他們交換一些關於政治和文化問題的意見，可是他們都是忙人，沒有時間去傾聽一個圖書館助理員的南方土語。」

這種早年受挫的經驗，影響到他後來的知識分子政策。的確，傅斯年和羅家倫都被判爲「反動文人」，胡適更飽受攻擊，陳獨秀也一度成爲「托匪漢奸」。毛澤東又受馬克思的影響，認爲知識分子帶有主觀主義和個人主義的傾向，思想往往是空虛的，行動往往是動搖的。他還繼承列寧和史達林的觀點，主張改造知識分子，命令他們向體力勞動者學習。及至文革期間，知識分子更名列地主、富農、反革命分子、壞分子、右派分子、叛徒、特務、走資派之後，成爲「臭老九」，身心飽受摧殘，民族生命力亦遭嚴重的破壞。

毛澤東發動文革的直接目的，在與劉少奇爭權，而其根本動機，則在摧毀所有不合己意的思想，因此必須從意識形態下手。一九六五年十一月，他指使姚文元，批鬥吳晗的新編歷史劇《海瑞罷官》，揭開文革的序幕。一九六七年二月三日，他會晤卡博、巴盧庫時透露：「一九六五年十一月對吳晗發表批判文章，在北京寫不出，只好到上海找姚文元。這個攤子開始是江青他們搞的，當然事先也告訴過我，文章寫好後交給我看。」一九六六年二月，江青接受林彪的委託，在上海召開部隊文藝工作者座談會，並於會後寫了一份紀要，經毛澤東三次親自審閱和修改才定稿，所謂〈文藝黑線專政論〉即由此提出，三十年代文人的悲運也由此全盤註定。

一九六六年上半年，毛澤東在鬥爭中取得優勢。鬥彭眞、轟「三家村」與「燕山夜話」、成立「五七幹校」、貼大字報、組織紅衛兵、展開肉搏戰等，都於此時發生。八月，毛澤東主持中共八屆十一中全會，他在場內貼出「炮打司令部——我的第一張大字報」，該會又通過「關於無產階級文化大革命的決定」十六條，顯示他已奪回大權。十月二十五日，他在中央工作會議上明白指出：「五個月來的文化大革命，火是我放起來的。」這把野火燒出了中國歷史上最動亂的十年，也使得億萬人民身心俱焚，許多後遺症猶存於世。如今，大陸當局熱烈紀念放火的人！

當局者迷。文革爆發時，毛澤東已逾古稀之年，猶以狂熱之身，指揮暴亂。一九六六年七月八日，他寫信給江青，強調現在的任務就是要在全黨全國打倒右派，「再過七、八年再來一次橫掃牛鬼蛇神的運動，爾後還要進行多次。」這封信遲至一九七二年九月才發表，事實證明他的願望落空。無名氏先生指出，毛澤東此生最大的善舉，就是使自己告別了人世。我們感慨的是，他已物化成一個超自然體，享有偶像般的崇拜，主持儀式者則恆爲當局，祈求他的死靈魂能夠有利於統治，也就是權力。

牛鬼蛇神，好熟悉的字眼。原來早在反右派時，毛澤東用的就是這個名詞，那時沒有文革，沒有四人幫，也沒有可以諉過的對象。一九五七年六月，毛澤東展開反右派鬥爭，鎮壓「百家爭鳴、百花齊放」運動。據中共的估計，右派人數約達六百萬之譜，力量不容忽視。於是，鳴放之士紛紛遭到清算，或被迫認罪，但仍不免其罰。

一九五七年七月一日，《人民日報》發表毛澤東撰寫的社論，題爲「文匯報的資產階級方向應當批判」，該文後來收入《毛澤東選集》第五卷，如假包換，其中有如下的名言：「有人說，這是陰謀。我們說，這是陽謀。因爲事先告訴了敵人：牛鬼蛇神只有讓它們出籠，才好殲滅它們，毒草只有讓他們出土，才便於鋤掉。農民不是每年要鋤幾次草嗎？草鋤過來還可做作料。」

這裡所謂陽謀，其實只是事後的孔明。毛澤東鼓勵鳴放的本意，在安撫與利用知識分子，助其進行整風，結果反共之聲遍傳，如排山倒海，指向中共致命的過失。毛澤東一世英明，此時深感難堪，只有食言而肥，以陽謀自壯了。百萬知識分子和其他敢言者，因此慘遭迫害；文革一到，他們又被剝了一層皮。那麼，毛澤東只是文革有罪嗎？

知識分子即中國古謂之士或儒，不但是社會的良心，而且是平民的導師。如與西方相較，中國知識分子似乎更具人文精神，尤以國家興亡爲己任，凡此都觸怒了毛澤東。一九五八年五月八日，他在中共八大二次會議上，道出了自己的心聲：「秦始皇算什麼？他只坑了四百六十個儒，我們坑了四萬六千個儒。我們鎭反，還沒有殺掉一些反革命的知識分子嗎？我與民主人士辯論過，你罵我們是秦始皇，不對，我們超過秦始皇一百倍。罵我們是秦始皇，是獨裁者，我們一貫承認，可惜的是，你們說得不夠，往往要我們加以補充。」

根據會議紀錄，毛澤東此時「大笑」。是的，他暢所欲言了。他早就說過，「惜秦皇漢武，略輸文采」，現在他越說越白了，暴君的味道也越來越濃了。全中國的知識分子啊！大家笑得出來嗎？鄧小平強調毛澤東的功績第一，大家能夠首肯嗎？

毛澤東不僅殺知識分子，也殺其他人。一九五一年一月十七日，他在鎮反和肅反工作上有如下的批語：「所謂打得穩，就是要注意策略。打得準，就是不要殺錯。打得狠，就是要堅決地殺掉一切應殺的反動分子（不應殺者當然不殺）。」這樣的指示看似寬猛並濟，其實並無嚴格的標準，在那個紅色恐怖的時代，最高領袖一句「就是要堅決地殺掉一切應殺的反動分子」，實足以讓劊子手大開殺戒、寧濫勿缺了。

一九五六年四月二十五日，毛澤東在論十大關係時，回顧了那場大屠殺：「應當承認，那一次鎮壓反革命是必要的。」至於數百萬人死於非命，他有如下的結論：「肯定過去殺這批人殺得對，在目前有實際意義。」所以，沒有任何劊子手因濫殺而受處分，死者的頭銜當然是「反革命」。無獨有偶，鄧小平在六四慘案後不久也嘉勉劊子手，說敵人是「造反派」。刺刀子彈下的亡魂，失去了生命，獲得了罪名，先後在中華大地默爾而息，可知有人爲他們哭泣？

從毛澤東到鄧小平，從一九四九到一九八九，殺戒開個不停，這是什麼樣的心情？「我失驕楊君失柳」後的報復？「勸君少罵秦始皇」後的動怒？還是權力將喪的危機感？諸多問號懸在我們心中，答案則飛向歷史，各種說法不一。

不嗜殺人者能一之，容我引用兩千多年前的箴言。兩千多年了，中國大陸的統治者依然背孟子之道而馳，讓亞聖成爲寂寞的先知。偉大的政治領袖可曾想過？人民但求養生喪死無憾，外加自由與公義，原不足以危害一個政權。主政者如果始終不忘階級鬥爭，一分爲二，不斷地鬥，則天下惡乎定？「這批人殺得對」，此念一日不除，中國也就一日不能統，這是極簡單的道理。

毛澤東百年誕辰之際，我在倖免於難的臺灣，思及父親當年離開湖南茶陵的老家，來到這塊遠離殺戮的土地，方能安心教學，自由著述，凡此皆拜毛澤東鞭長莫及之賜。極目西望，我衷心祈求，四十年來的風暴不復降臨故土，中國不要再出一個毛澤東！

82.12.27.聯合副刊

思果在臺北

冒著溽暑，思果先生來到了臺北。

臺北舉辦了一個罕見的國際研討會，主題是「外國文學中譯」。當前有關的重要課題，在掌握翻譯時效，擴大範圍，精確內涵。爲達此目的，大會邀請了海內外學者共聚一堂，思果先生自然在座。

思果先生是翻譯家兼散文家，譯著和創作等量，《翻譯研究》和《翻譯新究》等書，嘉惠讀者已近兩代。我們從小閱讀的中文版《讀者文摘》，許多佳作是思果先生譯成的，版權頁上的蔡濯堂，正是他的本名。

思果先生一向認爲，譯文應該明白、準確、流暢，不該詰屈聱牙，最好就像本文一樣。他在這次研討會中，以「新譯英文聖經的啓示」爲題，發表論文，重申此意。

以往，外國文學的中譯者受到束縛，既不肯刪除不需譯的字詞，也不願改動原文的結構。思果先生提醒大家，連《聖經》的翻譯都可以這樣大刀闊斧，那麼譯起別的文學作品，一定可以放手使用適當的中文了。這種反對惡性西化的主張，余光中和黃維樑等先生也一再鼓吹，似乎收到若干效果。

思果先生久別臺北，重逢衆多好友，盛況可以想見。大家最感興趣的，不是他的翻譯，而是他的年輕。這位年逾古稀的長者，爲什麼看來少了二十歲？原來他運動，每天做六百個伏地挺身，這個數字超過了選手的標準，另外還有長跑和太極拳，也曾獨領沙田的風騷。余光中先生指出，思果先生除了熱中運動，又精於京戲、方言與書法。可惜的是，此番來去匆匆，這些專長無由表現，只有俟諸他日了。

思果先生深感翻譯是件苦事，所以要有好身子。如此文武兼修，似有以武輔文之意，而爲近代文人所欠缺，値得推廣。嚴復先生從事翻譯工作時，常因一字之立，旬日踟躕，其耗神可知，體力也必受影響。思果先生的運動，是爲了走更長遠的路。他果然健步健筆，新譯了不少巨著，並即將出版翻譯論文集。

思果先生再度強調，不要照原文的字來譯，要照意思來譯。例如，祖母稱孫女 My Dear，中譯宜爲「寶寶」，而非「親愛的」。他慨然指出，翻譯最大的敵人，就是原文的字，但在大刀闊斧刪改時，也應該有紀律，結果最好是兩文對照不差，這就需要中文的底子，以及文學的訓練了。

「翻譯就像把林中的復活蛋找出來」，出入森林要有體力，思果先生以身作則，告訴我們治學必須強身，這是他在臺北最大的貢獻，且讓大家記取。

83.9.9.聯合副刊

黃國彬在臺北

黃國彬先生終於來到了臺北。

香港與臺北近在咫尺，黃先生在此早有文名，如今卻爲初旅，我們必須感謝會議。臺北的會議雖曰成災，其中仍有值得稱述者，外國文學中譯國際研討會即爲一例。

黃先生通八種文字，除中、英、法、德之外，還包括西班牙、義大利、希臘和拉丁文，這份能耐實在驚人，加以近年來任教於嶺南學院翻譯系，此次受邀是必然的。他在大會提出的論文，從《神曲》漢譯說到歐洲史詩的句法，以但丁、荷馬、維吉爾、密爾頓爲例，解析義大利、希臘、羅馬、英國史詩在句法上相同之處，並指出中譯這些作品時，處理原文繁複句法之道。全文洋溢了作者比較文學的才華，也表達了通權達變的翻譯理念。

黃先生指出，漢語句法走的是直線，其形方；歐洲史詩句法走的是曲線，其形圓。以漢語句法譯歐洲史詩的句法，是以方應圓，譯者必須多動些腦筋，多費點氣力，在被迫吃苦的情形下，儘量發掘漢語的資源，知其難爲而爲之。他表示更改了句法，就要犧牲原作的一些訊息，這是翻譯中無可奈何的事。此說與思果先生的主張不謀而合，要求中文純淨，反對魯迅式的硬譯，可謂梁實秋先生的同志。

黃先生的散文功力，果然直追《雅舍小品》，此由近著《楓香》可證，該書寫於加拿大，因而命名。六十七篇文字，透見了作者的學養、文采與諧趣，異國情調與故國情懷，也在書中並陳無礙。俗謂書到用時方恨少，作者則深感書到運時方恨多，做劉邦和朱元璋還不夠，他想做秦始皇。話雖如此，書中談書的篇章獨多，可見作者對書的愛多恨少。提到急躁與緩和二詞，作者點出急者易躁、緩者能和的道理。今觀黃先生本人，果然溫柔敦厚，一派祥和，十足的文如其人了。

黃先生初次訪臺，稱頌此間的經濟發達，社會富裕，文風鼎盛，尤其是報紙副刊，固爲外文報紙所無，亦爲境外中文報紙所不及，特色正是重視文學。此外，文學書籍不斷出版，似可說明讀書風氣良好。相形之下，香港由於節奏快速，需要靜心閱讀的文學作品銷路就有限了。黃先生和臺灣出版界結緣頗深，新著《文學札記》將由三民書局出版，《翻譯途徑》將由書林公司出版，足證其用功之勤，也反映臺北出版社的水準。

黃先生的滿意，又表現在對大會的評價上。此會由行政院文建會策畫，太平洋文化基金會和中央圖書館承辦，接待周到細心，論文印製講究，令人印象深刻。黃先生感動之餘，盼望臺灣、香港和大陸三地協調合作，統一專有名詞，加強中文外譯，共創翻譯事業的高峰。

83.10.4.聯合副刊

學人不死

——懷念任卓宣教授

任卓宣教授辭世五年了，今年四月四日是他的百歲誕辰。任教授的生年雖未滿百，但已享有九五高壽，且可謂無疾而終，是一位有福之人。他走過了腥風血雨，九死一生之後，因春風化雨獲得學生的感懷，因著書立說贏來讀者的尊敬，成為不死的學人。

七年前父親不幸病逝，任教授親臨致弔，所賜輓聯中，正有「學人不死」四個字，令人觸目難忘。我在叩首答禮時，看到老而彌堅的任教授，想起他與父親相交的歲月，哀痛中陷入冥思，也為他深深祝禱。

初見任教授時，他已年過六十，而我的年齡只有個位數，那一襲中山裝，永留我的記憶裡，似乎也延長了一個革命的時代。的確，我是在國民革命的餘緒中成長的，父親及其友人，過最苦的日子，放最大的能量，總盼以孤臣孽子之心，行扭轉乾坤之實。我景仰白先勇先生的文學成就，但他筆下《臺北人》的生活方式，與我所見的長輩皆大不同。臺灣得有今天，正由當年堅苦卓絕的精神換來，任教授即爲一個表率。

初見任教授的地點，是在國父遺教研究會。該會當時位於中山北路國父史蹟紀念館內，父親擔任總幹事，穿著補丁的褲子，帶我入館半日遊，我見到的多位長輩，後來成爲恩師，他們的言教與身教，都值得我學習終生。

但我始終沒有機會受業於任教授，童年自然不計，生平唯一的正式請教，卻在博士班入學的口試場內。任教授時年八十有餘，以無窮的體力，從中午到晚上，垂詢了數十位考生。我在半小時中，充分體認到一位讀書人的執著，他反覆問難，我勉力以答，最後看見他慈祥的笑容。放榜後，我倖獲第一名，想到如下狀況：口試只占總分的一部分，但不無關鍵作用，而我並非任教授的學生，他又不認識我，其中的厚愛，莫非來自殷切的思想傳承？

我要如何望任教授的項背？至八十歲爲止，他已撰文兩千兩百七十篇，出書九十七部，共計一千七百萬字以上。其後十五年，他又不停寫作，出書早逾百種，字數超過兩千萬，這是何等的智慧與耐力！

孔子主張君子不器，任教授是這句話的見證者，著作中有《哲學到何處去》，也有《國父科學思想》；有《國父底經濟學說》，也有《馬克思主義批判》；有《中國文化底主流》，也有

《文學和語文》，豐富繁茂，如同一片林海，他的主要筆名，正是「葉青」。松柏歲寒，留給當代和後世的，不但是一個榜樣，而且是一片生機，只要我們開卷！

學人不死，因著作而得永生。文字深入人心，脫胎換骨的力量，有時勝過器官移植。任教授的肉身已去，但精神長存，和父親的著作一樣，伴隨有心的讀者，從二十世紀到二十一世紀，證明思想的影響最久，文字的壽命最長。

84.
4.文訊

無限惜別意

今天，八十四年五月二十八日，鄧麗君小姐入土為安。

死時風華仍茂，死前呼喊母親，死後震動華人世界，鄧小姐的一萬五千天，像是天使對上帝的期約，來到人間，帶給億萬中國人棲止與慰藉、歡樂與哀痛。這樣的感覺，在她身後的一萬五千天，恐將依然存在。

朱子臨終時，門生請問遺言，答以「艱難」二字。鄧小姐的一生，也可做如是觀。五十年代的貧困，是臺灣社會的共象，而眷村的女兒感受尤深，所以她放棄學業，奔波於歌廳與餐廳之間，改善了家計，也走出一條與眾不同的路。

她放棄了學業，但沒有放棄學習，而且是終生學習。各種語言，各式歌曲，只要出自她口，彷彿天縱英才，其實，多半來自她的苦修。中斷的學業，成功的事業，其中有一個艱難的過程。世人見到她的甜美，聽到她的婉約，可曾想到這嬌弱的身軀，承受過多少壓力？「不長夜哭泣，不足語人生」，她的得與失，生活與生命，都無比豐富。

這不是中華民國的縮影嗎？多災多難，敗部復活，獲得掌聲如雷。這一切，青少年朋友未能完全經歷，也因此不解，何以中老年人對鄧小姐的離去如此不捨。我們今天，爲中華民國的一個女兒送行。啊！無限惜別意。

但願中華民國，還有更多這樣的兒女。

84. 5. 28. 聯合報

第五輯

記「浩然營」

民國二年十二月，殷鑄夫先生承黃興先生之命，在日本東京設立浩然廬，通稱浩然學舍，照顧因反袁而流亡的青年同志，並教授法制、軍事、武術等。該廬取自孟子的「我善養吾浩然之氣」，稍後鑄夫先生的哲嗣誕生，獲名「之浩」，當亦與此有關。浩然之氣至大至剛，配義與道，具備者可謂大丈夫。我生也晚，未能親見開國人豪的雄姿，卻有幸在之浩先生身上，看到這樣的風範，以及長者的謙厚。

民國六十七年，之浩先生在臺北設立浩然基金會，用以獎助文教和慈善事業，名稱與精神皆直承其尊翁。十載有成後，更想擴大範圍，爲中國及中國人多做些事，乃思培訓領袖人才，而辦短期的講習。人才原本無法速成，必經事上磨鍊，方克有濟，但正如許倬雲教授指出，研習營可扮演催化的角色，於是另約沈君山教授、殷允芃女士和康寧祥先生參與籌畫。民國七十九年，第一屆浩然營在美國加州 Chaminade 舉行。民國八十年，我有幸參加了第二屆，地點在日本山口縣的宇部。

宇部位於下關與廣島之間，下關即馬關，中日甲午戰後，李鴻章與伊藤博文在此簽約，中國因而傷心割臺灣。廣島則在五十年後承受原子彈，也爲世人所熟知。〈馬關與廣島之間〉，這篇散文所懷萬端，下筆維艱，完稿有待他日。

山口是明治維新胎動之地，孫中山先生也曾在此策畫革命，浩然營選擇該地，饒富歷史意義。本屆因地制宜，研習主題爲東亞地區的現代化，內容以政治和經濟爲主，兼及文化層面。課程及講座略爲：1.日本的發展經驗：社會文化的現代化（傅高義教授）；2.由經濟觀點論東亞的現代化（Lester Thurow 教授）；3.當前世界政治變遷對東亞的影響（白魯恂教授）；4.由文化觀點論東亞的現代化（許倬雲教授）；5.由行政觀點論東亞的現代化（金耀基教授）；6.日本的發展經驗：明治維新及二次戰後日本的轉接適應（安場保吉教授）；7.日本的發展經驗：技術的轉移與發展（Michael Cusumano 教授）；8.韓國的發展經驗：工業發展（金德中教授）；9.新加坡的發展經驗：都市發展（劉太格先生）；10.臺灣的發展經驗：綜論農、工業的發展（葉萬安先生）。

每項課程講授一天，晚間則掛牌討論，內容以兩岸的現代化爲主。學員原訂臺灣、大陸及海外各十名，結果大陸當局未能放行，形成臺胞居多的局面。沈君山教授多次奔走彼岸，盼能玉成此事，最後不免遺憾。學員名單如下：朱高正、林正杰、丁守中、陳定南、王鍾渝、蔡勳雄、石齊平、林敏雄、龔雅玲、李金龍、徐正冠、李振瀛、潘文炎、郭俊惠、蕭全政、汪建南、周玉山

（以上臺灣）；楊小凱、梅山、吳鴻祺、官錦堃、祝偉中（以上海外）。學員的友情在營中形成，在會後茁莊，回臺北後已多次相聚，屢見切磋的靈光。

浩然營予我最深的印象，就是師長的認眞。之浩先生與蘭熙夫人不但出錢出力，且全程參與，日夜聽課，從未缺席。許倬雲教授夫婦亦然，並以苦口直言領袖的條件有四：1.見解，2.學養，3.膽識，4.擔當；自我作賤者則有三：1.恃才傲物，2.落落寡合，3.自得自滿。我聞其言，能不惶恐？金耀基教授剴切指出，東亞經濟的成功，文化因素和制度因素兼具，而日韓比我們更看重儒家思想。我以多次分訪的經驗，證實此言不虛，國人自當深省。葉萬安先生是建設臺灣的功臣，授課如數家珍，聽者如沐春風。沈君山教授的熱情與才氣皆不減當年，思維無限躍動。駐會委員殷允芃女士的冷靜，康寧祥先生的豪放，可謂各擅勝場。執行秘書江金山先生、課務組吳錚女士、生活組張光斗先生、林子傑先生的辛勞，大家有目共睹，也獲衆口交讚，這是一個美好的組合。宇部半月，贏得我今生的記憶。

歸來後思及，臺灣如有十位之浩先生這樣的人物，或能扭轉頹風，丕變時運。吉田松陰講孟子等學，成爲明治維新的先覺者，松下村塾遂獲日人的永念。「自非讀萬卷書，安得爲千秋人？自非輕一己勞，安得致兆民安？」臺灣有此抱負者，又有幾人？我在感懷浩然營諸師友之餘，自愓之心波濤洶湧，每每不能平息。

馬關與廣島之間

一八九四年七月二十五日，日本聯合艦隊在朝鮮牙山灣的豐島海面，突襲中國的運兵船，造成近千人傷亡，也揭開甲午戰爭的序幕。如今，整整一百年了。

甲午戰敗，中國被迫簽訂馬關條約，割讓臺灣，引來四百萬人的同聲一哭。五十年後，擴大侵略的日本，既遭中國軍民的浴血抵抗，且受美國的原子彈轟炸於廣島與長崎，終於舉起雙手，交出臺灣。這頁歷史，誰不知道呢？

我先不知道，自己會來到馬關，又來到廣島。

我只知道要去宇部，參加「浩然營」。臨行匆促，翻閱簡略的日本地圖，沒有這個名字。書上說，它屬於日本本州的山口縣。一九九一年七月二十六日，我在雨中抵達宇部，才曉得它位於下關與廣島之間，而下關就是馬關。於是，決定增添行程，分訪兩地。宇部的第一夜，爲了想像中的馬關與廣島，我不能寐，坐聽如泣的雨聲。

「浩然營」的男主人是殷之浩先生，女主人是張蘭熙女士，這一對可敬的長者，全程參加研習會，也帶領我們遊學各方。離開宇部的首站，即爲馬關。

馬關古有臨海館，近有春帆樓，同爲接待遠客之所。一八九五年三月十九日，一群痛苦的客人抵達馬關。次日，爲首的李鴻章進入紅石山下的春帆樓，與伊藤博文展開談判，結果呢？「宰相有權能割地」！春帆樓入口處，掛的牌子是「日清講和紀念館」，其實是「日勝清敗說明室」，一幅「媾和談判之圖」最足以證此說，伊藤博文和陸奥宗光高大挺立，李鴻章和伍廷芳則打躬作揖，對比強烈。館內通風不甚良好，我聞到歷史的霉味，有些微窒息之感。同行的祝偉中兄，平日談笑風生，此時已淚流滿面。我如何安慰這位香港同胞？馬關所割是臺灣！

館內有幅書法，出自中田敬義，也引我凝神。此人時任日本外務大臣秘書官，以七言絕句表達了彼等的心情：「和平耀世國輝揚，恢廓宏圖自是張，樽俎當年折衝處，迺存舊蹟永斯彰。」分明是武力進犯，此處卻奢言和平，歷史的霉味越來越重了。我留意到，該館現歸下關市教育委員會管理，日本人接受這樣的教育，如何分辨戰爭與和平呢？

館外的講和紀念碑，爲伊東己代治所撰，此人時任日本內閣書記官長，簽約快慰之餘，所述倒是實情：「甲午之役，六師連勝，淸廷震駭，急遽請弭兵。翌年三月，遣李鴻章至馬關，伯爵伊藤博文奉命樽俎折衝，以此樓爲會見所。予亦從伯參機務，四月講和條約初成，而樓名喧傳於世。」是的，日本國威之隆，實濫觴於此役，中華國力之衰，也大白於此役。然而，此役百害，卻有始料未及的一利：它催生了興中會。

一八九四年六月下旬，二十八歲的孫中山先生，由廣東香山的同鄉陸皓東先生陪同，經上海抵天津，求晤李鴻章，欲面陳八千餘字的改革書，後者以軍務繁忙，拒絕延見。稍後，甲午戰爭爆發，敗訊頻傳國內，孫先生由此確認清廷無救，乃盡棄改良思想，致全力於革命工作。

一八九四年十一月二十四日，孫先生在檀香山，組建了百年來的第一個革命團體興中會。從二十多位立黨同志的星火開始，歷經十八年的宣傳和起義，終於燎出一個亞洲最大民主國的場面。試想，若無日本當年的侵略，孫先生或許見用於李鴻章，則中華民國誕生何日？當然，李鴻章割地賠款之事如果發生在先，以孫先生的痛恨不平等條約，也就不可能上書了。歷史有時在陰錯陽差中寫成，民智未開的時代，往往又由少數人執筆，這該是一個不爭的事實。

我懷著複雜的心情離開馬關，來到廣島。

廣島是日天氣晴和，走出火車站，但見街景繁華，兩公里外的和平公園，成爲唯一的戰爭遺蹟。時值原子彈爆炸紀念日，兒童和平紀念碑前，悼念的紙鶴上萬，白淨肅穆，廣場上的鴿群也成千，一派祥和。幼稚園的學生結隊來此參觀，接受終生難忘的教育，他們將來會崇尚和平？還是覺得日本受害？許倬雲教授告訴我，日本侵華八年，中國人死了兩千萬，其中五百萬是孩子。

啊，中國的亡靈誰在紀念？

眞的沒有人紀念。此時正逢日本首相海部俊樹訪問大陸，當局就勒令取消南京大屠殺受害者的悼念大會，以免刺激貴客。臺灣呢？胡秋原先生在立法委員任內，不斷呼籲政府，明定七七爲紀念日，結果不斷受拒。大陸和臺灣都是嚴重失憶的地區，兩岸的政府都不紀念抗戰，死者不得安息，生者也就不會効命了。不知敬重先烈的政府，自然無法贏得國民的敬重，子子孫孫失去追遠的能力，歷史或將吞噬我們的未來！

日本政府在廣島，不但教育自己的國民，也教育全世界，正視它的苦難與重生。和平公園內的紀念資料館，以十四種語文介紹昔日的浩劫，其中當然包括中文。聲光化電，圖片道具，重現人間地獄的景象。斷垣頹壁，血肉殘骸，爆風與放射線的破壞，黑雨和高熱火災的損害，一一還原在世人眼前。我在黑暗中筆記，又有些微窒息之感，一如置身於馬關。這是一個凡事認眞的國度，尊重生命到無以復加，但是，爲什麼有人否認南京大屠殺呢？如此厚己而薄人，歷史的教訓能謂完整嗎？

一九四五年八月六日上午八時十五分，世界第一顆原子彈投入廣島，造成十七萬人死亡。次日，以受創較輕的陸軍船舶司令部所屬部隊爲中心，成立廣島警備司令部，擬訂援救計畫，展開軍官民三位一體的行動。廣島復興，一如舉國的復興，事上磨鍊，迅速確實，成爲達爾文主義的最佳實驗室。當中國人還在忙著「脫貧」時，日本人已經高倡「脫亞」了。偏偏，日本的勝利常常就是中國的失敗，中日同種之說，至少在日本是無人置信的。

中國的有志之士，何嘗不服膺達爾文學說？物競天擇，適者生存，胡適先生因此改名。秋瑾女士字競雄，欲與男兒爭短長。謝東閔先生字求生，飄洋過海打天下。孫中山先生後來鼓吹互助論，早年則雅癖達爾文之道。一度投身革命陣營的陳炯明，其字也正是競存。上述種種，不能改變中國積弱的事實，人民教育的不足，總是一個原因吧。

馬關的春帆樓，廣島的資料館，皆見父母爲子女解說，愛國思想自然傳承。日本人的愛國主義，尤其表現在中日關係史上。不稱庚子賠款，而稱義和團賠款；不稱九一八事件，而稱滿洲事件；不稱七七事件，而稱支那事件；不稱侵略中國，而稱進出中國。字字句句，毫不相讓。相形之下，鄭學稼先生以中國人觀點寫的《日本史》，又有多少讀者呢?日本人的嗜書如命，中國人的廢書不觀，也是兩國興衰的一個原因吧。

一八九五年的馬關，李鴻章苦苦相求，伊藤博文步步相逼，從此中國更弱，日本更強。一九四五年的廣島，說明侵略者的失敗，必以人民爲代價。然而日本從慘敗中躍升，中國在慘勝裡不振，遂讓「和魂洋材」的表現，超過了「中體西用」。凡我國人，嚥不下這口氣的，宜一吐爲快，積健爲雄，認眞做事，努力硏修，團結對外。唯有如此，才能無懼爲日本的鄰居，也才能無愧地迎接二十一世紀。

馬關與廣島之間，一部近代中日關係史的縮影，我在半個月內得窺其要，堪稱此生獲益最多的一段時光。飲水思源，實深感懷最近辭世的殷之浩先生。先生創辦「浩然營」，納兩岸青壯年於一堂，爲明日的中國找出路，其精神留在馬關與廣島之間，其影響將擴及臺灣與大陸之上，證明教育的恆久價值。

83.7.24.聯合副刊

三訪香江

今年七月七日，我們飛到香港，出席海峽兩岸關係與和平統一研討會。該會由臺灣的中國統一聯盟、大陸的中國和平統一促進會合辦，邀集兩岸及海外共七十餘人參與，發表論文五十篇，亦一時之盛。

前年和去年的香江行，我都棲身本島，今年則寓九龍。鬧區彌敦道上，猶掛「勿忘六四」的懸布，大小書店的平檯，也顯見「抗日改史」的專輯。隨著九七大限的逼近，香港人的政治態度日益明確，展現了眞正愛國的民族主義情懷，似乎已將唯利是圖的冷漠與疏離，移贈我們臺灣人了。

七月八日的開幕典禮中，中國統一聯盟名譽主席胡秋原先生直言，他對中國和平統一的最後成功雖抱理想，能否在最短期間實現則不樂觀。必須開始談判統一，才算統一運動的開始。然談判如無誠意，則也可以成爲太極拳。即令有誠意，如對中國將來往何處去，長治久安的立國之道不能形成共識，也無法達成統一目的，可見和平統一的任重道遠。

此言甚善，惜乎難入大陸來人之耳，後者只顧推銷一國兩制。中國和平統一促進會執行會長錢偉長先生認為，一國兩制的統一，是實事求是的可行方案。殊不知此種制度究竟難謂常態，所謂「五十年不變」，也只是過渡階段，實非長治久安之道。中國人民大學李忠尚教授更表示，一國兩制推行到臺灣來，只是降下青天白日旗，升起五星紅旗，「這是何等寬宏大量」！此說完全背離了臺灣的民意，也暴露了共產黨的獨裁心態。今日中國不能立即統一，主因就在中共的「政績」為舉世所共見，臺灣人民無法接受其統治，一如香港人民然。新華社香港分社臺灣事務部副部長樂美眞先生卻斷言，大家都在期待一九九七年六月三十日早早過去，七月一日快快來到，因為從此香港就成為「中華人民共和國」的一部分了。我不知這種詞令有何根據，到是香港百萬群衆的反共示威猶在目前，移民的熱潮也如火如荼。中共幹部的政治判斷遠離了常識，能不為香港的前途憂？臺灣人民又如何在「特別行政區」的壓力下安枕？

我在宣讀《兩岸文教交流的理論與實踐》時坦陳，就理論而言，兩岸的文教交流相當困難。大陸只要是共產黨執政，就不易放棄馬列主義文化，它與中華文化最大的差距，就在對傳統和個人的尊重與否。傳統與現代之間原非全盤對立，共產黨卻常把自己不能解決的問題，歸諸傳統的所謂封建制度使然。我很少不相信別人，但證諸四十年的史實，我無法太過相信共產黨會完全尊重中華文化，尤其是來自臺灣的文化。在中共領袖的眼中，那不但是邊陲的文化，而且污染的文化。以中華文化統一中國，雙方的認知相距甚遠，還有漫長的路要走。

站在香港街頭，看到全世界最勤奮的人民，我卻想到繁華可能事散，只因大限將臨。人人盡曉「國者人之積」，試問中國若急速統一在中共的算盤下，則臺灣人民何所獲？我們早有自己的國家——中華民國，早有自己的精神與物質生活，何勞一個殺人的政權過問？談判是妥協的藝術，講究加法原則，共產黨能給臺灣人民什麼？一個中國，終將統一，這項政治工程何其浩大，必須謹慎將事，方不致國毀人亡。出席了三天的和平統一研討會，我得到的結論，是「艱難」二字。

81.8.**文訊**

十年辛苦不尋常

《文訊》創刊至今，已經屆滿十年。忝爲讀者與作者，十年來身受其惠，且同呼吸、共憂歡，此刻我有不能已於言者。

《文訊》是周應龍先生創辦的。民國七十六年十月五日，周先生因用功趕稿，一夜不眠，以五十四歲的英年，心臟病猝逝，知者無不痛惜。政治越黑暗，政壇越紛亂，我們越懷念這位罕見的君子。周先生以三十年代爲鑑，能見及遠，乃開闢園地，迎聚作家，共建自由中國文壇的勝景。如今《文訊》花繁葉茂，早已立於不敗之地，周先生的功勞不可磨滅。

《文訊》期期有專題，發揮了參考書的效果。我在文化大學新聞系兼授「副刊與文藝」時，就以正續兩期的《副刊特輯》，充爲難得的教材。《文訊》累積的文學史料，已成研究者不可或缺的寶庫，這座寶庫尚非人盡皆知，可見文學——尤其是嚴肅文學的不易普及，這也牽涉到宣傳的經費。

其實，整個《文訊》的經費都頗嫌不足，相對於國民黨的資產，眞如九牛之一毛。爲了生存與發展，主事者廣結善緣，爭取外援，而涓滴歸公，我們從每期的《藝文月報》和《文學尖端對話》中，可見辛勤與成果。《文訊》以如此拮据的財力，造就了「黨內第一刊物」的地位，豈屬偶然？

《文訊》的編輯部，堪稱罕見的君子國。發行人林時機先生、社長許福明先生，皆忠厚之人，平日忙於黨務，並不過問刊物內容，這正是周先生以來的傳統，也使得《文訊》的黨派色彩降至最底。副社長兼編輯總監李瑞騰先生，是《文訊》的靈魂人物，若謂「周氏理想，李氏實行」，誰曰不宜？總編輯封德屛小姐，在邀稿與催稿的努力上，堪稱臺灣第一，函電交馳，無日無之，其情詞懇切，作者能不動容？主編高惠琳小姐、編輯孫小燕小姐，久處該國，見賢思齊，越來越像封小姐了。《文訊》以有限的稿費，邀來無限的友誼，可見事在人爲。

《文訊》十年有成，不讓《聯合文學》專美於臺灣，自可告慰於周先生。今後邁入第二個十年，《文訊》更將面向大陸與海外，國民黨領袖若能體察文藝的功效，讓《文訊》的經費從可憐變成可觀，則臺灣的文風與民情或將變得可愛，百年老店的國民黨因此而大可爲，不是最智慧的投資麼？

82. 7. 文訊

文學會議親歷記

文訊雜誌社來函，囑我「談文學會議之經驗，並附十年來的會議簡表，在在勾起我的記憶。十年來，國內至少舉辦了三十六次文學會議，其中八次是《文訊》主辦的，名列第一。民國七十六年七月，適逢抗戰五十周年，《文訊》主辦了抗戰文學研討會，我在會中宣讀了論文，題目是「論抗戰時期中共的文藝政策」。

那次研討會的貴賓和主持人，如錢穆先生和余光中先生等，皆為鴻儒，而非官員。拙作的講評人胡秋原先生，更是三十年代文壇的健將，也正是我的指導老師。民國六十四年，我以「中國左翼作家聯盟研究」為題，撰寫了碩士論文，幸蒙胡師指導，獲益匪淺。抗戰文學研討會上，又蒙胡師指點，至為感激。

七十七年十一月，淡江大學主辦當代中國文學會議，我已撰就論文，題目是「一九四九年以後中共的文藝政策」。會議前夕，父親不幸病逝，我在悲痛之餘，電請徐瑜先生代為宣讀論文，自己成爲不料的缺席者。

七十八年四月，中國古典文學會爲紀念五四運動七十周年，主辦五四文學與文化變遷學術研討會，我應邀發表論文，題爲「魯迅與五四運動」。此次會議宣讀論文十六篇，後來輯印成書，也是上述三會中唯一出書者。

出書很重要，因爲到場最多數百人，出書後讀者或許十倍於此，且能使向隅的人無憾。誠盼《文訊》將來獲得經費，出版抗戰文學研討會論文集。那是一本耐久的書，如能在抗戰六十周年之際推出，也不爲遲。

八十年六月，《文訊》主辦第二屆當前大陸文學研討會，我獲邀發表論文，題爲「大陸小說中政治的顯與隱」，略謂政治的直露，與藝術的價值成反比。論文出書後，我據此得到國科會的研究獎。飲水思源，最要感謝《文訊》的督促。

此外，我擔任過幾次文學會議的講評。印象最深的，就是四十年來中國文學會議了。

八十二年十二月，聯合報系文化基金會主辦了這次會議，我應邀評介劉再復先生的論文：〈大陸文學四十年的發展輪廓——從獨白的時代到複調的時代〉。劉先生提到，五十年代至七十年代的大陸文學，大體是獨白的時代，也就是「臺閣體」的文學當道。我用八個字涵蓋這種文體：豪奴吆喝，歌功頌德。

然而，中國作家畢竟非常優秀，只要獲得些許自由的空間，就能種出欣欣向榮的花樹，八十年代中期的大陸文學證實了此說。我深深盼望，眞正的百花齊放，乃至萬花撩亂，能在大陸文壇年年出現。

每次出席文學會議，我都覺得不虛此行。收穫最大的當然是撰寫論文，每次宣讀時間不過二十分鐘，執筆時間則在三百倍以上。收穫次大的是擔任評論，宣讀時間不過十五分鐘，我都備有底稿，執筆時間也在一百倍以上。臨場的受教，尤其讓我有匡補闕遺的機會，求之唯恐不得，誰說「同行如敵國」呢？

有時純屬聽者，滿耳相激相盪的聲音，滿目才子學人的文字，亦足以快慰平生。臺灣越來越民主，會場也越來越開放，一言堂的時代早已過去，聽講成爲一種過癮，未到場不免遺憾了。

我逐一檢視三十多次文學會議，事後出版論文集者不多，其中收入講評和討論紀錄者尤少，因此讀者不易捕捉臨場智慧的火花。誠盼各單位今後籌辦會議時，都有一筆正式出書的預算，而且加強紀錄工作，則會議的生命，必將因文字而延長；文學超越時空的特色，也待書籍來凸顯。

我想起了高中時的校歌：青年各努力，萬事在人爲！

考試記

我自幼至今，夢想不多，實現的更少，可得而言的，大約只有考試了。

父親是大學教授，我從小就想到克紹箕裘，因此必須報考研究所。早在讀初中時，我就有機會翻閱三巨冊的《中國共產黨史稿》，那是世伯王健民教授的心血結晶，予我的震撼與啓發極大，爲了進一步探討眞相，我在大四時抱定主意，要考政大東亞研究所。所謂東亞，原是西方人的觀點，意指中國及其鄰近地區，自以共產主義和共產黨爲主，這是我的宿願。

政大東亞研究所碩士班當年考六科，共同科目和專業科目各半，前者爲國文、英文、國父思想，後者爲中國近代史、國際政治、政治學。中國近代史包括中國現代史和俄帝侵華史，國際政治包括國際組織與現勢，這些都載在招生簡章上，不可謂爲輕鬆。

我在輔大初習法律，後轉社會系，上述專業科目，在校時皆無學分，因此全靠自修。中國近代史較易掌握，政治學則衆說紛紜，當時甚至連一本兼顧新舊政治學的中文書都沒有，我只好啃相關的辭典。國際政治更因出題教授的喜好不同，而可產生判然有別的兩套題目，例如我側重中美關係，結果考出了美俄限制核武談判，眞是防不勝防。

至於共同科目，國文與英文皆無教科書可讀，我只有抽空看古今的好文章，記取其中名言名句，以利臨場作文時引經據典。作文當然須有創見，我想到孟子所說的能近取譬，也就不愁無話可說。後來我常建議學生，作文時伸出另一隻手，參考五指的三長兩短，即至少要寫五段，頭尾兩段可稍短，中間三段宜較長。無話可說時，不妨舉古今中外的三個例子，配上脫俗的名句，就不難獲得高分了。

國父思想當年政大必考，父親因我而迴避出題，全部數千考生也因此受到影響，我在政大圖書館自修時，聽到鄰座互傳這個消息，不免覺得有趣。我仍讀父親的書，牢記 國父的每個創見，進入考場後，圈出專有名詞，從定義寫起，其實這也就是作文時的「破題」，如此擴大答案，再輔以相關的時事感想，質量並重的結果，分數自易提高。許多考生覺得共同科目簡單，於是掉以輕心，最後慘遭滑鐵盧，非常可惜。

彼時師大三民主義研究所只考五科，除省略國際政治外，餘與政大東亞研究所相同，我即順便一試，猶記師大放榜名單登在《中央日報》之日，正是我考政大之時，眼見自己名列榜首，欣喜之餘，仍不敢放鬆心情，所幸後來也名列政大，得償研究共產主義之志，乃擇後者就讀。畢業退伍後，我欲繼續深造，但政大東亞研究所苦候三年，仍未見成立博士班，便遵父命，報考文大三民主義研究所，這是當年唯一相關的博士班。筆試兩科，一為三民主義申論，一為英文。前者只出一題，占一百分，題為「從卡特政府的背信忘義，論三民主義的外交政策」。當年適值中美斷交，出題教授或因悲憤而有此作。我從時事談起，追溯《禮記》的講信修睦，《千字文》的濟弱扶傾，再寫到 國父強調的道德外交等，如此合法擴大答案的結果，加上英文的預先記誦範文等，雖僅匆忙準備一個月，又幸獲榜首，益證就考試而言，書不在多，讀之則靈。

考試是一勞永逸的事，辛苦一陣子，受惠一輩子，值得投資。但是，愈早投資愈好，因為人的智慧與年齡成正比，記憶卻與年齡成反比。寄語親愛的讀者，讀書不嫌老，考試要趁早。在高學歷掛帥的臺灣，即使不想當教授，也請多進幾次考場，讓大家的美夢都成眞！

82.6.吾愛吾家

知識分子與文化建設

知識分子即中國古謂之士或儒，亦即俗稱的讀書人，不但是社會的良心，而且是平民的導師。誠如韋伯（Max Weber）所說，中國儒者雖由禮儀訓練而成，實由對俗界士君子的教育而來。

中國知識分子由於最早從宗教中解脫，又多來自民間，因此若和西方相較，尤具人文精神與平民性格。不僅如此，他們每以國家興亡爲己任，孔子主張的「見危授命」，曾子期許的「任重而道遠」，孟子強調的「威武不能屈」，以及《禮記》所載的「戴仁抱義，雖有暴政，不更其所」等，都有無數的知識分子身體力行，而爲青史留名，遠之東漢太學生請願，近之五四運動，皆爲顯例。

民國八年五月四日，北京學生基於救國的熱忱，示威抗議日本的侵略擴張，以及國內官員的受制於人，由於激起全民愛國運動，並擴大了前已展開的新文化運動。

稍後，孫中山先生致書海外的中國國民黨同志，推崇此種運動：「吾黨欲收革命之成功，必有賴於思想之變化，兵法攻心，語曰革心，皆此之故。故此種新文化運動，實爲最有價值之事。」七十餘年來，文化建設的呼聲不絕於耳，知識分子的關心亦可直追孫先生，值得全體國人重視。

文化與自然相對，原本泛指一切人爲的表現，是一種事實的陳述。文化要發展到某一階段，才能稱爲文明，文明與野蠻相對，是一種價值的判斷。

學術界對文化一詞最早的定義，來自英國人類學者泰勒（Edward B．Tylor），以文化爲一複合體，包括知識、信仰、藝術、道德、法律、風俗習慣，和一切人類社會的能力與習性。準此以觀，文化涵蓋精神與物質生活，而以前者爲重。

文化既偏重精神活動，知識分子以勞心爲主，自然要負起文化建設的主要責任，努力耕種世人的心田，創造豐美的精神世界。culture 一詞，若與 agriculture 相較，譯爲「心耕」，不亦宜乎？

農事辛苦，心靈的耕種亦然。百年來的中國，戰爭的破壞與政治的動亂，不一而足，文化建設追趕不及，往往成爲犧牲品，或者視爲奢侈物，時至今日，未見明顯的好轉。

的確，文化建設是百年大計，不易立竿見影，很難及身而成，以致爲官員所忽略，令人憂心。

以臺灣爲例，十大建設加上十二大建設，只有一項是文化建設，占二十二分之一。中央政府總預算方面，憲法第一百六十四條規定，教育、科學、文化之經費，不得少於百分之十五。民國三十六年頒行的憲法，至民國七十八年才勉強達到此數。

近聞部分官員倡議，擬降低文教預算，挪做他用。此說若付諸行動，則無異開歷史的倒車，又與大陸的作風何所別？今日之臺灣，國民道德水準與生活品質日益低落，我們無論如何加強文教建設皆不爲過，否則何以面對文明古國的列祖列宗？

近年來，政府首長多次指出，國家統一綱領的近程計畫案中，應以文教優先實施。此言甚善，但我們必須承認，文化建設在臺灣各項建設中，投資最少，收效甚微，今後在進行兩岸文化交流時，宜先改善自己的文化面貌，驅除各種反文化的現象。保障教育、科學、藝術工作者之生活，並依國民經濟的進展，隨時提高其待遇，此爲憲法第一百六十五條所明載，值得我們全力以赴。

文化的現代定義，偏重精神生活的表現，臺灣於此更有待全面的提升。我們在此呼籲一個讀書運動，政府首長如能爲民表率，自然上行下效，出版界也不致辛苦萬狀。

孫先生當年推崇的新文化運動，正以出版界爲原始。我們是外匯存底傲冠全球的國家，卻也是精神生活相當貧乏的國家，承認自己的不足，是走向豐美的第一步。

爲了一個文化的中國，兩岸朝野的知識分子，宜爲民前鋒，在衣食足後努力創造，充實全民的心靈。唯有如此，方能無愧祖先，有功子孫！

83.9.國魂

海洋與浪花

中國自古即爲文化大國，孔子「嚴夷夏之防」的民族主義，可謂文化的民族主義。正因中國的歷史悠久，遺產豐富，所以孫中山先生演講民族主義時，雖處於學術界反傳統的濃厚氣氛下，仍力排衆議，強調發揚固有文化的重要。他指出民族構成的要素有五：血統、生活、語言、宗教、風俗習慣。後四者含有文化性質自不待言，即血統亦含有一半——血是生物性，血而有統，則是文化性。

蔣介石先生也指出，民族主義是一種文化意識，其中包括民族思想，也包括民族感情。一個民族珍視自己的歷史，愛護自己的文化，維護自己的尊嚴，恢復自己國家的獨立，這就是民族主義的精神所在。由此可知，文化爲民族的靈魂，同胞的共識，捨民族文化而談民族主義，若非出於無知，即屬蓄意變貌，結果總是忘本失根。

今之所謂臺獨，成因不一，定義也不一。若從文化的角度觀察，則臺獨不能成立。臺灣現有人口兩千一百萬，其中百分之九十八點五為漢族，血統、生活、語言、宗教、風俗習慣皆同於大陸；至於百分之一點五的原住民，原本是中華民族的一部分，加以文化的交融，更無獨立之必要。

今之倡言臺獨者，說的是中原古音，寫的是漢字，祖墳載明了來自大陸，自己隨身攜帶中華民國國民身分證，每天使用印有中華民國國號的新臺幣，尊姓是中國姓，大名是「唐山」和「華」，拜福建的媽祖，或山西的關公，喜嚐江浙館或四川菜。其日常生活的一切，皆與中華文化和中華民國有關，卻奢言「文化臺獨」，換來國人的一粲罷了。

所幸，中華文化的海洋，容得下任何浪花，而終必歸於平靜。三十年代的左翼作家，企圖以羅馬拼音取代方塊字，至今已六十年，以中共之強橫，仍然無法付諸實踐，可為旁證。我們岸邊觀潮，衷心祝禱弄潮兒的平安！

83.
11.
文訊

臺北市文化局芻議

臺北市將要成立文化局，我們除了申賀，還有一些感想與建議。

文化局是必要的，一如文化部是必要的。行政院文化建設委員會尚未升格爲文化部，事出多因，其他部會的掣肘當爲要素，誰願意將權力拱手交出呢？相形之下，臺北市政府似已解決紛爭，各局處對此未發異見，這是一個好的開始。

文化局之所以必要，和臺北市的文化質量不足有關。臺北已是臺灣的首善之區，文化活動也無日無之，但整體的文化風貌仍嫌貧弱，朝野對此都有責任。過去，政府偏重經濟建設，民衆忙於賺錢餬口，文化似乎只是一所大學的名字，外加故宮博物院而已。現在，上下更見交征利，文化只是宣傳的代名詞，眞正的文化活動，依然只是文化人的專利，而非全民的共識。

文化局一旦成立，當然無法收到速效，但好歹職有專司，跨出正式的步伐，列出較寬的預算，編設合格的人員，展開負責的工作，凡此皆可稱喜。君不見民國七十八年起，中央政府的總預算中，教育、科學、文化的部分，終於達到憲法的規定後，我們的文化建設也才呈現「點狀進步」了。錢是俗物，用在文化上，就變得脫俗起來，這眞是奇妙。

有錢還不夠，必須有人。文化本來就是人的行爲，現在更以人的精神活動爲重，所以臺北市的文化局長，最好具備文化人的身分，但兼有全民的性格。換言之，他不妨是學者、作家或藝術工作者，但必須不以行政事務爲苦，同時不以己身知識爲傲。無論來自何處，他必須超越黨派，尊重多元，面向國際，好讓臺北市的文化，展現萬花撩亂之趣。

龍山寺是臺北市的文化，故宮博物院亦然。後者固然是中華文化的精華，前者又何嘗沒有中原文化的影子？現在，它們都成了臺北文化的重要財產，可見有容乃大。我們近年習見「中華臺北」四字，就文化層面來看，臺北乃至臺灣，是無法自外於中華的，食衣住行育樂，率多中華文化的傳承與更新。文化局長於此，當有起碼的體認。他要做的，是對中華文化的踵事增華，而非蚍蜉撼樹。

文化即生活，尤其是精神生活，所以文化局和教育局分工後，工作重點在民生六大需要中的「樂」。臺北人的休閒生活，正是文化局的著力之處，其中諸事待舉，一如整個臺灣地區。因此，文化局的組織結構，大致可以參考文建會的設計，然後從本土出發，走向全國與國際。

當今之世，文化與政治密不可分，文化局身爲官方機構，既受當局的節制，又要抗拒政治的干擾，其辛苦可知。從另一個角度來看，該局若能提升市民的精神面貌，進而改善臺北的政治文化，則善莫大焉。我們懷此宏願，在其成立前夕，祝禱文化的成功。

84.5.文訊

第六輯

第六輯

五四與文學

五四運動早已遠離，它又年年重返，喚醒國人的記憶。是的，事件一去不回，幸有文字留下歷史，儲存記憶，留待檢討與策勵。文字開啓文明，使文化更上一層樓，不僅與自然相對而已。文學的文字尤爲人類精神活動之英，耐人尋味，教人擊節，也傳之久遠。文學的生命力何其強韌，從《詩經》到《楚辭》到《紅樓夢》、《未央歌》，世世代代爲人謳讚，勝卻政論無數。

五四運動原非文學運動，它以愛國主義爲本義，自由主義爲演義。它起於危急存亡之秋，不似文學本身的好整以暇。不過，廣義的五四仍與文學有關，我們以五四爲文藝節，雖未深中肯綮，也有部分道理。

五四運動爆發之前，新文化運動即已展開，主題是「文學革命」，結果因五四運動而推廣，北洋政府於民國九年即明令小學廢除文言，改用白話，後者遂成國語。稍早，胡適先生的《文學改良芻議》，重點就在文字和文體的改造，斷言白話文學是當時的正宗，又為日後必用的利器，此從歷史進化的眼光得來，未久即收速效，五四運動亦有功焉。

新文化運動有三大內容，除文學革命外，還有民主與科學。民主與科學的落實之道，就在推行教育。民主的精神著重在個人發展，因此必先求教育平等。五四時期的新思想領袖認為，要使人人有能力求學，則非深奧雕琢的古文所能實現，因此首先改革文學，使之通俗親民，是為文學革命運動。

民國八年三月，羅家倫、王光祈等先生即創立平民教育講演團，在文盲中推行一個廣泛的通俗演說運動，傳播科學知識、愛國主義、新倫理和政治社會思想。五四事件後，該團的工作大為加強，許多學校替工人和貧民子弟開辦免費夜校。民國九年，晏陽初先生根據自己前兩年在法國教華工的經驗，展開著名的平民教育運動，由於受到學生的歡迎，此後十年內大見擴充。知識分子推行的社會服務，同時包括壁報、公共圖書館、大眾衛生的改善等。民智啓迪的結果，使得國人更加信服民主與科學，白話文運動也邁進一大步。

文學革命的工具改造論由胡適先生提出，內容改造論的首倡者則為陳獨秀，他欲推倒貴族文學、古典文學和山林文學，建設國民文學、寫實文學和社會文學。後三者或可濃縮為社會寫實主義（social realism），現已成為世界文壇的主流。它與社會主義寫實主義（socialist realism）名似而實異，以社會主義爲名的文學，實爲馬列主義的專利，三十年代曾以無產階級革命文學的名目出現於中國，簡稱革命文學，或音譯爲普羅文學，放眼全球，如今已沒有市場了。

文學革命在推廣上得五四運動之助，在方向上則跨越五四運動，走入鮮花與荆棘參差之途。其中左翼作家的投身果然捲起千堆雪，後來安返者卻不多見，文化大革命就是他們悲劇的總說明。文革結束至今，大陸作家也未獲得眞正的解放。相形之下，東海之濱的臺灣，越來越享有自由創作的空間，理應誕生更可觀的作品，我們拭目以待！

81.5.4.青年副刊

五四何處惹塵埃？

五四運動至今，忽焉七十五載，其間景慕者有之，詬病者有之，釋義者有之，曲解者亦有之。因其光輝不可掩蓋，持肯定態度者自然居多，攀附者亦不乏其人。曲解者與攀附者中，以中共的表現最力。

長期以來，中共一直重視五四運動的研究，有關文字以冊數計，何止上百？以篇數計，何止上千？謂之顯學，並不為過。在大陸上，五月四日是中國青年節，也是中國現代史的起點，它享有無數的榮耀，也得到過多的包裝，自毛澤東以降，相率以僞，衆口爍金，刻意造成一個失實的五四。

在三篇不同的講詞中，毛澤東首謂「五四運動之成為文化革命新運動，不過是中國反帝反封建的資產階級民主革命之一種表現形式」。此說雖不脫共產黨慣用的語氣，但至少承認五四運動的非共性質。

及至準備向蘇俄靠攏，他即改口強調，「五四運動是在當時世界革命號召之下，是在俄國革命號召之下，是在列寧號召之下發生的。五四運動是當時無產階級世界革命的一部分。五四運動時期雖然還沒有中國共產黨，但是已經有了大批的贊成俄國革命的具有初步共產主義思想的知識分子」。如此輕易將五四的功勞拱手讓給俄國人，並且生搬硬套階級鬥爭的公式。最後爲了整肅今昔的異己，他又表示「五四運動也是有缺點的。許多那時的領導人物，還沒有馬克思主義的批判精神，他們使用的方法，一般地還是資產階級的方法即形成主義的方法」。凡此三變，顯示對五四評價的矛盾和混亂。

一九四九年以後，中共挾其利用學生運動得勝之餘威，根據毛澤東的第二種觀點，開始大量稱頌和強解五四運動，指爲所謂新民主主義革命的肇端，屬於世界無產階級革命的一環。

其實，一九二一年七月下旬中共成立時，一全大會通過的黨綱和決議案，分別強調要以無產階級革命推翻資產階級，及向工會灌輸階級鬥爭的精神等，皆仰承第三國際的訓令，並無五四運動的影子。五四運動先中共而誕生，所以一九一九年的五四，是沒有共產黨的五四，自不待言，毛澤東即使貪天之功，也不能否認此點。中共成立後的表現也證明，馬克思列寧的國際主義，與五四運動的民族主義水火不容。

五四運動一如辛亥革命，都打破了黑格爾的預言。十九世紀初期，黑格爾形容，中國歷史發展正處於「永恆的休止」，將不會有任何的轉變。結果自鴉片戰爭以來，中國人在危急存亡之秋，紛紛採取行動，從器物改良到思想革命，寫成一部死裡求生的近代現代史。辛亥革命推翻了數千年的專制政體，開中國前所未有之新局，從此確立主權在民的原則，爲全民政治的理想奠定了基礎。民智既然因此初開，五四運動時知識分子登高一呼，各界響應，實非偶然。我們的中國現代史從辛亥革命論起，自有史實的支持。

辛亥革命產生了中華民國，而中共是中華民國的叛徒，因此它有意貶抑辛亥革命的歷史地位，轉借五四運動以自壯。衆所周知，五四運動本身是一個單純的愛國運動，如果沒有爭取山東權益的問題，則俄國的十月革命根本不足以使中國發生此事。列寧認爲「沒有革命的理論，就沒有革命的行動」，所以第三國際在製造中共時，不忘推廣馬克思主義。

誠然，廣義的五四運動即新文化運動的參與者中，有些人粗具馬克思主義的部分知識，但在那個各種理論雜陳的時期，往往有人身兼數種政治信仰，甚至在接受馬克思的唯物史觀時，同時否定其核心主張——階級鬥爭，因此不能遽稱他們當時就是共產主義知識分子，尤不宜說，反對民族主義的無產階級思想領導了五四愛國運動。

五四運動由北京出發，以民族主義爲要義，新文化運動則表現了濃厚的自由主義色彩。其後的五卅運動由上海出發，顯見社會主義的成分。前者抗日，後者反英，俱求廢除不平等條約，都可匯歸到三民主義的巨流中。中國共產主義來自蘇俄，因上海的五卅運動而擴大，非因北京的五四運動。一九一九年五月四日當天遭軍警逮捕的許德珩，後來重複毛澤東的聲音，謂五四運動受了俄國革命的影響。如此抹殺自己昔日的愛國情操，恐非有識之士所能首肯。

筆者無意忽視，五四運動前兩年出現了十月革命，後兩年出現了中共，三者在時間上如此接近。筆者只欲說明，中共主要是蘇俄東方政策下的產品，若無五四運動，它仍可能出生。我們也不必諱言，五四人物高唱民主與科學，以學習西方爲救國的手段，但在巴黎和會上，西方列強露出了帝國主義的面貌，依舊是強權戰勝了公理，使得中國人大失所望，部分知識分子於是轉向蘇俄，改走俄國人的路，終以悲劇收場。

然而，毛澤東和中共的史家倒果爲因，爭說俄國人號召了五四運動，不免自陷於歷史的盲點。梁啓超先生嘗謂，歷史在將過去的眞事實賦予新意義或新價值，以供現代人活動之資鑑。換言之，歷史不免價值判斷，但須根據史實。筆者本此精神，以「不哭不笑，但求理解」爲前提，還原五四運動與中共的關係，盼收鑑往知來之效。

五四運動爆發時，世間尙無中共，自無中共黨員可言。日後的中共人物裡，則不乏曾經涉足五四運動者，尤以「南陳北李」——陳獨秀與李大釗爲最著，而爲大陸史書所樂道，彼等在五四運動前後的言行眞貌，亟待還原與解析。

一九一五年春，陳獨秀自日本返國，九月創辦《青年雜誌》，以社會啓蒙者自許。他在創刊號發表〈法蘭西人與近世文明〉，對法式民主推崇備至，嚮往之情溢於言表。論及社會主義，也以聖西門與傅利葉爲主，並稱道勞資協調的社會政策，他主張的社會主義屬於溫和派，至爲明顯。

次年九月，該雜誌改名《新青年》，仍延續已發行的卷數稱第二卷，他以梁啓超《新民說》式的筆觸，勉勵青年積健爲雄，滌盡做官發財的思想，而正本清源之計，在提昇民族的公德與私德，否則雖有少數難能可貴的愛國烈士，非徒無救於中國之亡，行見種族之滅。他的愛國主義，不在爲國捐軀，而在篤行自好之士，爲國家惜名譽、弭亂源、增實力，故提倡勤儉廉潔誠信六德，以爲持續治本的眞正愛國行爲。此說無異於孫中山先生倡言的「有道德始有國家」，亦即以道德爲國家長治久安的動力，可視爲一種新倫理觀，無疑偏向唯心主義。

《新青年》此時譽滿天下，謗亦隨之，陳獨秀遂於一九一九年一月發表〈新青年罪案之答辯書〉，謂該雜誌同仁本來無罪，罪在擁護德先生（democracy）與賽先生（science）。

要擁護德先生，便不得不反對孔教禮法、貞節、舊倫理、舊政治；要擁護賽先生，便不得不反對舊藝術、舊宗教；要擁護德先生與賽先生，便不得不反對國粹和舊文學。「西洋人因爲擁護德賽兩先生，鬧了多少事，流了多少血，德賽兩先生才漸漸從黑暗中把他們救出，引到光明世界。我們現在認定只有這兩位先生，可以救治中國政治上、道德上、學術上、思想上一切的黑暗。若因爲擁護這兩位先生，一切政府的壓迫，社會的攻擊笑罵，就是斷頭流血，都不推辭」。該文堅持民主與科學，加上革新政治的工具——新文學，三者構成《新青年》以至新文化運動的主要內容，陳獨秀是激越的鼓吹者，念茲在茲，拳拳服膺，馬克思主義此時在他的思維中，近乎一片空白。五四運動前夕，他最關心巴黎和會的消息，對曹汝霖、章宗祥、陸宗輿等人更指名笑罵，不留餘地，顯示其個性的剛烈，也充分預告了五四運動的愛國本質。

陳獨秀並未參加五四當天的示威，但他密切注視此事。及至六月三日愛國行動達到高潮，衆多學生被捕，他憤而走上街頭，散發〈北京市民宣言〉，果被軍警逮捕，立即震驚全國。同年九月，他在八十三天的牢獄之災後獲釋，繼續從事研究，主張以英美爲榜樣，實行民治主義。

十二月，他發表〈新青年宣言〉，再度闡述民主與科學，認爲眞的民主政治必會把政權分配給人民全體，就是有限制，也以有無職業爲準，不以有無財產爲準。「至於政黨，我們也承認它是運用政治應有的方法，但對於一切擁護少數人私利或一階級利益，目中沒有全社會幸福的政黨，永遠不忍加入」。他同時相信，尊重自然科學與實驗哲學，破除迷信妄想，是當時社會進化的必須條件。

這篇宣言是理想社會主義和自由主義的混合體，並顯示杜威思想贏得了中國新文化領袖的好感，馬克思主義在此並不醒目，實驗主義凌駕辯證唯物論之上，階級鬥爭的觀念也被明確拒絕。

不僅思想界的領袖如此，五四事件前後的中國知識青年大多具此傾向，非以共產主義爲信念。五四運動欲實現的民族國家，原爲中國自秦漢以來的固有體制，此時的鼓吹者如陳獨秀，則以大革命後的法國爲榜樣，自由、平等、博愛也成爲民主的代名詞。民主與科學相提並論，即爲法國啓蒙運動中國版的兩大內容。

至一九一九年底爲止，陳獨秀的思想主流是民主主義，此爲中共的史家所不諱言。換言之，他在五四運動爆發前後的重要理念，皆與共產主義無關。一九二〇年初，他從北京遷居上海。五月間，第三國際代表胡定斯基抵滬，與之商談組黨事，此時他在理論上已成爲共產主義者，發表了〈勞動者底覺悟〉等文，宣傳勞動創造世界說，因此，論者以一九二〇年爲陳獨秀進入共產運動的時期。

其實，他在傳播馬克思主義的同時，也反對馬克思主義的若干觀點，並未全盤接受。例如遲至一九二一年八月，他仍認爲群衆心理都是盲目的，無論怎樣偉大的科學家，一旦置身群衆之中，便失去理性。同時，有史以來成功的革命，無一不是少數人壓服多數人，俄國十月革命也不例外，而中國如有一億人獻身社會革命運動，即爲一億人壓服三億人之舉。此說無異否定群衆的意志，自與馬克思主義不符。

他還強調此時中國的勞工運動，「一不是跟著外國的新思潮湊熱鬧，二不是高談什麼社會主義，不過希望有一種運動，好喚起我們對於人類的同情心和對於同胞的感情，大家好來幫助貧苦的勞動者，使他們不至於受我們所不能受的苦惱」。此種人性論與改良主義的思想，又與階級革命論格格不入，所以陳獨秀接受和宣傳馬克思主義時，態度並不徹底，爲中共的史家所承認。五四運動在本質上與馬克思主義無涉，此處可爲明證。

一九一六年四、五月間，李大釗放棄早稻田大學的課業返滬，六月北上籌編《晨鐘報》，八月該報誕生，他撰文介紹托爾斯泰的博愛主義，尼采的超人哲學，似可說明此時和魯迅一樣，崇尚「托尼思想」。九月《新青年》刊出他在日本寫的〈青春〉，仍以唯心主義爲主導。

一九一七年一月，《甲寅》創刊於北京，他應約擔任編輯，發表時論多篇，不乏批判守舊派迷信孔子之作。直到該年八月，他才表示不敢對梁啓超的改良派寄以奢望，但仍建議彼等堅持政治信念，與革命派行軌道內的對抗，不爲軌道外的芟鋤，主義不妨與急進者稍事融通，權利不妨對固陋者稍事退讓，改良派對新舊離合的變遷減免一度，即政治上的紛擾潛消一度，「庶所謂委曲求全、忍辱負重者，或有幾分之成功也」。此說顯然是一種調和論，去暴力鬥爭說甚遠。中共現亦承認，「由於歷史條件的限制，大釗同志還不可能運用階級分析的方法，來分析資產階級改良派與革命派的階級實質」。這無異說明，李大釗此時仍以愛國主義爲其中心信仰，階級思想於他何有哉？

一九一七年俄國爆發了十月革命，敏於時事的李大釗，遲至一九一八年七月，才發表《法俄革命之比較觀》，開始陳述他想像中的「美麗新世界」：「法人當日，固有法蘭西愛國的精神，足以維持其全國之人心；俄人今日，又何嘗無俄羅斯人道的精神，內足以喚起其全國之自覺，外足以適應世界之潮流，倘若是者，則赤旗飄飄舉國一致之革命不起」。他將法俄革命相提並論，略去法國革命造成的民權障礙，也不顧兩者本質上的絕大差異，一併讚頌不已，似可說明他此時並非純粹的馬克思主義者。

一九一八年十一月，協約國擊敗德國，第一次世界大戰告終。同月末，李大釗在中央公園演說，宣稱此戰在政治上是專制主義失敗，民主主義勝利，也就是庶民的勝利。在社會上是資本主義失敗，勞工主義勝利，亦同爲庶民的勝利。

民主主義和勞工主義何以致勝？因爲大家要抵抗強暴勢力的橫行，乃本著互助的精神，提倡一種平等自由的道理，方得克敵。既已獲勝，則「今後世界的人人都成了庶民，也就都成了工人」。這種全民皆工的觀念，接近《禮記·禮運》所說的「男有分」，與馬克思定義下的無產階級——生產工具非歸己有的城市工人不同。

接著他又撰寫〈Bolshevism 的勝利〉，再度指稱戰局終結的眞因，是人道主義的勝利，是和平思想的勝利，是公理的勝利，是自由的勝利，是民主主義的勝利，是社會主義的勝利，是布爾什維克主義的勝利，是赤旗的勝利，是世界勞工階級的勝利，是二十世紀新潮流的勝利。「人道的警鐘響了！自由的曙光現了！試看將來的環球，必是赤旗的世界！」此文將人道、自由、民主和布爾什維克主義、赤旗之間劃上等號，顯示他並不了解俄共革命的理論與實際。即在中國大陸，一九四九年起，「自由」等詞也多已消失，依劉賓雁先生的記憶，似乎只有攻擊自由主義和資產階級自由民主思想時，才能碰到此類名詞。中共今天恭維這篇文字時，是否想到已棄絕自由等觀念多久了？

一九一八年被視爲李大釗轉變爲馬克思主義者的關鍵，理論上從一九一九年起，他就應該是一個純粹的馬克思主義者了。該年元旦，他撰文期待從今以後，生產制度產生巨變，全世界的勞工階級聯合起來，打倒全世界的資本階級。

與此同時，他卻強調生物的進化不是靠競爭，而是靠互助。「人類若是想求生存，想享幸福，應該互相友愛，不該仗著強力互相殘殺」。如此矛盾的言論出於同爐，映現他的思想紛然雜陳，信仰不止一端。稍早的一九一八年十二月二十二日，他與陳獨秀共創《每周評論》，至五四運動高潮時，他在該刊發表了五十五篇文字，其中不乏馬克思主義的觀點，但仍未定於一尊，愛國主義的筆觸也在在可視。

五四運動當天，李大釗雖然身在北京，但也未參加學生的示威遊行。陳獨秀被捕後，他營救之餘，態度轉趨激烈。六月二十八日，巴黎和約簽字，他預測巴黎的歡聲必能送入世人的耳鼓，可是國人應常紀念今年此日新華門總統府前的哭聲。他又質問威爾遜總統：二十七日巴黎的白宮宴會，法國總統舉觴祝賀各國代表，「我不知那位威先生在那慶祝僞平和的席上，如何下咽，感慨如何？」這些愛國的聲音一吐爲快後，他再度強調人類應該相愛，依互助而生存進化，不可依賴戰爭。「依人類最高的努力，從物心兩方面改造世界、改造人類，必能創造出來一個互助生存的世界。我信這是必然的事實」。

此種社會互助論和心物並重論，自然有別於階級鬥爭論和唯物論，偏離了馬克思主義的正統解釋。「總結一句話：我信人類不是鬥爭著、掠奪著生活的。階級的競爭，快要息了；互助的光明，快要現了。我們可以覺悟了」。此種階級鬥爭息滅論，與毛澤東後來高呼的「千萬不要忘記階級鬥爭」，正好背道而馳，此固因時空的差異，「北李」與「南毛」個性不同亦有以致之。

一九一九年九月，李大釗在《新青年》上連載〈我的馬克思主義觀〉，該文名爲自己的觀點，實則主要轉譯自河上肇的日譯馬克思原著，內容包括唯物史觀、階級鬥爭說和經濟論。在評論部分，他承認馬克思有些「牽強矛盾」，「近來哲學上有一種新理想主義出現，可以修正馬氏的唯物論，而救其偏蔽」。他更強調當此過渡時期，應加倍致力於倫理的感化，人道的運動，剷除人類在前史中所受的惡質，所養的惡習，不可單靠物質的變更，「這是馬氏學說應加糾正的地方」。

此係李大釗成爲中共創始人之一的前夕，最重要的一篇論文，對馬克思主義並未全面揄揚，反而多所矯正。隨著一九一九年的結束，中共的史書也寫完李大釗是「五四運動的領導者之一」這章，他在五四時期的思想脈絡，也較清晰可尋了。

五四運動最主要的起因，亦即原始目的所在，殆爲救亡圖存，民族主義的成分超過其他。近代中國民族主義是帝國主義侵略下的產物，因此可謂防衛的民族主義，有別於古代「文化的民族主義」。同理，中國現代化在死裡求生的心情上推出，是一種防衛的現代化。廣義的五四運動，就是雙重防衛的運動——民族主義兼現代化。就後者而言，催生針是民主與科學，催生者是知識分子。

平情而論，中共得以走上現代史舞臺，初拜第三國際之賜，黨員則多爲知識分子，後來又有知識分子加入，其所以如此，實因彼等遭逢清末以來中國文化的危機，傳統的地位與尊嚴宣告解體，以致缺乏附著物與安定力，成爲浮游的「意識形態人」，於是在西方帝國主義的眞貌顯現後，開始懷疑西式的民主理論，轉而接受俄式的馬克思主義，以此爲萬應靈丹。

中共黨員多屬魯迅所說「破落戶的漂零子弟」，他們在波濤洶湧中見到移植而來的共產主義橫木，即視爲安身立命之所，更想像因此將出現廣廈千萬間。換言之，他們以爲這塊橫木能夠造成兩大目標：國家的新生與個人的解放。殊不知這種民族主義與自由主義的信仰，正是五四運動的主流，共產主義則適得其反。待彼等的利用價值已過，成爲負擔與障礙時，中共便設法停止其思想，甚至結束其生命，以求根本解除心腹之患，大陸知識分子的悲劇，乃成歷史的必然。相形之下，陳獨秀等人走得較早，不必投身文化大革命的煉獄，可謂不幸之幸了。

五四運動前，陳獨秀除以愛國主義和民主主義見長外，也以政治和文學的革命者名世，在他駁雜的思路中，進化論同時占有重要一席。正因他未用階級觀看問題，頗遭中共的史家非議：「由於不能正確地理解『自強』和反帝國主義鬥爭的辯證關係，由於不能正確地理解提高人民覺悟和反封建專制鬥爭的辯證關係，因此陳獨秀在創辦《新青年》雜誌時，把自己的事業孤立地放在文化思想方面，而和當時的政治鬥爭脫節」。此種論斷證實，馬克思主義未涉足中國的啓蒙運動，陳獨秀與新青年在五四運動前也未以俄爲師。

五四運動後，陳獨秀一本愛國主義與民主主義的初衷，從事救亡圖存的工作。當他眼見西方國家的不義，國際公理的不伸，悲憤之餘，逐漸不能盡信民主制度的本質與理想。他以新文化運動的領袖地位，吸引了莫斯科的目光，遂舉為中共建黨初期的大家長，展開其驚濤駭浪的政治生活，以迄三十年代的完全敗陣。陳獨秀是感時憂國者所託非人的悲劇典型，這已是五四運動結束後之事，世人或可為其惋惜，卻不必對此運動置疑。五四本來無馬列，何處惹塵埃？

李大釗被視為中國傳播馬克思主義的第一人，初與其他啓蒙者一樣，宣傳人道主義，主張思想自由與學術民主，熱愛自信的言論，尤喜自由的言論，號召青年衝決過去歷史的網羅，破壞陳腐學說的囹圄。當時他所憧憬的青春中國，是法蘭西式的共和國。

中共現在指出，十月革命後，李大釗迅速變成一個馬克思主義者。其實他仍然認為，思想領域的爭論只能透過說理來解決，不能依靠暴力強分勝負。「禁止思想自由的，斷斷沒有一點的效果」。更重要的是，他雖然批判繼承了馬克思的經濟學說，但始終強調互助論，對馬克思的社會主義倫理觀——要待完成了階級鬥爭後，人類眞正理想王國才會來臨的理論，深表懷疑，認為應予修正。

此外，他表示宣傳此等主義出自個人的責任問題，相信也可以隨時修改。這種口吻，實非馬克思主義的正統。所以我們寧視其為人道主義的書生，而非馬克思主義的眞正捍衛者。

五四運動前，李大釗在北大圖書館長任內冷落了毛澤東。一九一八年秋，毛澤東從湖南抵達北京，經北大教授楊昌濟的介紹，十月間來到圖書館工作，在閱覽室整理報紙，並登記入館者的姓名，職位稍高於清潔工，只能算是校役，北大職員錄中也不見載，月薪不過八元，恰爲館長的十五分之一，實在難以餬口，他深感前途無望，因此短短四個月就求去返鄉。中共後謂李大釗賞識並提攜了毛澤東，與事實頗有距離。此外，他在介紹俄國革命時又突出了托洛斯基，恐亦不符後來的政治尺度。

五四運動後，李大釗對馬克思主義固有所宣揚，也有所批評。國民黨容共後，他擁護了青天白日旗：「民衆要團結起來，站在青天白日旗幟之下，打破帝國主義及反革命的黑暗勢力！黑暗的勢力，遮不住青天白日的光輝。」凡此種種，有其時代的背景，自可因他的早走而不予深究，甚至一筆勾銷，以壯中共黨史的聲勢。然而，若教當年不死呢？五四運動與中共的關係，若從中共人物的彼時言行觀之，也就眞貌盡出了。

83.5.國魂

常勝旌旗是自由

——《文藝自由論辯》六十年

一九三二年初，上海展開了文藝自由論辯，由於影響深遠，而爲中國現代文學史所重視，今已六十年矣。

一九九〇年三月，上海文藝出版社推出一本專書，名爲《三十年代「文藝自由論辯」資料》，厚達六百六十五頁，列入《中國現代文學運動論爭》社團資料叢書，由吉明學、孫露茜合編，大體重現了原貌。該書分兩部分，一爲資料選，二爲研究資料選，前者還包括三個附錄：1.三十年代「文藝自由論辯」大事記，2.三十年代「文藝自由論辯」資料目錄索引，3.《文化評論》總目。《文化評論》的創辦人是胡秋原先生，這場論辯的中心人物也正是胡先生。自古英雄出少年，胡先生文名遠播時，僅二十二歲。

一九二九年三月，胡先生東渡日本，曾入早稻田大學就讀。一九三一年夏返國省親，不久有九一八事變，他不願爲一點官費，一張文憑，再到仇敵之域，乃停止學生生活，留在上海從事著譯，並創辦《文化評論》，在政治上主抗日，在思想上主自由。後者與「中國左翼作家聯盟」衝突，爆發了文藝自由論辯。

胡先生明白指出，藝術只有一個目的，就是生活的表現、認識與批評；偉大的藝術盡其表現批評之能事，那就爲了藝術，同時也爲了人生。此種體認，等於解答過去文學研究會和創造社的爭論。胡先生同時表示，藝術雖非至上，然亦非至下之物，將它墮落爲政治的留聲機，實在是背叛藝術的行爲。文藝至死也是自由的、民主的，其進展全靠各種意識的互相競爭，才有萬花撩亂之趣。中國與歐洲文化，發達於自由表現的先秦與希臘時代，僵化於中心意識形成之時；用一種中心意識獨裁文壇，結果只有奴才奉命執筆而已。

此說原在批判右翼的民族文藝派，但左翼作家覺得影射到他們，於是群起攻之，說胡先生爲虎作倀。此時適逢一二八戰事爆發，胡先生等發起成立中國著作者抗日會議，主張一致對外，左翼則仍勇於對內。他有鑑於此，連撰三文回答「左聯」的攻擊。他首先表示，估量一種文藝，可由各種角度觀之，不應只准某種藝術而排斥其他藝術，這樣才是自由人的態度。能以最適當的形式，表現最生動的題材，深入事象，認識現實，把握時代核心者，就是最優秀的作家，這不一定在於堂皇的名色。文藝或可與政治意識結合，但那種政治主張必須是高尚的，合乎絕大多數民衆的需要，且不可主觀過剩，破壞藝術的形式。他接著指出，五四運動的歷史意義不可磨滅，雖然它淺薄又流產。所謂繼續五四的遺業，是指超越，而非復活與抄襲。他最後表示，文藝的功能主要在認識生活，不能「建設」生活；它是一面鏡子，而非一把鍾子。文藝是自由的，乃指創作的自由；文藝是民主的，乃指應讓各種流派自由表現與競爭，此非否認階級性及其他種種文藝的色彩。

一九三二年七月，戴杜衡先生以蘇汶的筆名，在《現代》雜誌上聲援胡先生，說他是絕對的非功利論者，而左翼理論家爲了無產階級解放運動，自可放棄文藝和眞理。在知識階級的自由人與不自由的黨派階級爭霸文壇時，最苦的卻是第三種人，即眷戀藝術價値的作者群。就共產黨來說，策畫成立「左聯」的初衷，就在包攬文壇的發言權，並欽定文藝理論於一尊，自不能忍受反對的聲音，於是展開圍攻異己者之戰，由瞿秋白領軍，周揚等人附之，強調階級和黨派。

同年十二月，胡先生以長文答覆左翼作家，重點如下：文藝與政治之間根本有一定的距離，文學的最終目的，是在消滅階級隔閡，也就是超階級的。文學創作必出於自由心靈，沒有自由便沒有文學，無產階級政黨的命令，並不能造成無產階級的文學，「左聯」最出色的文學家，包括魯迅的作品在內，也不見得就是無產階級文學。文藝所以可貴，在能預見而深入，能看到較遠的境界，因此不言革命而自然革命；以人道愛而生靈感，因此不言階級而自然爲不幸者鳴不平。但若按預定的公式寫作，便成爲「吶喊的唯物論」和「龜手的美學」，所以每一位偉大的作家都屬於全人類，不單屬於一階級或一黨派。胡先生這篇文章，其實否定了整個左翼運動。

此一論辯的結果，是「左聯」自動退兵，由陳望道出面調停，馮雪峰以何丹仁的名義，承認左翼批評家所犯的錯誤，在理論方面是機械主義，在策略方面是左傾宗派主義。「左聯」的認錯固有統戰的成分，企圖拉攏胡先生，但主要是理論的不敵所致。「左聯」對外的論辯不止一端，由於胡先生知彼最深，故能攻其必救而無法救的弱點，而奏中國自有新文學運動以來，對抗左翼理論的第一支凱歌。他後來有詩爲誌：「當年睥睨揮群敵，常勝旌旗是自由。」「左聯」只是如屠格涅夫所說的「豪奴吆喝」，胡先生則是自由人揮劍作戰，勝負可卜。

文藝自由論影響的深遠，可由共產黨內部不斷發生思想革命的事例看出。周揚初不服輸，但只能訴諸王婆戰術，爲魯迅所斥，造成兩人衝突的遠因。抗戰前夕，茅盾就重提文藝自由，聲援魯迅以抗周揚。四十年代，延安發生王實味事件，周揚說王實味受了胡先生的影響。以後中共的多次文藝整風，說明左翼作家的自身，遲早都回到胡先生的觀點。八十年代起，中共發起反自由化運動，結果無功而返，益證文藝自由的不可搖撼了。

一九九〇年出版的上述專書，收錄了研究資料，其中李旦初即表示，「自由人」與「第三種人」不是敵人，而是友人。胡先生反對「藝術墮落成爲一種政治的留聲機」，此說被批了近半個世紀，茅盾在第四次文代會上，又以幾乎相同的語句指出：「我們反對文藝作品墮落爲政治口號的圖解。」這話贏得廣大文藝工作者的交讚，李准更稱之爲太有價值的春秋筆法。這份令人深思的榮譽，實應移贈給早說了近五十年的胡先生。第四次文代會至今，又已逾十餘年，其間大陸民主化的呼聲深烙人心，文藝自由更為大陸作家的共識，胡先生的主張也就歷久彌新，充塞在中國的天地之間。

81. 4. 18. 中華副刊

六月血

五年了，六四的血。

血凝千年，土中化碧，成爲傳說中的不朽。六月血的年資尙淺，能否印證傳說？尙未可知，我關心的是事實。

一九八九年六月四日，正值農曆五月一日，我到臺北中正紀念堂，參加一個沒有月光的晚會，透過廣場的燈光，但見萬頭攢動，人氣沸騰。這裡是臺北，北京呢？天安門廣場及其周邊，人數是這裡的一百倍，那是何等沸騰的場面！

隔著海峽，隔著萬水千山，兩個廣場之間架設了熱線，在夜空下相互取暖。透過擴音器，天安門廣場先傳來感激，接著是報導，最後，驚人的槍聲，漸濃漸近，集攏過來，彼岸的學生向我們告別。啊，人民解放軍的子彈，打進人民的胸口，也打進我們的耳膜，換來臺北的哭聲一片！

臺北的哭聲，在我不磨的記憶裡。

六月血隨著電視，流進每家的客廳，紅了全世界的眼睛。於是，全世界的怒潮湧向中南海，那個下令屠城的老人，如何阻擋排山倒海的反對呢？

他開始搜集掌聲，但遍尋不著，因此走向劊子手，慰問殺人的勞累。果然，一句「同志們辛苦了」，就贏得熱烈的鼓掌。發號者與執行者之間，多麼需要相濡以沫啊！

老人把這次春夏之交的民主運動，定位爲「反革命暴亂」，劊子手的舉動，就是「平息暴亂」了。後來，有關人員都收到手錶，上面鐫有「平暴紀念」四字，這是老人的禮物。

手錶，顧名思義，應該戴在手腕上。可是，誰戴了呢？老人還活著，躺在太上皇的椅子裡，享受最高最後的權力。理論上，他可以保護劊子手；實際上，大家都害怕，沒有人敢戴，手錶變成了手銬。

這是一種永恆之懼。害怕冤魂索命，害怕冤魂的家人報仇，也害怕自己的親友質疑。害怕將終及一生，因爲死者的上一代和下一代也還活著，奪子之恨，殺父之仇，不共戴天啊！

甚至，下兩代仍要討回公道。廣州黃花岡七十二烈士墓前，獻花的題款上寫著「祖父大人千古」。假如清廷猶在，勢須面對孫輩的怒目，劊子手的確辛苦了。於是，藏起一隻錶，甚至丟棄它，是多麼重要。

老人還活著，黨還在執政，「平暴」之說仍在堅持，大大小小的官員與幹部，乃至公安、武警與軍人，都已忙著和它劃清界線，無人貪功、搶功與居功。掌聲過後，無邊的恐懼襲來，制服上的血已凝暗，化爲心中最大的夢魘。拋棄這制服，就像拋棄這隻錶，也成爲必要了。

血，在廣場，在街頭，在衣上，在心中。億萬人民身上的血，與六四同其源流，讓凝暗變成鮮活，讓專制變成民主，讓呼聲變成事實，爲期不會太遠了。

六四的血，沒有白流。

83.6.4.聯合副刊

遺忘六四

上街的坦克，發射的機槍，倒下的人群，湧出的血淚。六年了，六四慘案。時間沖刷記憶，卻也使得眞相水落石出，誰能遁逃？六四慘案的元凶就是鄧小平，已爲不爭的事實。當時，這個老人以中央軍委主席的身分，調兵遣將，成爲鎭壓人民的總舵手。如今，他已走向生命的盡頭，人間必有一頁歷史，如實記載其功過。誰的功，能補殺人的過呢？

慘案後，不少民運人士衝決了網羅，贏得自由的天空，卻失去故鄉的土地，故鄉沒有自由，他們也就得失互見了。朋友的血濺在身上，劫後的心要承擔多少重量？我在臺北，在海外，看到他們的容顏，堅定中有些沉默。

他們仍是忙碌的，成立組織，創辦刊物，走上孫中山先生當年的道路，也開闢了流亡文學的新局，在文字中積健爲雄，其影響力看似幽微，實則悠遠。以《民主中國》雜誌爲例，內容可追孫先生的《民報》，其所啓迪的人心，又不以海外留學生爲限，實有功於臺灣讀者。雖然，它在書肆中有些寂寞。

誠然，大陸的社會風貌，近年來頗見改變，在當局「政左經右」的決策下，借重資本主義的部分方法，改善了大陸的生產力，因此有「十億人民九億商，還有一億等開張」之說，民運似乎沉寂一時。但是，即就馬克思主義而論，經濟帶動政治，已爲不可避免的事。中共在經濟上強調改革開放，在意識形態上若想長期閉鎖，勢必徒勞無功。時至今日，世界人民皆「衣食足而思民主」，大陸又何能例外？慘案六周年之際，我們緬懷先驅的血，也透見將來的光。

這光，有多少是臺灣催生的？

六年前，血肉飛迸的夜晚，槍聲驚動了全世界，包括此岸的兩千萬人。我們狂歌當哭，高舉心手相連的布條，齊唱「歷史的傷口」。上自總統，下至幼兒，無不譴責此一屠殺，國民黨並且聲明，將以一切最有效的方式支援民運，迫使中共放棄四個堅持，進而推翻暴政。凡此文獻，收入各種專書，靜立我的書架上，偶一讀之，恍如隔世。

五年前，臺灣開始失聲，直到去年，一無例外。平日喧囂不已的政治市場，六四那天總是公休，調養生息。政客們越來越相信，臺灣之外無世界，中國於我何有哉？閉上眼睛，果然就看不見；摀上耳朵，果然就聽不見。失明與失聰的臺灣，追求的是沒有聲音，六四已淡入歷史，誰關心大陸的生死呢？

但是，仍有一群朋友，相信大陸昨日的歷史，就是臺灣明日的現實，爲了避免悲劇易地演出，今日必須悼念已死者，慰問餘生者，提醒旁觀者。他們成立了「血脈相連大陸民主運動後援會」，清一色的義工，以最有限的資源，年年集會，紀念六四。正因有了他們，全球華人的連線中，臺北不致空白。

有多少臺北人知道他們？大家忙著遺忘，遺忘百年來中國的悲歡，遺忘六年前自己的承諾，出埃及的路上，不但要清倉庫，而且要丟包袱。六四成爲包袱，已經很久了，血連會的朋友，忍受長期的冰霜，也已經很苦了。

今年六月四日晚七時，他們在辛亥路、羅斯福路口的耕莘文教院，舉辦最後一次紀念座談會。邀請函指出，由於臺灣政治環境的變遷、大陸政策的搖擺與媒體的冷漠，以致支援大陸民運的工作窒礙難行，艱辛備嘗，所以他們沉痛決定，明年起不再主辦。「爾後本會將改以更務實的方法，持續支持大陸民運工作」。務實的臺灣人，爲了自己的明天，也該效法香港人，群起振臂了。

今年的六四，好個星期天，耕莘敞開大門，歡迎所有人。我們選擇清醒與會，還是繼續昏睡？

84. 6. 4. 聯合副刊

六四慘案的省思

今天，臺灣朝野在假期的歡愉中，度過六四慘案紀念日。

六四稱爲慘案，乃因有人死於非命，而且是大量的橫死。時任北京市長的陳希同曾說，在這次「反革命的暴亂」中，軍警死亡數十人，受傷六千餘人；非軍人死亡兩百餘人，包括三十六名大學生，另受傷三千餘人。非官方的估算則爲：群衆學生死亡三千餘人，受傷逾萬，事後追殺者更不計其數。人命關天，誰能逃過這些冤魂的反撲？

六四慘案爆發時，中共已建立政權四十年。六年後的今天，當局還在拘捕政治異己。這在中外統治史上，實不多見，使得六四無法全然走進歷史，而爲大陸的未來添加變數，兩岸關係也深受影響。凡此種種，臺灣似乎有所不知，認爲事不關己，充分暴露了島國民族性的淺薄。

六四慘案爆發前，中共已推行了十年的經濟改革，「總設計師」鄧小平，正是派兵殺人的元凶。鄧小平不惜倒退經濟，也要鞏固政權，此與發動文革的毛澤東略同。第三代領袖受此鼓勵，公開表示即使犧牲經濟，也要鎭壓臺獨，這是不足爲奇的，已有前例在先。

六四慘案爆發後，舉世的譴責聲猶存，美國政府即派遣高級官員充當密使，潛赴北京，向中共保證雙方的關係不變。中共受此鼓勵，繼續發展「強權經濟」，對異己者絕不手軟，加上世人的健忘，以及中國人對領袖的寬諒，六四慘案或深埋記憶中，或成爲謠言與誤會了。人間的慘案不斷重演，後死者不斷成爲死者，與大家的痲木有關。

前賢早已指出，「學者惟中立病難醫，凡一切悠悠忽忽，不激不昂，漫無長進者是」。這種「中立病」，臺灣原不嚴重，但用在檢視六四慘案的紀念上，則令人無限憂心。我們不肯理會六年前的歷史，不願記取血跡斑斑的教訓，那麼，也就可能無法掌握六年後的未來了。

臺灣的同盟軍在那裡？到處下注的美國？事大主義的日本？還是中共友邦林立的聯合國？大陸土地是臺灣的兩百六十七倍，人口是臺灣的六十倍，兩岸天涯咫尺，密不可分，臺灣的同盟軍就在大陸！我們捫心自問：投資了多少力量？爭取了多少民心與軍心？我欲友，斯友至矣。我欲敵，斯敵至矣。十二億以上的大陸軍民，是敵是友，主要取決於我們自己的態度。

中國已有四千六百年的歷史，中共政權只有四十六年的歷史，後者如何以百分之一，等同前者的百分之百？臺灣朝野又豈可正中下懷，以中共爲中國？一個歷史的中國，值得我們緬懷和檢討；一個文化的中國，值得我們關注和策畫；一個民主的中國，更值得我們支援和參與。聰明的臺灣同胞，要投資鄧小平呢？還是魏京生？

紀念六四，展現力量，同時警告統治者，慘案絕對不可在中國任何一地重演，這是全體中國人的責任，後死者不想成爲死者的思考起點！

84. 6. 4. 聯合報

你的哭聲是我的胎教

——與李瑞騰先生對話

李瑞騰：文化界的朋友都認為你是大陸文學專家，因為你在這方面的著作比其他人多，在這個情況下，你可能被定位在大陸文學研究者的角色上。是否能說明一下，關於大陸文學的歷史和現況，是不是你目前關切的唯一重點？或者只是其中一部分？也順便告訴我們：你為什麼會走上這一條路？

周玉山：是的，的確只是一部分，我關心的是整個中國的問題，這就要從小開始談起，身為外省人第二代，從小聽聞最多的就是父親的回憶。上了中學後，由於幾個因素，促使我走向大陸研究，第一是受到王健民教授寫的《中國共產黨史稿》的影響，王教授是我的世伯和鄰居，當他這套書出版後，要我們兄弟幫忙搬書，並送一套給我父親。當時我深深被這套書所吸引，因為內容非常豐厚，書前有毛澤東等相片，書中又有許多中共的原始文件，這些在彼時都犯忌，果然，這套書不久就被禁，結果我們家的那一套書成爲僅存的少數，「夜讀禁書」也就成爲我的樂趣，在這套書的影響下，我開始研究中共。

第二個因素是，我在高中時，負責主編校刊《成功青年》，當時我把校刊的份量增加一倍，言論也較爲開放，結果引起訓導主任的不滿，他對外宣稱我是共產黨，後來，他調查到我的背景，便改口說：「你父親怎麼會有你這樣的兒子？」由於無端被扣了帽子，更加深了我對共產黨的興趣，很想知道眞正的共產黨員是什麼樣子。

總體來說，我非常關心中國，當然包括臺灣，我關心在我出生之前二十世紀的一大悲劇——大陸赤化，它深切影響到每個中國人，包括我自己在內。面對上一代的苦難，我總覺得：中國，你的哭聲是我的胎教！所以，我很想瞭解它的來龍去脈，我對中共的了解可說是從黨史開始的。

大學時，我念的是輔大法律系，後來又轉到社會系，在課餘卻始終不能忘情於文學。碩士班考的是政大東亞研究所，和文學原本也沒有多大關聯，但是東亞所使用國關中心的圖書館，那時，圖書館裡有一些難能可貴的大陸文學出版品，它滿足了我對文學的喜愛。一年後，當我要決定碩士論文題目時，便按自己興趣所在，寫了《中國左翼作家聯盟研究》。從一九八七年開放大陸探親後，往返其間的人數相當多，但是投身大陸研究的人仍是微乎其微，由此可見，我在十幾年前從事這方面的研究是多麼寂寞，不過，我有一種快意，那就是致力與衆不同的研究，可以有較大的收穫。

我的博士論文是《五四運動與中共》，在目前的臺灣，五四運動已經成爲顯學，但是它與中共間的牽連，卻極少人去研究，像周策縱先生的《五四運動史》已經燦然大備，但是受限於題目，對於五四運動和中共之間的闡述，自然較爲簡略。

從研究生開始近二十年，我雖然不太用功，卻多少累積了一些文字，主要產品如碩士論文、博士論文都還沒出版，反倒是副產品出版了四本。隨著中國左翼作家聯盟五十周年、六十周年，以及五四運動七十周年，有更多的史料出土，我倒慶幸自己的主要產品未出版，將來還有補充的機會。

我關心整個中國問題，但是由於學術分工的關係，我在社會科學上，沒有太多專門的論述，主要還是專注於文學，也許就給予大家一個文學專業研究者的印象。

李：剛剛聽到你將自己治學的發展過程做了詳細的介紹，你特別提到自己在寫作上有關主產品和副產品的問題，現在是否能請你就自己寫過的中國現代文學或者大陸文學的長短篇論文，做一個簡單的歸納，以便讓我們理解到你從事研究的取向？

周：我關心整個中國現代史，包括中共黨史。我研究大陸文學，是站在還原中國現代史的立場上。依大陸的算法，中國現代史從五四運動開始，臺灣則從辛亥革命算起，從寬定義也不過八十多年，也有很多人身歷其境，照理來說是很容易理解眞相的，但是由於政治立場的影響，使得身歷其境者也不一定能反映眞貌，所以我希望站在「不哭不笑，但求理解」的角度去理解中國大陸文學的眞貌。

其次，我也時常提醒自己要斟酌文學的定義，文學定義不一，我歸納各家，得出「文學是哲學的藝術化」，換句話說，文學是容許、鼓勵想像的，但是歷史卻要言必有據。所以，現代文學既要顧到「史」的眞相，又允許作者有發揮的空間，其中的分際便令我仔細思索。因爲作者在創作時，有「上窮碧落下黃泉」的自由，但是觸及文學史時，卻必須要「求眞」。以中國左翼作家聯盟來說，它成立於一九三〇年，但是直到一九九〇年，我卻仍未看到大陸出版的回憶作品能夠呈現眞貌，不是過度誇張，就是刻意的選擇題材，滿足馬克思主義的階級鬥爭理論和唯物史觀。由於我有機會閱讀到海峽兩岸和海外各方面的文學，不免會興起比較的念頭，希望能釐出接近文學史眞貌的結果。

歸納起來，我是站在中國現代史的立場上來研究中國新文學史，因爲它畢竟是中國現代史的一環。由於作品研究也一直是我的最愛，雖然大學讀的不是文學院，但由於博士論文的內容，使我受頒爲文學博士。我初次看到博士證書時，覺得十分意外，也感到有些僭越，因爲在此之前，我一直以爲自己會是法學博士。繼而一想，卻高興起來，認爲這無疑是一種鼓勵，使我後半生能朝著這方向去努力。

李：你的博士論文處理五四運動和中共的關係，我想在五四階段的文學發展上，一定用心甚多。其次，你的碩士論文處理了「左聯」的問題，對三十年代的文學也一定很熟悉。在你目前出版的長篇短論中，討論的近期似乎較多，換句話說，抗戰勝利到一九四九年之間，以及一九四九年中共建政到文革結束的文學發展部分的研究較少，不知你是否有計畫去填補這兩個階段？完成你以中國大陸爲主的文學歷史研究。

周：我最大的願望就是寫一部中國新文學史，但這是一項艱困的工作，在臺灣，似乎只有周錦先生寫過一部，他開風氣之先，也獲得各種不同的評價，無論如何，他願意從事這方面的嘗試，還是很值得佩服。

李：面對錯綜複雜的新文學史，由於政治明顯的牽絆，導致很多歷史解釋的困難。你在一開始提到自己接受過法律系和社會系的訓練，這些文學外緣學科的訓練，對於你在研究中國新文學史上，相對於文學系的學者們，應有更寬廣的視野，這是可以提出來討論的一個問題。其次，在研究方法的部分，我也想請你進一步談論一下。過去，臺灣的學者專家幾乎都將大陸的文學作品當做匪情資料來處理，隨著兩岸關係的調整，上述的態度和觀念可能要面臨很大的挑戰，你自己面對環境的變遷，在研究上有何改變？

周：你剛才提到文學之外的訓練，簡而言之就是社會科學的訓練。二次戰後，美國政治學界強調社會科學是「價值中立」（value free），也就是不帶感情。然而文學非科學，它本來就含有價值判斷的成分，一個文學家如果沒有感情，根本就不符合定義，所以，我在從事文學史的研究時，評論部分儘量不帶感情，而將自己的看法放在結論裡，這是一種心得、感情，和政治立場無關。

由於史學的訓練，使我著重求眞，我們知道大體而言，史學求眞、文學求美、哲學求善，如何在求眞和求美之間，尋求一個平衡點，是我不斷努力的。

另外，你剛才提到過去臺灣的前輩在研究大陸文學時，把它當成匪情來研究，這是基於歷史原因和政治目的，就像大陸學者提到臺灣五十年代的反共文學時，也是貶多於褒，我想二者之間的心情是類似的。臺灣的前輩當時研究大陸文學，都帶有國破家亡的心情，而且他們大多是三十年代作家的同輩，要筆鋒不帶感情去研究，無疑是抽離他們的時代背景。隨著兩岸交流日益頻繁，以及臺灣愈來愈民主，這類的文字也將愈來愈少。

在混亂的現代中國，前行者往往是犧牲者，他們犧牲了青春，甚至生命，繼起者因爲沒有那些歷史仇恨，可以過濾前行者的情緒，但是卻不可否定他們的成就。以我自己爲例，就曾根據前行者所提供的一個名字、一次事件、一種解釋，追蹤足跡，擴大研究，所以，我對他們心存感激。我只是比他們年輕，有機會看到更多更新的資料而已。

我所以這麼講，並非有意爲他們或我個人脫罪，像我們看巴金先生在抗美援朝時的文章，不禁懷疑起他是否是一個自由作家？不過，我們現在重視的不是那些，而是他的隨想錄等晚年感人至深、血淚交織的文章。

李：我們知道中國大陸的歷史不斷的在變動，在這種情況下，文學受到政治嚴重的制約，作家的言行、文學創作也無可避免的會受到干擾，今天我們回頭去看，初期共產黨員懷著追求烏托邦的心情，到後來和中共執政者之間產生對立、抗衡，個人在不同的歷史時期都可以有不同角度的省察。你認爲，我們今天要用什麼樣的觀點來面對複雜多變的歷史？

周：就是《論語》中曾子講的「如得其情，則哀矜而勿喜」，像我們今天看到朱光潛先生的文集，發現他有部分文字奉共產黨之命而寫，並在五十年代交心時期對自我徹底羞辱、貶抑，這些文字讀來，只能以「悲涼」兩字來形容。他爲什麼會這樣？道理很簡單，因爲共產黨要他的命。

我今年看到馮友蘭先生全套的《中國哲學史新編》，發現他還是套用馬列主義的模式，寫終生最後的著作，在佩服他晚年的努力之餘，也不免感歎，這位早在一九四九年之前就享譽國際的學者之際遇。這也就是文化人爲什麼那麼討厭政治干涉，因爲政治要他們的命。共產黨對文史學者重視到無以復加的地步，可惜這種重視偏向反面。共產黨領袖以唯物主義自許，其實他們是很唯心的，譬如階級鬥爭即是從靈魂深處鬧革命，靈魂深處不就是意識形態嗎？是極端的唯心。我們在臺灣，很難理解大陸上的學者或作家爲何曾經那麼寫？原因就在於共產黨領袖要他們的命，尤其在五十、六十年代，直至文革達到高潮的背景下。所以，我們不能以今日來否定昨日的他們，倘若有機會讓他們自己表達心意，結果都是非常感人的，像巴金先生就曾這樣表現，周揚晚年也向被他迫害過的人一一道歉。相對於大陸，臺灣的社會民主許多，所以我們的作家比較不能感同身受。

李：大體上來說，我們已經瞭解你對整個中國新文學史有關中共系統的看法，也聽你談到今天如何去面對錯綜複雜的歷史，現在我們站在臺灣這個土地上，你認爲我們應該用怎樣的態度，面對臺灣文學的傳統？

周：臺灣文學當然有它的特色，相對於政治來說，它和大陸文學或文化的差距並不是那麼大，習慣中的臺灣文化和許多大陸文化是無法截然劃分的，例如閩南話就是一個例子。目前全世界有七千萬人講閩南話，其中只有一千四百萬人在臺灣，換言之，臺灣人講的閩南話只占全世界的五分之一而已。過去，曾有主張臺獨的先生回到閩南老家後，放棄了臺獨的看法，因爲他發現閩南話不是臺灣所獨有的。所以，臺灣文學和文化可能也有類似的現象，它和大陸文學有很多地方是血肉相連的。當然，隨著臺灣將近一世紀獨特的發展，彼此也有不同之處，臺灣文學就像上海文學或湖南文學，都有地方的色彩。沈從文先生是中國文學家，但是誰也不能否認他是湖南的鄉土作家。美國詩人龐德似乎常恨不生爲英國人，因爲英國的文學史比美國長多了，這個例子值得臺灣作家參考，也就是要讓自己有容乃大，而非愈縮愈小，如此眼界才能擴展。如果不必付出政治上慘痛的代價，就能獲得文學的遺產，相信對臺灣的每一個作家都有利。

李：針對你剛才對臺灣文學認定的談話，我是不是可以更進一步提出一個問題？臺灣文學在不同的歷史階段有不同的特質，當我們在面對臺灣這個地區所發展出來的文學時，是否可將它拿來和北京、上海、東北、四川等區域所發展出來的文學相類比?如果可以的話，到底建立在什麼樣的基礎上?不行的話，它本身究竟是什麼性質的文學?關於這一點的解釋，目前在臺灣是頗爲分歧的。

周：我是站在文化而非政治立場來談，站在政治立場的話，可能沒有辦法討論，而在文化立場上還可解釋，譬如目前有些作家根據音譯來從事臺語寫作，音譯的結果，卻連臺籍老作家如黃得時先生都不忍卒讀。例如「不知道」三個字，音譯爲「莫宰羊」，其實「莫宰羊」三個字是沒有意義的，它的原意應是「不知也」，也就是出自孔子所說的：「知之爲知之，不知爲不知，是知也。」另有一說爲「不知影」，也很文雅。由此可見，閩南話承襲了中原文化的豐富與典雅，這是一個事實，若想斬斷文化的血緣，必定是徒勞的。我們一定要有寬大的心胸來包容不必斬斷的血緣，才能逐漸壯大。

我對臺灣的關心當然勝過大陸，我生於斯長於斯，雖因工作的關係重視大陸文學，其實我看了更多的臺灣文學。我也希望自己在改寫博、碩士論文，以及升等教授的論文《中共文藝政策論》之外，還能行有餘力，細讀大陸所寫的臺灣文學史，畢竟他們在數量上以多取勝，我希望對這些書中眞實的面貌給予肯定，不實之處加以澄淸。

第七輯

第十輯

大陸文學作品中的政治

前言

一九七六年九月，毛澤東去世。次月，華國鋒逮捕了四人幫，象徵文革的告終。一九七七年八月，中共召開十一全大會，正式宣布文革結束，並展開揭批四人幫的運動。一九七八年十二月的十一屆三中全會起，華國鋒漸被架空，中共進入鄧小平時代，以迄於今。本文即就文革結束後的大陸文學代表作加以析論，以明其與政治的關係。

政治的強顯——以《傷痕》爲例

四人幫覆滅後，追述文革罪惡的傷痕文學在大陸流行起來，一連串的名詞如暴露文學、浩劫文學、社會主義悲劇文學等，都被視爲傷痕文學的同義語。社會主義原帶慈善性質，社會主義者原本是悲天憫人的道德家，中共領袖的表現似與此相反。但中共既自稱實行社會主義，卻承認在其統治下有悲劇存在，就是此一名詞的可取處，因爲自馬克思以降，共產黨人從未料及，在他們理想中或實行下的社會主義，也會造成悲劇。

對社會主義社會產生悲劇的原因，大陸學術界曾集會討論，提出四種不同的看法：1.階級、階級矛盾和階級鬥爭的存在，是社會主義時期產生悲劇的重要原因。2.社會主義制度本身不健全，如缺乏社會主義民主、法制不健全、官僚主義等，都有可能造成悲劇。3.對於無產階級專政下的繼續革命缺乏經驗，主觀認識違背客觀規律，如實行某些錯誤的方針、政策，會造成悲劇。4.舊思想意識的存在、愚昧無知、不學無術，也是產生悲劇的原因。我們若從傷痕文學的作品內容觀之，可知上述四種原因是並存的。在此尤須指出，中共統治下的悲劇不自文革始，早在延安時期，就有王實味、丁玲和蕭軍等人的抗議文學出現，數十年來，大陸作家身心和筆下的傷痕也從未中斷過，只是文革造成的傷害最多也最大而已。

中國文學史上不乏悲劇作品，孔子說詩可以興、觀、群、怨，怨就是抒發幽怨，《離騷》中也有「長太息以掩涕兮，哀民生之多艱」一類的痛語。降至晚近，魯迅亦自謂其文字多憂憤之作。但是，中國任一時代的悲劇都不如中共所造成者，中共控制了人民的生活與思想，此種權力無所不在的統治，非歷史上民不聊生的情況所能比擬。傷痕文學多少透露共產黨的統治，是建立在欺騙、殘暴與恐怖上。不過，中共當局總想把它限定在文革十年內。

現以盧新華的《傷痕》爲例。一九七八年八月十一日，這篇小說在上海《文匯報》刊出後，「忽如一夜春風來，千樹萬樹梨花開」，大陸文壇出現大量類似背景的作品，傷痕文學一詞也由此而來。該文描述女兒與「叛徒媽媽」劃清界限後，生離死別的經過。主人翁王曉華在十六歲時就懷恨出走，遠赴遼寧鄉下落戶當農民，與母親睽違九年，最後她終於排除心中的萬難，回到老家，卻只能一睹母親的遺容。母親瘦削、青紫的臉裹在花白的頭髮裡，額上深深的皺紋中，隱映著一條條傷疤，眼睛則半睜著，莫非死不瞑目。「媽媽！媽媽！媽媽……」她用一陣撕裂肺腑的叫喊，呼喚那久未呼喚的稱謂，並猛搖母親的臂膀，可是，再也沒有任何回答。

中共肯定《傷痕》的用意，卻不在鼓勵親情，而在揭批四人幫。小說的結尾更有一段直露的文字，可視爲通行證：「我一定不忘華主席的恩情，緊跟以華主席爲首的黨中央，爲黨的事業貢獻自己畢生的力量！」這段多餘的話不免破壞了小說的藝術價值，但也告訴世人，大陸文學中的政治尺度何在，以及作家發表文字時，多麼需要保護色。待華國鋒下臺，〈小平，你好〉之類的作品就隨之登場了。傷痕文學推出於四人幫初敗之時，文革遺風猶在，政治用語遍布，似乎非如此不足以過關，原本真摯的感情不免受到影響，而爲新的黨中央所不惜。

盧新華接受海外來人的訪問時指出，他想刻畫一個人，被四人幫搞得痲木了，彼等下臺後心有餘悸，拿起通知書還不相信，連作夢時仍在想，仍懷疑母親的歷史問題，否則就可以早幾天回去看到母親了。他這樣處理的目的，是要讓讀者知曉，四人幫極左思想怎樣在主人翁的腦中作怪。其實，早在四人幫當政前的一九五七年，就有許多類似的悲劇發生。巴人在《論人情》中坦言，有些青年朋友，出身資產階級或地主家庭，在土改和三反五反運動時期，爲了向地主或資本家的父兄劃清界限，幾乎採取了同一「戰略戰術」：斷絕家庭的來往。不管父兄怎樣來信訴苦，一概置之不理，以表自己立場的堅定。即使運動結束，父兄又接受改造，仍然不理，甚至生活困難，也不願給半個錢。但他們內心並非全然如此，有時也會想起父兄的愛撫，而至偷偷下淚，想寫信探問消息，又恐組織懷疑他們，被指爲失掉立場。由是觀之，中共拆散家庭、破壞親情的說法，畢竟不虛。

時隔二十餘年，《傷痕》的情節與巴人所述何等雷同。盧新華強調，每個時期的文藝，都有其特定的歷史環境，大陸有文革和四人幫，這在中外歷史上都找不到，值得總結。在四人幫作祟十年後，對文藝有特定的要求，他就在這個思想基礎上開始構思。由此可見，巴人的舊語並未影響到盧新華，兩人不約而同提到「階級敵人」子女的遭遇，實爲馬列主義的制度所致。傷痕文學中強顯的政治色彩，也因此不利於任何堅持四項基本原則的統治者。

政治的次顯——以《苦戀》爲例

四人幫下臺後，中共當局爲了轉移民憤，以示自己有別於前凶，乃一度允許大陸各地設立民主牆，並鼓勵追述文革罪惡的傷痕文學出現。結果此類文字有沛然莫禦之勢，在內涵上也不以控訴四人幫爲限，即以前述的《傷痕》爲例，就間接指陳了反右鬥爭的錯誤。中共驚惶之餘，乃自毀承諾而加以阻擋。一九七九年十月，鄧小平在第四次「文代會」上的部分論調，即與四人幫無異：「我們要繼續堅持毛澤東同志的文藝爲最廣大的人民群衆，首先是爲工農兵服務的方向。」周揚也在同一會場表示，大陸人民的傷痕，以及造成傷痕的幫派都客觀存在，因此作家無法粉飾，但他不贊成以自然主義的精緻方式加以反映，以免造成不利的思想和情緒。由此可知，中共推許傷痕文學實爲一時之計，無意予以全面肯定。

一九八〇年二月，當時尙爲鄧小平親信的胡耀邦，在劇本創作座談會上重申，文藝要表現馬列主義和毛澤東思想，並點名譴責沙葉新的《假如我是眞的》。此言一出，該劇旋遭禁演。一九八一年二月和三月，中共中央相繼下達第七號和第九號文件，前者針對文藝界而發，命令作家要在馬列主義和毛澤東思想指導下，批判鼓吹錯誤思潮的作品，同時必須接受共產黨的領導，「無條件地同中央保持政治上的一致，不允許發展與中央路線、方針、政策相違背的言論」。後者則授權高級幹部，可以逮捕民主運動人士，扣押地下刊物，對於反黨、反社會主義的活動分子「不能手軟」。傷痕文學至此，正式被中共封殺了。

稍後的一九八一年四月，《解放軍報》即公開批鬥白樺的劇本《苦戀》，《人民日報》、《北京日報》、上海《解放日報》以至《紅旗雜誌》，都加入圍剿的陣營。七月十七日，鄧小平親口質問：「《太陽和人》，就是根據《苦戀》拍攝的電影，我看了一下。無論作者的動機如何，看過以後，只能使人得出這樣的印象：共產黨不好，社會主義制度不好。這樣醜化社會主義制度，作者的黨性到那裡去了呢？」八月三日，胡耀邦也在思想戰線問題座談會上表示，《苦戀》不是一個孤立的問題，類似脫離社會主義的軌道、脫離共產黨的領導、搞自由化的言論和作品不止一端，「對這種錯誤傾向，必須進行嚴肅的批評而不能任其氾濫」。凡此用語，幾與《解放軍報》全同，白樺因此被迫自我批評。九月，他寫了書面檢討，但未獲通過。十月，鄧小平親令批判《苦戀》的文章在《文藝報》發表，《人民日報》奉命轉載，白樺終於公開向中共認錯與致謝。鄧小平此舉令人想起五十年代毛澤東授意下的交心運動，兩者如出一轍，都是共產黨「不殺身體殺靈魂」的傑作。

《苦戀》的原稿是長篇電影詩，先在香港《文匯報》發表。一九七九年四月，白樺與彭寧合作，將它改編成劇本，刊於該年第三期的《十月》雜誌。劇中的男主角凌晨光是一位畫家，在美洲獲致很高的成就，「解放」後放棄舒適的國外生活，帶著新婚妻子返回大陸。在船上，女兒星星誕生，同時他們也認識了詩人謝秋山夫婦。文革期間，凌晨光一家被掃地出門，搬到牛棚式的小屋裡，謝秋山夫婦也分別下放勞動。一九七六年清明節，凌晨光在天安門廣場張貼「屈原天問」的巨畫，被拍了照，於是只有逃亡。途中遇到同被迫害的歷史學家馮漢聲，後者爲了替他尋覓畫具而先行離去。十月，馮帶人來找他，他卻以爲追兵趕到，拼命逃走，最後凍死在雪地上。

白樺在劇本的開端，引用屈原的「路漫漫其修遠兮，吾將上下而求索」。魯迅在《徬徨》的扉頁上也引此句，論者以其兩本小說的書名相提，形容他的思想歷程是「始於吶喊，終於徬徨」，允稱貼切。凌晨光在逃亡途中困凍潦倒，死前內心的吶喊與徬徨誠不知凡幾。白樺這樣描繪畫家的遺體：「晨光蜷伏在雪原上，兩隻手盡量向天空伸去，他最終也沒有力量把手伸得很高，但我們可以看出他曾經做過這樣的努力，……他的眼睛沒有閉，睜著，靜止地睜著。」死不瞑目這一幕，正與《傷痕》中的母親相同。大陸知識分子因爲愛國家而愛中共，結果不得善終，心有不甘可知。

凌晨光後來蓬頭垢面，不但活吞生魚，而且和田鼠爭食，挖掘藏在洞裡的生麥粒。他所以落此地步，全部的罪過只是愛國。他行吟澤畔，一如屈原，但屈原是自我放逐，他卻被迫逃亡。《苦戀》男主角的出身和若干情節，正與《皇天后土》相類。中共曾在香港阻止《皇天后土》上演，又在大陸查禁《苦戀》，只因兩劇都說了實話：在中共的統治下，大陸回到過原始時代，有人被折磨成原始人。《苦戀》更指出，有人至死都在問「為什麼」？當直升機逐漸降落，雪原上的問號越來越大。「一個碩大無比的問號，原來就是晨光生命的最後一段歷程。他用餘生的力量在潔白的大地上畫了一個『？』，問號的那一點就是他已經冷卻了的身體」。這不免被視為懷疑「社會主義的優越性」，暗示未來的光明仍有可議處，因此難逃整肅。

白樺在劇中又多次安排雁陣出現，例如最後提到，雁陣排著「人」字，緩緩飛來，形成鋪天蓋地的「人」字，又漸漸遠去了，消逝在天際。一個自豪的聲音輕輕唱著：「啊！……歡歌莊嚴的歷程，我們飛翔著把人字寫在天上；啊！多麼美麗！她是天地間最高尚的形象。」這種天空的象徵，其意何指？雁群陣陣，自由去來，它們把人的尊嚴和理想寫在天空，對於大陸上的芸芸衆生來說，抬望眼就看到一個不可及的夢。「天國不是我們的，自由也不是」，白樺心中不是這樣說嗎？

政治的漸隱——《棋王》為例

中共立意封殺傷痕文學後，大陸作家退而省思，由否定文革為起點，探索民族文化的淵源與出路，不數載即蔚為尋根文學的大觀，可謂絕處逢生。部分作品不言反共而自然反共，在藝術價值上更躍昇為民族文學的精品，鍾阿城的《棋王》堪稱代表作。

文革爆發之際，阿城年僅十七，就到山西農村插隊落戶，飽嘗「修補地球」的艱辛，後來轉赴內蒙，終在雲南定居。他的下放經驗，成爲《棋王》系列小說的絕佳背景。果眞是「文革百害，唯利一家」？許多作家劫後思痛，奮不顧身，寫出知識青年的酸楚，廣大同胞的悲情，這是廣義的傷痕文學，未隨當權者的指揮棒起舞，阿城更以深刻的文化思考，澎湃著無數喜怒哀樂的心靈。

阿城的妙手頗難歸類，清雋孤峭如魏晉文筆，又隱隱有魯迅風；心思細密如白先勇，又有一些水晶先生的意識流。雖然如此，他仍然是文學上的發明家，字字句句段段篇篇皆爲獨創，巨筆不著斧痕，淡描出豐腴來。《棋王》的主人翁王一生是下放知青，長期處於餓瘦狀態，乾縮的飯粒使其眼中有了淚花，走路時衣裳晃來晃去，褲管前後邋著，「像是沒有屁股」。衆人偶爾開葷，出了飯館就覺得日光搖眼，「竟有些肉醉」。在頓頓飽就是福的斯土，小說的結尾卻道：「衣食是本，自有人類，就是每日在忙這個。可囿在其中，終於還不太像人。」這種心物合一的人生觀，正符合文化的現代定義。文化原與自然相對，泛指一切人爲的表現，是一種事實的陳述。文化要發展到某一階段，才能稱爲文明。文明與野蠻相對，是一種價值的判斷。時至晚近，文化則被視爲一個複合體，包括知識、信仰、藝術、道德、法律、風俗，和一切人類社會的能力與習慣。準此以觀，文化涵蓋精神與物質生活，而以前者爲重。阿城身爲作家，心心念在文化的傳承，自然強調精神層次了。

阿城自一九八四年起寫小說，七月發表《棋王》於《上海文學》，結果一舉成名，獲得該年大陸優秀中篇小說獎。繼寫《樹王》、《孩子王》等，也各擅勝場。依阿城的經驗，藝術是一種勞動，一定要用「狀態」去完成，狀態不佳時，最好不要寫。它應該是平緩的，只有放鬆了，才能達到最大的成功。許多人說《棋王》裡的車輪大戰如何緊張，他卻一筆一劃，慢慢寫出，那是一種充實深厚的安靜，他從其中得到最大的愉悅。由此可知，緩進是他的創作態度，從容造就了他的意趣，《棋王》也因此耐久。

棋王出身寒微，小時候隨母親幫印刷廠疊書頁，看到一本講象棋的書，讀出興味來，於是學以致用，往往忘食。唸到初中一年級，母親就死了，臨終前取出一副棋送他，原來是她撿拾人家的牙刷把，辛苦磨成，光賽象牙。後來，他遇到一位撿爛紙的老者，講起棋道似陰陽之氣，相游相交，初不可太盛，太盛則折。若對手盛，則以柔化之，但要在化的同時，造成剋勢。柔不是弱，是容、是收、是含。含而化之，讓對手入自己的勢，這勢要自己造，需無為而無不為。無為即是道，也就是棋運之大不可變，變就會輸。棋運不可悖，但每局的勢要自己造。棋運和勢既有，就可無所不為了。中國的道家講陰陽，這是易經所說的立天之道；至於柔與剛，易經稱為立地之道。凡此天地之道，用於棋術，無非重視布局。棋王得此調教，也就無往不利了。

小說的高潮，自是棋王的力戰群雄。到了棋場，竟有數千人圍著，看他同時和九個人交手，結果一一擺平，包括了地區的冠軍。這位老者最後朗聲叫道：「你小小年紀，就有這般棋道，我看了，匯道禪於一爐，神機妙算，先聲有勢，後發制人，遣龍治水，氣貫陰陽，古今儒將，不過如此。老朽有幸與你接手，感觸不少，中華棋道，畢竟不頹，願與你做個忘年之交。」棋王獲此殊榮，在衆人的簇擁中回到宿舍，猛然「哇」地一聲吐出黏液，接著哭喚亡母。此情此景，充分點明了即使在文革時期，爹親娘親，終究比毛澤東親，中華孝道，畢竟不頹。

小說通篇沒有腥風血雨，但見情感流動。對當道的不滿，只是透過曲筆，描述人民的飢餓，以及書記的需索；後者開口所求，也不過是文雅的字畫。正因如此，小說跳脫了政治的直接使命與壓力，還原到文學的定義來。文學是哲學的藝術化，哲學爲裡，藝術爲表；哲學爲骨，藝術爲肉。「棋王」展現了表裡如一、骨肉相連的風貌，宜乎內外傳誦了。

結論

文學本來就是一種抗議，紅樓道情，黑奴籲天，一支不吐不快的筆，直欲寫盡胸中的悲悵、人世的無常。抗議的對象，或爲自身，或爲他人，或爲社會，或爲時代，只要情到深處，每能蔚爲共鳴。文學往往始於孤寂，終於同感，是作家的自我完成，也是讀者的依戀之鄉。

在大陸，文學成爲政治的寒暑表，敵對者共同的武器。一場長達十年的浩劫，就是從批判新編歷史劇《海瑞罷官》啓其端的。揭發四人幫的罪惡時，傷痕文學也扮演了重要的角色。由此可知，大陸文學不僅載運思想，而且攸關政治。文學是有情者的事業，政治是無情者的事業，以有情對無情，能不失望者幾希？尤有甚者，政治原爲一門藝術，若干執政者卻是藝術的門外漢或摧殘者，對作家既低視又高估，既拉攏又威嚇，終致懼恨交加，防範唯恐不周，撒網唯恐不密，結果犧牲了文學，政權未必無憂。古今中外的暴政史，多可支持這項論點；古今中外的文學史，也常屬掙脫暴政的思想自由史。

毛澤東曾經坐收三十年代文學的成果，後來卻受到三十年代作家的反彈，可謂天道好還。一九六二年九月二十四日，他在中共八屆十中全會上有感而發：「現在不是寫小說盛行嗎？利用寫小說搞反黨活動是一大發明。凡是要想推翻一個政府，先要製造輿論，搞意識形態、搞上層建築。革命如此，反革命也如此。」此處所謂搞反黨活動的人，其實原先多爲他的支持者，例如《苦戀》的作者白樺。十月革命後，俄國文學家盧那查爾斯基寫一劇本，名爲「解放了的唐吉訶德」，敍述賽凡提斯創造的這位老武士，曾經奮力解救被囚的革命派，可是革命成功後，他又反對那群爲達目的不擇手段的仁兄。這種「我贊成你們，也反對你們」的態度，取決於革命派本身的行爲。一九四九年以後，中國的唐吉訶德們或秉筆直書，或曲筆諷喻，向一個封建的絕大風車挑戰。此舉並未因文革的落幕而結束，反呈越演越烈之勢，忙壞了風車的主人，以及奉命吆喝的豪奴。不肯重修的風車終將腐朽，代有傳人的唐吉訶德有後望焉。

純就文學的角度來看，則上述作品中政治的顯與隱，大致和其藝術的價值成反比。《傷痕》

呈現簡單的暴露與歌頌，病在政治的過分涉入，削弱了文字和情節的美感。相形之下，《苦戀》就漸入佳境，而《棋王》更上層樓了。三篇代表作的共同點，則在親情友愛皆獲肯定，人道主義貫穿其間，中國新文學史上的寫實主義，重新成爲大陸文壇的主流，而所謂社會主義的寫作路線，已被良心作家們越抛越遠了。

80.2.國魂

五十年來的中共文藝政策

前言

一九四九年十月一日，中共在北京建立政權。稍早的七月，中共於軍事勝利之餘，召開第一次文學藝術工作者代表大會，由郭沫若任總主席，茅盾和周揚任副總主席。八百二十四名代表聆聽了毛澤東、朱德、周恩來的訓示，後者強調文藝工作者要表現新時代，就必須高舉毛澤東思想的旗幟，貫徹文藝為工農兵服務的方向。與會者也紛紛表態，謂毛澤東在延安文藝座談會上的講話雖屬七年前的指示，現仍完全正確和適用，是今後文藝工作者實踐的方向。大會在向毛澤東致敬後閉幕，宣言中重申其文藝方針的卓越，並矢志繼續遵辦。由此可知，中共不以清算王實味等人為滿足，且認定毛澤東文藝政策有助於大陸的赤化。這種成果驗收，加重了對作家的控制，也反彈到中共自身。

中共文藝政策的主要根據，即爲一九四二年毛澤東在延安文藝座談會上的講話。該會召開的初衷，本在清算敢言的作家如王實味，並欲嚇阻同類的抗聲。因此，中共自有正式的文藝政策以來，即與文藝整風結下不解之緣。

毛澤東雖然偶亦作詩填詞，但與中國傳統溫柔敦厚的詩教絕緣，也沒有獨創的文藝觀。無產階級文學的黨性思想，自馬克思和恩格斯首倡後，經列寧和史達林發揚光大，爲毛澤東所襲取，因此論及延安文藝講話的精神，宜先追溯其源。

一八四五年起，馬克思和恩格斯在與青年黑格爾派論戰時，即執文藝作品的黨性原則以攻，強調要用階級鬥爭的方式，捍衛共產主義政黨的利益。他們在與海因岑激辯時，也都嘲笑了超階級的全人類利益說。恩格斯並指出，黨刊的任務就在闡發和捍衛黨的要求，駁斥和推翻敵對黨的論斷。凡此觀點，後來多爲毛澤東所重彈。然而馬恩畢竟都只是書生，因此反對官方的文化檢審制度，並曾爲言論自由而辯護。毛澤東則集中共的黨政軍大權於一身，爲鞏固政權，就充當文學的檢察官了。毛澤東與馬克思的差異部分，表現於許多在朝統治者與在野理論家之間。

馬恩思想傳開後，列寧以職業革命家的身分，逐漸成爲解釋馬克思主義的最強音，也更重視文藝促進革命的實用性。一九〇五年十月的政治總罷工後，列寧發表《黨的組織和黨的文學》，強調文學應當成爲無產階級總事業的一部分，並爲社會民主主義機器的齒輪和螺絲釘，因此他高呼：「打倒非黨的文學家！打倒超人的文學家！」

列寧也承認，文學事業最不能機械的平均、劃一和少數服從多數，也必須保證有個人創造和愛好、思想和幻想、形式和內容的廣闊天地。但他仍然堅持，文學家一定要參加黨的組織，報紙應當成爲各個黨組織的機關報，出版社、書庫、書店、閱覽室、圖書館和各種書報販賣所，都應當成爲黨的機構，都應當請示匯報。由此可知，此處「黨的文學」不僅指文藝創作，可廣釋爲整個出版品。列寧主張的強硬面，分別爲史達林和毛澤東加倍繼承。

從列寧到毛澤東，都不但主張文藝與政治的普遍關係，而且強調要透過政黨來發揮文藝的政治作用。中共迄今依然堅持的共產黨領導，在文藝方面可上溯於此。然而，列寧畢竟掌權不久後即告棄世，文藝政策未能及身而成，因此俄國文學史最黑暗的一頁，是由史達林寫下的。一九三二年十月，史達林提出「社會主義現實主義」的口號。一九三四年八月，第一次蘇維埃作家協會代表大會召開時，通過其親信日丹諾夫執筆的盟約，規定以此做爲文學創作和批評的基本方法，要用社會主義的精神，從思想上改造和教育勞動人民，並在工廠工人、集體農場農民和紅軍士兵中培養新作家。日丹諾夫另外強調，蘇聯文學的主要典型人物，就是工人、農民、黨員、經濟工作人員、工程師、青年團員和兒童團員。凡此多爲毛澤東所套用，而在延安鼓吹類似的工農兵文學。「社會主義現實主義」成爲創作與批評的唯一標準，史達林以此爲藉口，大肆整肅異己。毛澤東爲「安邦定業」，乃起而效尤，因之有文藝政策。

毛澤東文藝政策的理論與實際

一九四二年五月，毛澤東在延安文藝座談會上指出，文藝是整個共產黨革命機器的一部分，也是團結和教育人民，打擊和消滅敵人的有力武器，爲達此目的，應該解決五個問題：1.要站在無產階級各人民大衆的立場。對共產黨員而言，也就是要站在黨的立場、黨性和黨政策的立場。2.態度問題——對敵人要暴露和打擊，對同盟者旣聯合又批評，對自己人則歌頌和讚揚。3.工作對象問題——文藝作品的接受者是各級幹部、部隊的戰士、工廠的工人、農村的農民。4.工作問題——首先要瞭解熟悉工農兵。知識分子出身的文藝工作者，欲使作品受群衆歡迎，就得先改造自己的思想感情。5.學習問題——要學習馬列主義和學習社會。

至此，毛澤東正式交付他的文化軍隊各項任務，並爲轄下的作家訂下各條戒律。中共向以文藝爲鬥爭的工具，三十年代如此，有了安身立命的據點延安後，毛澤東爲求生存和發展，就更強調文藝的武力說，且將其進一步政治化與教條化，無異標誌一個自由寫作時代的全盤結束。毛澤東明言，「還是雜文時代，還要魯迅筆法」的觀念，不適用於中共統治區，所以他雖設立魯迅藝術文學院，卻派魯迅的死敵周揚爲院長，在表面崇魯的背後，極力扼殺其弟子延續下來的抗議精神。

共產黨慣於人類身上貼標籤，然後根據「利用矛盾，爭取多數，反對少數，各個擊破」的原則，執行既聯合又鬥爭的統戰策略，此爲毛澤東在延安文藝講話中所不諱言。他以工人、農民、兵士和城市小資產階級四種人，占當時全國人口百分之九十以上，因此奉史達林爲師，主張文藝爲工農兵服務，而不惜違反馬克思批評和摒棄農民的本意。所謂城市小資產階級，可以三十年代文人爲代表，原喜追求個性的表現，難脫自由主義的氣息，毛澤東爲吸引他們到延安去，乃極盡統戰之能事，這篇對作家既拉攏又威嚇的講話，主要就是針對已從城市到延安者的不滿而發。

毛澤東重複列寧所說，文藝是整個無產階級機器中的齒輪和螺絲釘，位置業已擺好，所以絕無自由運作的可能。他直言文藝必須爲政治服務，製造矛盾和鬥爭的典型化，至於爲藝術的藝術、超階級的藝術、和政治並行或互相獨立的藝術，「實際上是不存在的」。他爲了向這些不存在的敵人宣戰，數十年來展開多次的整風和運動，連千萬人頭落地都不惜，萬馬齊瘖、百花凋零又豈爲其所掛意？一九四九年以前，中共統治區已有王實味事件和蕭軍事件等；一九四九年以後，被污辱與損害的大陸作家更難以計數了。此固拜毛澤東個人之賜，實亦因政策使然，毛死後大陸作家仍遭迫害整肅，即爲明證。

一九五一年五月，中共發動成立政權後的首次文藝整風，此因電影《武訓傳》和其他若干「非正統」的事件所引起，許多作家被迫自我批評和公開悔過。首先，批判《武訓傳》原本應該是一個文藝問題，但運動並不著眼於文藝，卻規定要和資產階級思想對抗，強調是一場政治鬥爭。其次，強化了文學主題的單一，使得本已因歌頌工農兵而排斥其他題材的作風，至此又見助長。再次，文藝從屬於政治的關係更加凝固，毛澤東此項並不科學的原則，就在疆場一片勝利的霞光中，映襯得更加輝煌神聖，其權威不可移易。《延安文藝講話》的肆虐，因中共統治區的擴大，更顯現其殺傷力，此後的文藝整風，一波勝過一波，至文化大革命達到最高潮。

一九五四年十月的第二次整風，起自俞平伯的《紅樓夢研究》事件，引發全面的批判胡適思想，並對主持《文藝報》的馮雪峰，提出工作錯誤的檢查與鬥爭。此與三年前對《武訓傳》的批判相同，歷史背景和政治意圖一脈相傳，也都是毛澤東親自發動的。他在〈關於紅樓夢研究問題的信〉中指出：「看樣子，這個反對在古典文學領域毒害青年三十餘年的胡適派資產階級唯心論的鬥爭，也許可以展開起來了。事情是兩個『小人物』做起來的，而『大人物』往往不注意，並往往加以阻攔，他們同資產階級作家在唯心論方面講統一戰線，甘心作資產階級的俘虜，這同影片《清宮秘史》和《武訓傳》放映時候的情形幾乎是相同的。」毛澤東心所爲危，趁此一償他在《新民主主義論》中的宿願，即思總結中國新文化運動。由於胡適先生五四時期的地位遠勝於毛澤東，影響亦頗深遠，毛澤東單單基於補償心理，也不免要爲刷新歷史而努力了。

這次整風一直延續到正式批鬥胡風開始，才告一段落，可謂間不容髮，中共文網之密也由此可見。胡風在政治立場上原與中共一致，周揚一度稱之爲「沒有入黨的布爾什維克」，其與中共的分裂，始於抗戰時期對毛澤東文藝政策的堅拒。一九四九年以後，他屢遭周揚、林默涵、何其芳的攻擊。由於不甘示弱，乃利用文藝幹部因《紅樓夢研究》事件被毛澤東譴責的機會，向中共中央告御狀。一九五四年七月，他呈上合計二、三十萬字的意見書，除爲自己各友輩伸冤外，還盼中共重新檢討文藝政策，撤換文藝官僚。意見書指出，在宗派主義的地盤上，讀者和作家頭上被放下了五把刀子：1.作家要從事創作實踐，首先非得具有完美無缺的共產主義世界觀不可。2.只有工農兵的生活才算生活，日常生活不是生活。3.只有思想改造好了才能創作。4.只有過去的形式才算民族形式。5.題材有重要與否之分，能決定作品的價値，這就使得作家變成唯物論的被動機器。凡此控訴，表面針對林默涵等，矛頭實指向毛澤東的《延安文藝講話》，致觸後者的大怒。

一九五五年一月，毛澤東親自出馬，公開胡風的意見書，並且展開批判。稍後，胡風及其友人都遭同時抄家，檔案資料也調到北京，毛澤東據此寫按語，分於五月十三日、二十四日和六月十日，在《人民日報》公布〈關於胡風反革命集團的材料〉。「過去說是『小集團』，不對了，他們的人很不少。過去說是一批單純的文化人，不對了，他們的人鑽進了政治、軍事、經濟、文化、教育各個部門裡。過去說他們好像是一批明火執仗的革命黨，不對了，他們的人大都是有嚴重問題的。他們的基本隊伍，或是帝國主義國民黨的特務，或是托洛茨基分子，或是反動軍官，或是共產黨的叛徒，由這些人做骨幹組成了一個暗藏在革命陣營裡的反革命派別，一個地下的獨立王國」。毛澤東這段御批，使得胡風的苦難日益逼近。

在搜出的「反革命」材料中，最令毛澤東感到難堪的，就是一九五一年八月二十二日張中曉致胡風的信，批判了《延安文藝講話》：「這書，也許在延安時有用，現在，我覺得是不行了，照現在的行情，它能屠殺生靈，怪不得幫閒們奉若圖騰！」毛澤東懷恨之餘，便大量製造輿論，一九五五年五月十三日到七月九日，《人民日報》就收到要求嚴懲胡風的讀者來信一萬一千八百封。此時「文聯」和「作協」都落井下石，在聯席擴大會議上通過五項決議：1.根據「作協」章程第四條，開除胡風的會籍，並撤銷其理事和「人民文學」的編委職務。2.撤銷胡風所任「文聯」委員之職。3.向人代常委會建議，撤銷胡風的代表資格。4.向最高人民檢察院建議，對胡風反革命罪行進行必要的處理。5.警告「作協」、「文聯」其他協會中的胡風分子，必須站出來揭露胡風，批判自己。七月五日，人代會第二次會議在北京開幕，七月十六日，該會代表胡風和潘漢年即同時被捕。此後，中共在大陸全面展開「堅決徹底粉碎胡風反革命集團」，「肅清一切暗藏的反革命分子」運動，成爲文革前株連最廣、影響最大的文藝整風。一九五七年七月十八日的《人民日報》社論透露，胡風被捕後的肅反運動中，淸查出八萬一千多名「反革命分子」，一百三十多萬人交代了各種政治問題。由此再度證明，中共文藝整風的目的，不是文學的，而是政治的。

正因受侮辱與損害的知識分子過多，不利於中共的聲譽，毛澤東乃於一九五六年五月，提出旨在安撫的「百家爭鳴，百花齊放」口號。一九五七年二月，他重彈此調，以求「正確處理人民內部矛盾問題」。五月一日，中共正式公布關於整風運動的指示，要大家以鳴放幫助共產黨反官僚、反宗派和反主觀主義。中共強調「言者無罪，聞者足戒」，極盡廣開言路的表態，於是五、六月間，大陸各民主黨派、工商人士、教授作家、青年學生，乃至共產黨員爭取民主的運動，就以星火燎原之姿展開，其勢如排山倒海，毛澤東形容爲「一時天暗地黑，日月無光」，他在驚恐之餘，開始變臉反撲。六月上旬起，中共即進行反右派鬥爭。七月一日，毛澤東親撰的《人民日報》社論中，有如下名句：「有人說，這是陰謀。我們說，這是陽謀。因爲事先告訴了敵人：牛鬼蛇神只有讓它們出籠，才好殲滅它們；毒草只有讓它們出土，才便於鋤掉。」這裡所謂陽謀，只是事後孔明。毛澤東鼓勵鳴放的本意，在使知識分子——包括作家爲其所用，不料抗聲遍傳，指向中共無可救藥的弱點，毛澤東深感作法自斃的難堪，只有食言而肥，以陽謀自壯了。

據中共自己估計，右派人數多達六百萬譜，力量不容忽視。就文藝界而言，劉賓雁的《在橋樑工地上》、《本報內部消息》，王蒙的《組織部新來的青年人》等作品皆遭批判；何直（秦兆陽）的〈現實主義——廣闊的道路〉，錢谷融的〈論「文學是人學」〉，巴人（王任叔）的〈論人情〉，劉紹棠的〈我對當前文藝問題的一些淺見〉等論文，全被視爲修正主義文藝思想而大加撻伐；丁玲、馮雪峰、艾青等多名作家，同被劃爲右派分子。「丁玲陳企霞反黨集團」的罪名，包括資產階級個人主義的世界觀，以及修正主義的文藝思想，結果彼等被剝奪職業與黨籍，並下放勞動改造。「左聯」解散後兩個口號論爭時支持魯迅的黃源，此時亦遭整肅。令人感到周揚無情的，是其親密戰友徐懋庸也不能倖免。周揚藉此把徐懋庸過去寫信罵魯迅一事，說成徐的個人錯誤，與己無涉；另則使徐在文藝界除名，以免後患。這是一種滅口之舉，而毛澤東聽之任之。

一九六三年間，毛澤東對當時大陸的文化產品已感不悅，認爲文藝領導機構和文藝工作者，事實上都轉向資本主義和修正主義，致使社會主義改造收效甚微，因此他咄咄稱怪。一九六四年六月，他按捺不住，直斥彼等不執行政策，跌到修正主義的邊緣。周揚由此警惕，展開一次整風，批判了密友邵荃麟、夏衍和田漢，茅盾也受累而遭處分，但其本人終於難逃劫數。

一九六五年十一月十日，姚文元在上海《文匯報》發表〈評新編歷史劇「海瑞罷官」〉，揭開文化大革命的序幕。一九六六年二月，江青在上海主持部隊文藝工作座談會，事後寫了一份紀要，經毛澤東三次親自審閱和修改才定稿，頗能反應毛澤東此時的文藝觀。紀要指出，大陸文藝界從一九四九年以來，被一條與毛澤東思想對立的反黨反社會主義黑線專了政，它是資產階級現代修正主義的文藝思想和三十年代文藝的結合。「我們一定要根據黨中央的指示，堅決進行一場文化戰線上的社會主義大革命，徹底搞掉這條黑線。搞掉這條黑線以後，還會有將來的黑線，還得再鬥爭。所以，這是一場艱鉅、複雜、長期的鬥爭，要經過幾十年甚至幾百年的努力」。毛澤東和江青如此說，也如此做，但不得善終。

一九六六年四月十八日，《解放軍報》發表社論，正式號召實施文革，其中提及三十年代的「國防文學」口號，認爲是「那時左翼的某些領導人在王明的右傾投降主義路線的影響之下，背離馬克思列寧主義的階級觀點」，此說無異公開否定了周揚。七月十七日，《人民日報》和《解放軍報》同時刊出〈駁周揚的修正主義文藝綱領〉，指周揚集團在三十年代提倡「國防文學」，打擊無產階級左翼文藝運動的偉大旗手魯迅，並和毛澤東的《延安文藝講話》演對臺戲。七月二十九日，《光明日報》報導中共中央宣傳部舉行會議，「徹底打倒文藝界的活閻王，聲討周揚反黨反社會主義反毛澤東思想的滔天罪行」。稍早，七月一日出版的《紅旗雜誌》亦已正面攻擊周揚，並揭發後者於一九五七年利用批判馮雪峰和徐懋庸的機會，爲《魯迅全集》第六卷加一註解，是替自己開脫。周揚終在該年被捕撤職，夏衍、田漢及陽翰笙，當年與他合被魯迅諷爲「四條漢子」，也同遭公審鬥爭，其中夏衍以改編茅盾的《林家鋪子》搬上銀幕獲罪，田漢以歷史劇《謝瑤環》賈禍，陽翰笙以編導《北國江南》電影被整，當然這些都只是直接的導火線。此後十年，千千萬萬個文藝工作者飽受摧殘，成爲毛澤東文藝政策下的集體犧牲品。

周揚等人遭到清算，自與三十年代文藝的歷史評價有關。大陸文藝界確有不少人牴觸毛澤東的文藝思想，不願深入工農兵的階級鬥爭生活，不願配合共產黨的中心運動描寫欽定對象，念念不忘的是三十年代文藝，甚至公開表示繼承，不以四十年代延安的工農兵文藝爲正統。在此情景下，毛澤東必然會採取行動。由於周揚是三十年代左翼文運的主要幹部，對此段歷史自予肯定，而他向來又是文藝部門的負責人，影響力也較廣，因此要動搖周揚等三十年代人物的地位，以改變該時代予人的權威印象。換言之，周揚的難逃劫數，說明毛澤東嫌他執行命令還不夠徹底，故由江青、張春橋、姚文元取代。文化大革命的動機，除了牽涉中共的權力鬥爭，更要摧毀所有與毛澤東思想不符的思想，江青等人執行的文藝路線，在毛澤東心目中，自屬最爲正確。

中國共產主義原由俄國輸入，中俄兩共分裂後，毛澤東變本加厲，強化對史達林和他本人的崇拜，而以馬列主義的正統自居，對其他文化思想都懷懼恨，視爲毒草。由此可知，清算三十年代文藝實所難免，一九四九年以後大陸作家的悲運，也早在毛澤東發表《延安文藝講話》時即已初定。中共曾經指出，與毛澤東文藝思想對立的論點，有「寫眞實論」、「現實主義廣闊道路論」、「現實主義深化論」、「反題材決定論」、「中間人物論」、「時代精神匯合論」、「離經叛道論」、「反火藥味論」、「全民文藝論」、「創作自由論」等，還有陽翰笙的「十條繩子」論，可與胡風痛陳的「五把刀子」並觀，都是對《延安文藝講話》造成作家顧慮重、下筆難，作品千篇一律、千人一面的抗議，毛澤東的滿目皆敵，也由此可見。

毛澤東的文藝政策見於延安，一九四九年他入主北京後，則以正式的組織進一步操作。該年六月，毛澤東在新政治協商會議的籌備會上宣稱，聯合政府一經成立，將盡一切可能，用極大力量，「從事人民經濟事業的恢復和發展，同時恢復和發展人民的文化教育事業」。隨後，他發表〈論人民民主專政〉，強調中共的武器是馬列主義，中國要在共產黨領導下，團結工人階級、農民階級、城市小資產階級、民族資產階級，結成統一戰線，以工農聯盟爲基礎，建立人民民主專政的國家。兩相對照，「人民的文化事業」與馬列主義密不可分，自不待言。如前所述，早在一九四二年五月，毛澤東即已明定，中共的文藝政策包括了學習馬列主義，同時要站在無產階級的立場，共產黨員更要站在黨的立場，對敵人暴露和打擊，對同盟者既聯合又批評，對自己人則歌頌和讚揚。本此原則，中共執行其文藝政策。

一九四九年九月二十一日至三十日，第一屆人民政治協商會議在北京召開，會中宣告「中華人民共和國」成立，並通過共同綱領，內設「文化教育政策」專章，鼓吹新民主主義，提倡文藝爲人民服務，啓發人民的政治覺悟等。政協會議同時通過人民政府組織法，政務院設文化教育委員會，指導文化部、教育部、衛生部、中國科學院、新聞總署和出版總署的工作。此處所謂新民主主義，乃毛澤東於一九四〇年所倡，即「幾個革命階段聯合專政」，頗收統戰之效。中共「建國」伊始，爲應付各民主黨派，仍維持此門面語，後來則棄如敝屣。

一九四九年十月二十日，文化部正式成立，首任部長沈雁冰，即作家茅盾。副部長有二，一爲周揚，一爲丁燮林。文化部下設：1.藝術局，局長周揚；2.科學普及局，局長袁翰青；3.文物局，局長鄭振鐸；4.電影局，局長袁牧之；5.戲曲改良局，局長田漢；6.對外事務聯絡局，局長蕭三；7.中央戲劇學院，院長歐陽予倩；8.中央音樂學院，院長馬思聰；9.中央美術學院，院長徐悲鴻；10.中央文學研究所，所長丁玲。上述諸人後來不乏遭劫於文化大革命者，正可說明大陸文藝工作者的悲哀。

一九五四年九月，人民代表大會以政協的共同綱領爲基礎，通過中共第一部憲法，改政務院爲國務院，文化部的組織也有所調整，部長仍爲沈雁冰，副部長則增至六人：錢俊瑞、丁西林、鄭振鐸、夏衍、陳克寒、張致祥。下設：1.辦公廳；2.人事司；3.財務司；4.社會文化事業管理局，局長鄭振鐸；5.出版事業管理局，局長吳洛峰；6.藝術事業管理局，局長田漢；7.電影事業管理局，局長王蘭西；8.中央戲曲研究所，所長梅蘭芳；9.中央戲劇學院，院長歐陽予倩；10.中央音樂學院，院長馬思聰；11.中央美術學院，副院長吳作人；12.中央文學研究所，所長丁玲；13.電影學院，院長王蘭西。

國務院除文化部外，尚有若干相關直屬單位：1.新華通訊社，社長吳冷西；2.廣播事業管理局，局長梅益；3.中國文字改革委員會，主任吳玉章；4.對外文化聯絡局，局長蕭三；5.宗教事務局，局長何成湘；6.體育運動委員會，主任賀龍。新聞署撤銷後，上述新華社和廣播局獲得名義上的獨立。出版總署撤銷後，業務則併入文化部，後者職權益見擴大。

一九六五年文化部改組，陸定一繼任部長，顯示中共中央宣傳部的直接干預。中共向來以黨領政，文化部內有黨團，上有國務院文教辦公室（過去是文化教育委員會），再上還有中央宣傳部，當時的部長正是陸定一。然而毛澤東在次年即發動文化大革命，陸定一成爲牛鬼蛇神，文化部的業務停擺。一九七二年初，國務院另外出現文化組，組長是北京市革命委員會副主任吳德，其權力之大，已超越文化部長。文藝是文化的一環，文藝工作者在文化大革命中首當其衝，實屬必然。

其實，大陸作家的悲運不自文革始，一九四九年以後的大陸文壇，胡風即形容為殭屍所統治，每咳一聲都有人來錄音檢查。「但我在磨我的劍，窺測方向，到我看準了的時候，我願意割下我的頭顱拋擲出去，把那個髒臭的鐵壁擊碎的」。胡風因此換來二十四年的牢獄之災，終以精神病兼腦動脈硬化症等辭世，但此一悲劇並未使得所有作家瘖啞無聲。他們為爭自由，為伸正義，寧鳴而死，不默而生，毛澤東時代如此，鄧小平時代亦然。

鄧小平對毛澤東文藝政策的堅持與發展

法國前總統季斯卡說：「我當不成文學家，只好當總統。」毛澤東雖有詩詞，但在質與量上都不符合文學家的定義，或許正因此故，他成為中共的領袖。鄧小平在文學創作上尤見一片空白，文藝觀乃至政治觀多襲自毛澤東，宜乎繼之而起，演出老猶嗜殺的角色。

一九七九年十月三十日，鄧小平在第四次文學藝術工作者代表大會上發表祝辭，該文一度被奉為中共文藝政策的最高準則。六四事件後的一九八九年十月，薄薄一百二十餘頁的《鄧小平論文藝》問世，絕大部分的內容與文藝無關，僅有排成八頁的那篇祝辭最接近書名，則其重要性可知。

一九七六年九月，毛澤東去世。次月，華國鋒逮捕了四人幫，象徵文化大革命的告終。一九七七年八月，中共召開十一全大會，正式宣布文革結束，並展開揭批四人幫的運動。一九七八年十二月的十一屆三中全會起，華國鋒漸被架空，中共進入鄧小平時代。一九八二年五月，中共紀念《延安文藝講話》發表四十年，強調對毛澤東的文藝思想「一要堅持，二要發展」，堅持可謂不變，發展則似含有變數在焉。然欲明其眞相，不能只看理論，必須考察實際，並與毛澤東的文藝政策做一比觀，方可奏效。

四人幫下臺後，中共當局爲轉移民憤，以示自己有別於前凶，乃一度允許大陸各地設立民主牆，並鼓勵追述文革罪惡的傷痕文學出現。鄧小平此時在文藝界採取寬鬆政策，因而有第四次文代會之召開。他在會中強調，文藝這種複雜的精神勞動，非常需要文藝家發揮個人的創造精神；寫什麼和怎麼寫，只能在藝術實踐中探索，並逐步求得解決。「在這方面，不要橫加干涉」。此語一出，劫後餘生的與會者自然報以熱烈掌聲，並寄以厚望。雖然如此，鄧小平在同篇祝辭中，仍念念不忘馬列主義和毛澤東思想，鼓吹繼續堅持文藝爲最廣大的人民群眾、首先爲工農兵服務的方向。此說形同陷阱，當時不爲與會者所留意，後來紛紛中箭落馬，使得「不要橫加干涉」徒託空言。

一九八〇年二月，當時尚爲鄧小平親信的胡耀邦，在劇本創作座談會上重申，文藝要表現馬列主義和毛澤東思想，並點名譴責沙葉新的《假如我是眞的》。此言一出，該劇旋遭禁演。一九八一年二月和三月，中共中央相繼下達第七號和第九號文件，前者針對文藝界而發，命令作家要在馬列主義和毛澤東思想指導下，批判「鼓吹錯誤思潮的作品」，同時必須接受共產黨的領導，無條件地和中央保持政治上的一致，不允許發表與中央路線、方針、政策相違背的言論。後者則授權高級幹部，可以逮捕民運人士，扣押地下刊物，對於反黨、反社會主義的活動分子「不能手軟」。一度受到鼓勵的傷痕文學，至此正式遭到封殺。

稍後的一九八一年四月，《解放軍報》即公開批鬥白樺的劇本《苦戀》，《人民日報》、《北京日報》、上海《解放日報》和《紅旗》雜誌都加入圍剿的陣營。七月十七日，鄧小平親口質問：「《太陽和人》，就是根據劇本《苦戀》拍攝的電影，我看了一下。無論作者的動機如何，看過以後，只能使人得出這樣的印象：共產黨不好，社會主義制度不好。這樣醜化社會主義制度，作者的黨性到那裡去了呢？」此種用詞，與《解放軍報》略同，白樺因此被迫自我批評。九月，他寫了書面檢討，但未獲通過。十月，鄧小平親令批判《苦戀》的文章在《文藝報》發表，《人民日報》奉命轉載，白樺終於公開向中共認錯與致謝。鄧小平此舉，令人憶及五十年代毛澤東授意下的交心運動，兩者如出一轍，都是共產黨「不殺身體殺靈魂」的傑作。

一九八二年五月，中共紀念毛澤東《延安文藝講話》發表四十年，除主張對其文藝思想「一要堅持，二要發展」外，還規定作家必須堅守四項基本原則，克服文藝工作中自由化的傾向，勇於歌頌新人新事新思想，熟悉群衆火熱的鬥爭生活等。六月，文聯舉行第四屆全委會第二次會議，又通過文藝工作者公約，明定認眞學習馬列主義和毛澤東思想等，可見大陸作家並未因毛澤東已死，而獲眞正的解放。

值得留意的是，何謂「一要堅持，二要發展」？中共此時重申，毛澤東文藝思想的重點組成部分——《延安文藝講話》等論著，表明了文藝首先是爲工農兵服務的方向，從過去到未來，根本精神都是中共文藝的指針。而「爲人民服務，爲社會主義服務」，就是對毛澤東文藝思想的重要發展。復出後的周揚也承認，文藝從屬於政治的看法不正確，但不提此語，並非表示文藝與政治無關，可以脫離政治。「三中全會以來，文藝的主流是好的，必須肯定，但是也有錯誤，也有支流。隨著對外開放和對內搞活經濟的巨大政策轉變而來的思想戰線上的資產階級自由化傾向，就是不容忽視的支流。強調文藝爲社會主義服務，就要反對這種傾向。」周揚在文革期間扣上手銬，單獨囚禁多年，復出後的發言曾被視爲代表官方，不見轉圜的餘地。

由此可知，鄧小平對毛澤東文藝思想的發展，仍不脫文藝爲政治服務的本意。所謂人民，所謂社會主義，在共產黨的觀念中都有特殊指涉，與一般認定者不同。例如〈人民政協共同綱領〉中，人民的定義是「工人階級、農民階級、小資產階級、民族資產階級，以及從反動階級覺悟過來的某些愛國民主分子」，這還是含有強烈統戰意味的從寬解釋，但絕非指全民，自不待言。社會主義在彼等心目中，更是共產主義的過渡和必經階段。此二名詞原在法律和經濟上各有要涵，中共則於政治上壟斷它們，據爲己用。換言之，「文藝爲人民服務，爲社會主義服務」，無異爲共產黨服務。中共亦宜承認此點，方可解說作家何以必須堅守四項基本原則，而不與「爲人民服務」的重點相違。四項基本原則的核心，正是堅持共產黨領導。

果然，中共又於一九八三年發動新整風。該年十月，鄧小平在十二屆三中全會上，提出思想和文化戰線清除精神污染的問題，正式揭開對理論界和文藝界的整肅。中共自稱近年造成污染的主因有二，一爲封建主義殘餘的影響，二爲資本主義思想的侵蝕，後者尤爲其所懼恨，說明中共歷來對作家示警的無效，也暴露西方思想對大陸的衝擊。清污運動聲中，文藝官員紛紛表態，加入批評與自我批評的行列，白樺的《吳王金戈越王劍》、徐敬亞的《崛起的詩群》等皆遭批判。白樺此部歷史劇的罪名，是和社會主義精神背道而馳，《苦戀》也舊話重提，指其表現人的異化，顯示共產黨在壓抑摧殘人性，因此和張笑天的小說《離離原上草》一樣，都在醜化社會主義制度。《苦戀》帶動大陸文藝創作的異化，並隱喻毛澤東爲災難的根源，與鄧小平反覆申說的「毛澤東功績第一，錯誤第二」不符，中共由此對白樺的餘怒未消。

然而鄧小平此時鼓吹的四個現代化，必須借重知識分子的智慧與力量，因此中共在整肅思想界與文藝界之際，又恐後遺症太大，既不利於建設，且影響外資外才的吸收，鄧小平的文藝政策不免表現收放兩難的面貌。一九八四年八月中旬出版的《紅旗》雜誌就強調，文藝評論時的澆花與鋤草缺一不可，因爲鮮花與雜草間的矛盾鬥爭此消彼長。該誌聲稱要做到毛澤東的三不主義——不抓辮子、不扣帽子、不打棍子；其實這與雙百政策——百家爭鳴、百花齊放，都是毛澤東的所謂陽謀，劣跡彰彰在世人耳目，中共現又引爲號召，喚醒了大陸作家對毛澤東猶新的記憶，實難謂爲高明。

一九八四年十二月二十九日，中國作家協會舉行第四次大會，開幕典禮上若干講詞，表達了對創作自由的追求，閉幕式通過的新章程，也寫進「充分尊重文學藝術規律，發揚文藝民主，保證創作自由」等字句，爲與會者燃起一些希望。大會召開當天，代表中共中央的《人民日報》評論員撰文，重申三不主義，又謂「對於資產階級腐朽思想的侵蝕，封建主義思想的遺毒也要加以抵制。」後二語和清污運動的內容全同，時爲鄧小平重要幹部的胡啓立，也在會中強調及此，並引用了史達林的名言：「作家是人類靈魂的工程師。」這與其說是對作家的恭維，不如說是訓令。中外共產黨人有志一同，深感要改造社會，必先改造人心，作家就得執行這項洗腦的任務，而其本身當然要先接受洗腦。

爲了安撫人心，胡啓立承認共產黨對文藝的領導有如下缺點：1.存在著「左」的傾向，長期以來干涉太多，帽子太多，行政命令也太多。2.派了一些幹部到文藝部門和單位去，有的不太懂文藝，這也影響了共產黨和作家、文藝工作者的關係。3.文藝工作者之間，作家之間，包括黨員之間，黨員和非黨員之間，地區之間，相互關係不夠正常，過分敏感，彼此議論和指責太多。胡啓立公布的解決之道，是要改善和加強共產黨對文學事業的領導。此說顯示中共不想放鬆控制，減輕大陸作家的壓力，也無視老演員趙丹的遺言：「管得太具體，文藝沒希望。」一面承認干涉太多是缺點，一面又誓言要加強領導，此種矛盾可謂立即和明顯。

共產黨對於文藝工作的領導，胡啓立認爲「總的來說是好的」，他又引列寧語，直指社會主義文學是「眞正自由的文學」，凡此皆與史實相反。中共自延安時期始，文藝領導就與文藝整風密不可分，從王實味的死於非命，到白樺的被迫自辱，大陸作家的血痕猶在，餘悸猶存，共產黨對文藝工作的領導，總的來說是極壞的，而其罪惡的根源，正是列寧主義。至於如何使大陸作家眞正進入自由創作之境？胡啓立開出的藥方，竟是「反對資本主義的腐朽思想和封建主義的遺毒」等，此種官方旨意，無法令人樂觀。作協的新章程也依然規定，要以馬列主義和毛澤東思想爲指導。這項規定與「保證創作自由」列於同條，再度顯露矛盾與陷阱，眞正自由的文學云乎哉？大陸作家的新希望又在何處？

一九八五年十月三十一日，作協召開工作會議，此時已爲鄧小平親信的王蒙，在會中以常務副主席的身分，告訴作家們要學習馬克思主義的理論，樹立革命的世界觀，深入火熱的鬥爭生活，瞭解共產黨事業的根本利益等。他還爲胡啓立在大會上的講話作注，指出官方所提創作自由是有要求的。在中共的要求下，劉賓雁的《第二種忠誠》和《我的日記》，王培公編劇、王貴導演的《WM》，先後遭到封殺。事實證明，在鄧小平的統治下，作家依舊無法安枕，不願在毛澤東陰影下生活的遇羅錦，當然就會適時求去了。稍後，王蒙果然一償宿願，擔任文化部長，正式傳播起中共的文藝訓令來。

文藝在大陸向來屬於敏感領域，主管文藝工作的文化部因此有「政治寒暑表」之稱，歷任部長僅茅盾是作家出身，一九八六年四月王蒙接任後，又開一例。前此，他已憂慮大陸文藝創作上的問題不少。「如有的胡編亂造，歪曲革命歷史與革命事實，背離了馬克思主義的基本觀點。有的作品甚至發展到美化國民黨，美化大地主、大資產階級，否定階級及階級鬥爭，否定革命、革命戰爭的正義性、必然性與必要性，提倡超階級、超黨派、非革命的『人性復歸』，實際上是拾起了歷史唯心主義的濫調，拾起了用資產階級人性論反對馬克思主義階級論的陳詞濫調」。王蒙對唯心主義的批評，令人想起他自己在一九八一年所獲的類似罪名，但時隔數年，他已扮演文藝指揮家的角色，不復當年的窘狀了。「有的作品甚至發展到美化國民黨」，王蒙說出中共最畏懼的實情。部分大陸作家與中共之間，已由內部矛盾提昇爲敵我矛盾，在中共看來，這無異是「反革命」。王蒙也承認，確實有人至今不喜歡四項基本原則，他心所爲危，因此強調堅持之必要，這是官僚主義的聲音。也正因如此，他當上了文化部長。

一九八七年初，作家劉賓雁和王若望又遭嚴厲批判，雙雙遭中共開除黨籍。一月二十三日，《人民日報》機關紀律檢查委員會開除劉賓雁的黨籍時指出，他攻擊四項基本原則是陳腐的、過時的觀念，曾把中國幾次引向災難，是僵硬的、教條主義的東西，詞句很好，內容則是保守的，甚至反動的，馬克思主義是過時的意識形態；他寫《人妖之間》與《千秋功罪》，「都是爲了展示一個眞理，就是中國共產黨的腐敗。」稍早的一月十三日，中共上海市紀律檢查委員會開除王若望的黨籍時也指出，他攻擊社會主義制度，鼓吹走資本主義道路，否定黨的領導，又反對黨的現行政策。中共開除王若望後，《人民日報》、《解放日報》加入圍剿的陣營，也說他反對四項基本原則，尤其否定兩個核心，即主張中國走資本主義道路，反對走社會主義道路；主張多黨政治，反對共產黨領導，公開背叛與褻瀆了黨綱、黨章與黨紀。凡此罪狀，都旁證了鄧小平的心結：「資產階級自由化的核心就是反對黨的領導。」依中共之意，劉賓雁和王若望並非一時失言，也不是在某些問題上認識不清，而是長期全面的反黨。因此，鄧小平和毛澤東、四人幫一樣忍無可忍，率領劣幣驅逐了良幣。

一九八八年十一月八日，第五次文代會在北京召開，此距第四次文代會已近十年。開幕典禮中，胡啓立代表中共中央和國務院致祝詞，重操鄧小平上次大會的語言，指為新時期文藝工作的基本綱領，要結合實際，認眞執行。「黨對文學藝術事業的正確領導，只能建立在充分尊重作家藝術家的勞動，充分尊重文藝發展的規律，充分理解文學藝術的需要和文藝工作者的需要的基礎之上。文學藝術是一種特殊的精神勞動，特別需要發揮個人的創造才能和創造精神。要恰當地估計文藝的功能，實事求是地分析和看待文藝領域中的是非問題。必須切實貫徹執行百花齊放、推陳出新、洋為中用、古為今用的方針，保障作家、評論家的創作自由和評論自由。在藝術形式上提倡不同形式和風格的自由發展，在藝術理論上提倡不同觀點和學派的自由討論。」一九七九年以來，文藝大會上總是出現此類合情合理的昭告，燃起倖存者再度的希望，直到下一次整肅展開，摧毀了樂觀，也讓又一篇祝詞形同具文。

一九八九年一月六日，已被中共開除黨籍的方勵之，致函鄧小平，建議實行大赦，特別是釋放魏京生及所有類似的政治犯。此函一出，揭開最大規模民主運動的序幕。二月十三日，吳祖光、湯一介、蘇曉康、蘇紹智、王若水等三十三位知識分子，以公開信連署響應。三月十四日，又有戴晴、嚴家其、遠志明、史鐵生、周輔成等四十三位文化界人士加入聲援。四月十五日，胡耀邦因心臟病去世，以北大爲首的學生湧向天安門廣場，在悼胡的名義下，高呼「反對獨裁、打倒貪污、推翻官僚、民主萬歲」，此後學生運動立刻擴大成群衆運動，文藝界參與者不可勝數。五月十八日，病中的巴金也發表支持學運的公開信：「七十年前的五四運動，就是一批愛國學生爲我們祖國爭取科學與民主。七十年過去了，我們還是一個落後的國家。我認爲今天學生們的要求是完全合理的，他們所做的正是我們沒有能完成的事情，中國的希望在他們身上。」就在同一天，李鵬卻指責學生製造「無政府狀態」。兩說相較，證明此次運動一如五四，具有下列特質：愛國家反政府、尊民主反專制、重科學反迷信。

巴金發函的五月十八日，北京群衆遊行人數高達兩百萬，近三十個城市與地區響應。二十日，鄧小平透過楊尚昆，宣布調派軍隊進京，李鵬宣布該市戒嚴，學生恢復絕食，示威人潮更衆。三十日，中央美術學院學生塑成一座民主女神雕像，是爲天安門廣場的精神象徵。六月一日，部分軍隊進城後，與學生對立僵持。二日，侯德健等人在天安門絕食，抗議戒嚴和軍管，民運再掀高潮。三日凌晨，共軍分途開向天安門，遭數十萬民衆攔截，晚間在廣場西方開槍，造成傷亡。四日凌晨，大批軍隊由裝甲車開道，用機槍瘋狂掃射民衆，歷經七小時的血腥鎭壓，重新控制了天安門廣場。大屠殺過後是大逮捕，多名學運領袖和作家遭到通緝，紛紛亡命天涯，有如花果飄零。該年十月一日的中共「國慶」，遂在紅色恐怖中度過。四十年來家國，九百六十萬平方公里山河，重演天道寧論的悲劇，文藝界又爲重災區。

六四事件的劊子手，以軍隊爲主，加上武裝警察和公安幹警。六月九日，鄧小平接見北京戒嚴部隊的高級幹部時，就向上述三種人致以「親切的問候」。鄧小平承認，這場風波遲早要來，由國際大氣候和中國自己的小氣候所決定，不以人的意志爲轉移。他同時表示，「造反派」的根本口號有二，一是要打倒共產黨，一是要推翻社會主義制度。此說牽涉到四項基本原則，他檢討的結果，「四個堅持本身沒有錯，如果說有錯誤的話，就是堅持四項基本原則還不夠一貫，沒有把它做爲基本思想來教育人民，教育學生，教育全體幹部和共產黨員。這次事件的性質，就是資產階級自由化和四個堅持的對應。」這篇講話收入《鄧小平論文藝》中，爲該書唯一屬於六四事件後的文字，表面雖與文藝無關，但可看出中共政策的走向，受害者自亦包括文藝界。

一九八九年八月初，文化部長王蒙解職。他在六四後未聞慰問戒嚴部隊，多少保留了作家的風骨。八月底，賀敬之擔任副部長兼代部長，九月又兼中宣部副部長，與部長王忍之重新走上極左路線，遂令大陸文藝界對此二人，或「敬而遠之」，或「痛而忍之」。中宣部另一副部長，則爲淸除精神污染與反自由化的「運動員」徐惟誠。六四後，從中央到地方，從大陸到海外，中共的文宣機構大量換血，教條主義者分據要津，毛澤東時代恍如重臨。一九九〇年初，林默涵取代吳祖強，擔任文聯黨書記，《文藝報》則改由陳涌、鄭伯農負責。作協增補馬烽爲副主席兼黨組書記，《人民文學》則由劉白羽取代劉心武。六月二日，徐文伯、陳昌本接替英若誠、王濟夫，任文化部副部長。前此，中宣部文藝局的正副局長，已由梁光弟、李准擔任。此外，由陳涌主編《文藝理論與批評》，林默涵、魏巍主編新創刊的《中流》，加強宣導文藝政策。上述諸人中不乏屆齡退休者，六四後乘時再起，得意官場，令人有置身延安之感，則其向心力的大小可知。

一九九〇年二月，中共爲涿州會議翻案。該會經中宣部指導，由《紅旗》文藝部、《光明日報》文藝部、《文藝理論與批評》編輯部合辦，於一九八七年四月六日至十二日，在河北涿州舉行，與會者包括賀敬之、林默涵、劉白羽、熊復、姚雪垠、陳涌、程代熙、馬仲揚、孟偉哉，以及大陸各地宣傳部文藝處長共一百二十人，會中研讀該年春中共發出的文件，即鎭壓一九八六年新一二九學運的「堅持四項基本原則，反對資產階級自由化」，同時展開組稿工作。會議在一片「反自由化」聲中，獲致若干結論：1.這場反自由化鬥爭，主要在理論與政治思想上。2.會後就要拿起批判的武器，積極行動起來。3.批評文章要堅持四項基本原則，堅持改革開放，緊密聯繫中國的國情，須在占有大量材料的基礎上，做有針對性和說服力的縝密分析。4.出版物傳播不少西方自由化的錯誤理論觀點，對廣大青年學生造成很壞的影響，批評這些觀點，有助於澄清思想和理論上的是非。

涿州會議後的一九八七年五月十三日，趙紫陽在宣傳、理論、新聞和黨校幹部的千人大會上講話，把反自由化鬥爭改爲反左，成爲「文藝界資產階級自由化思潮最大的保護傘」。六四事件後，趙紫陽全面解除職務，新當權者「平反」涿州會議時，強調如下觀點：1.該會認爲一九八三年清污鬥爭中途夭折，結果自由化思潮愈發不可收拾，而有一九八六年冬的學潮。一九八七年春反自由化鬥爭，都是由於趙紫陽對自由化主張包庇，從而使此思潮更加惡性膨脹，以致爆發一九八九年的民運，所以對於自由化思潮，任何時候都不能手軟，不僅要抓，還要一抓到底。2.文藝界是自由化思潮的重災區，對此情況須予充分重視，徹底扭轉，旗幟鮮明地反自由化。3.文藝戰線上的主要矛盾，根本不是思想僵化保守一派與改革開放一派的矛盾，而是自由化與堅持四項基本原則這兩種思想，兩種立場、兩種世界觀的矛盾，自由化思潮乃是對改革開放事業的破壞。4.自由化思潮只能造成文藝思想上的混亂，只能把創作引向邪路；只有在馬列主義、毛澤東思想的指引下繁榮文藝，才是社會主義文藝的眞正繁榮。此說在政治立場上與鄧小平一致，部分用語也襲自他接見北京戒嚴部隊軍以上幹部時的講話，文藝自由又一次成爲夢幻泡影。

六四事件後，中共在文藝界召開層出不窮的會議，期能改造作家，影響讀者。一九八九年九月十八日，中宣部文藝局召集在京部分文藝報刊負責人座談，局長梁光弟攻擊幾家主要文藝報刊，爲了它們「在動亂中輿論導向和宣傳內容的錯誤」。《人民日報》文藝部、《文藝報》、《中國文化報》、《文學評論》的負責人，也「分就本報刊、本部門發生的政治方向錯誤不同地作了自我批評」。十月十八日，該局又召開文藝界學習江澤民「建國四十周年講話」座談會，中宣部長王忍之強調，這些年來，文藝領域資產階級自由化思潮及其影響是嚴重的，必須反對並加以清理。十一月十五日，《文藝報》邀請部分在京作家、評論家舉行座談會，批評劉賓雁、蘇曉康的「反對中國共產黨反對社會主義的賣國言行」。作協主席團也決議，取消二人的會籍，劉賓雁的作協副主席、主席團委員、理事職務也隨之撤銷。

一九九〇年一月十日，中共中央政治局常委李瑞環在全國文化藝術工作情況交流座談會上，強調就文藝戰線而言，資產階級自由化的影響很嚴重，有些文章和作品違背四項基本原則，散布對黨對社會主義的懷疑和不信任情緒；「有些人捲入了去年春夏之交的政治風波，極少數人甚至站到了黨和人民的對立面。對於這種情況，文藝界的同志要有清醒的認識，絕不可低估，更不能護短。」依李瑞環之見，資產階級自由化思潮氾濫的一個突出表現，就是鼓吹民族虛無主義和歷史虛無主義，方勵之、劉曉波和《河殤》的作者蘇曉康等，因此遭到點名批判。「一些堅持資產階級自由化立場的所謂『文化精英』，在去年春夏之交的政治風波中成了『動亂精英』。在反革命暴亂破產後，他們中的一些人叛國出逃，從民族虛無主義走向了賣國主義。這個事實，最清楚不過地說明，鼓吹民族虛無主義和歷史虛無主義思潮，不僅是個文化問題，而且是個政治問題；不僅是個對待歷史的態度問題，而且更重要的是個對待現實的態度問題。這種思潮在政治上、思想上造成了惡劣的影響，對此不可低估。」此語立場鮮明，卻不能保證李瑞環本人的安然無恙，而有稍後的「文化報事件」。

一九九〇年六月二十四日，文化部的機關報《中國文化報》發表社論與專文，分別題爲「全黨服從中央」和「中央關於意識形態問題的指示」，批判所謂新精神，即近幾年因受資產階級自由化思潮的破壞和干擾，在社會上，尤其是意識形態領域和文藝戰線出現的一種極壞作風，其特質就是千方百計打聽「新精神」，甚至捕風捉影，無中生有，而置中央的正式決議、領導的正式講話於不顧。這種風氣蠱惑人心，渙散鬥志，危害極大，造成的思想混亂，「正可以給堅持資產階級自由化的人和搞政治陰謀的人可乘之機」。李瑞環在中共中央政治局的六名常委中，主要負責思想宣傳工作，雖然黨性堅強，但在手法上較爲新穎，強調新聞宣傳要眞、新、活、短。或因此故，《中國文化報》在影射李瑞環，顯示文壇的風向更左，也顯見政治鬥爭。

前此，文聯與作協於一九九〇年四月召開座談會，與會者共同呼籲，要重新學習馬克思主義、毛澤東思想，牢固彼等對文藝工作的指導地位，特別要聯繫文藝界，實際學好毛澤東《在延安文藝座談會上的講話》和《鄧小平論文藝》。五月二十一日和二十二日，近六百名文藝工作者聚集北京人民大會堂，參加由延安文藝學會等十五個單位聯合發起的研討會，紀念毛澤東《延安文藝講話》發表四十八周年。與會者稱頌這篇講話是「科學的論著」，發展了馬列主義的文藝觀與美學觀。「近幾年資產階級自由化氾濫，我們應當清醒地認識到，這是一場意識形態戰線上的尖銳鬥爭。回答『動亂精英』們向『講話』發出的種種挑戰，是我們義不容辭的責任；就文藝領域內一手抓整頓，一手抓繁榮，沿著『講話』的正確道路，端正文藝方向，整頓文藝隊伍，深入開展反對資產階級自由化的教育和鬥爭，是我們會議必須議論的課題。」延安文藝講話造成萬馬齊瘖，百花凋零，甚至千萬人頭落地，如今中共又奉爲圭臬。「一手抓整頓，一手抓繁榮」，賀敬之在一九九〇年十月九日仍彈此調，但他也承認，此種兩面手法有許多困難。「眼前無路想回頭」，中共文藝政策的回頭路，卻見殘陽似血。

九十年代起，鄧小平的文藝政策又常以愛國主義爲號召。一九九一年九月二十五日是魯迅的一百一十歲誕辰，二十四日上午，中共在中南海懷仁堂舉行紀念大會，由江澤民擔綱。江澤民一如毛澤東以降的中共領袖，供奉魯迅在祭壇之上，又不時請回人間，解決疑難雜症。中共的問題堆積如山，魯迅的死靈魂也就不得安歇，長期在大陸的天空待命。此次獲派的主要任務，在充當反和平演變的門神。因爲「國際敵對勢力一天也沒有停止對我們進行和平演變，資產階級自由化則是他們進行和平演變的內應力量」，所以要用魯迅愛國主義的光輝典範，教育廣大幹部群眾和青少年。

中共每次提出愛國主義，都因情勢所迫不得不然，所以也都帶有統戰的意味在內。六四事件後的一九九〇年五月三日，江澤民在北京青年紀念五四報告會上宣稱，在現階段，愛國主義的主要表現爲：獻身於建設和保衛社會主義現代化的事業，獻身於促進祖國統一的事業。鄧小平曾說：「中國人民有自己的民族自尊心和自豪感，以熱愛祖國、貢獻全部力量建設社會主義祖國爲最大光榮，以損害社會主義祖國利益、尊嚴和榮譽爲最大恥辱。」此種論調名爲愛共，江澤民則奉爲圭臬，且引爲反和平演變的利器，盼能吸引知識青年，忘卻前一年的鎮壓。然則，墨寫的謊言如何掩蓋血寫的事實？

一九九二年五月，中共擴大紀念毛澤東《在延安文藝座談會上的講話》發表五十年，強調「講話」所闡述的基本原理不但沒有過時，而且愈來愈顯示出它的「不朽價值」和現實的指導意義。中共此時重申，文藝的方向是「爲人民服務、爲社會主義服務」，文藝的方針是「百花齊放、百家爭鳴」，既要一手抓整頓，又要一手抓繁榮。凡此說詞皆無新意，文藝爲政治服務的基調並未改變。五月二十三日，文聯、作協和中國藝術研究院聯合舉辦「堅持和發展毛澤東文藝思想理論研討會」，林默涵致開幕詞，又謂「講話」將永遠閃耀著「眞理的光芒」。他還歌頌鄧小平，在堅持和發展毛澤東文藝思想上做出了卓越的貢獻，因此，學習「講話」必須與學習鄧小平的文藝論述和南巡談話結合起來。由此可知，中共的文藝觸鬚無所不至，不斷要爲添新的政令効勞，在這樣的訓示下，自由創作如何可能？文學的原貌又如何彰顯？

結論

中共的文藝政策，使我們想到兩個名詞：自由與解放。自由（liberty）原與解放（liberation）同義，皆指掙脫奴隸或束縛的狀態，恢復人類的本能和尊嚴。四十年代以後，中共以解放者自居，卻與自由人爲敵，形成一個極大的矛盾。五十年來的中共史上，閃爍著解放者的刀光，也滲透了自由人的血痕，不見好轉的跡象。

萬類皆崇尚自由，此不待教而後能。文學既貴創作，尤賴各自抒發，方可收獲百花競豔的秀色。文壇既如花圃，作家則似植物，理應枝繁葉茂，欣欣向榮。園丁即令官派，也該維護花樹的生命，並助其自由生長，方無愧於職守。此爲人盡皆知、家喻戶曉之事，而中共不知不曉，常演摧花的慘劇，猶以鋤草自辯。再以馬克思主義的常識立論，下層基礎的物質，必帶動上層建築的精神。六四事件後，中共在經濟上每思衝破西方的封鎖，在意識形態上卻想方設法，走上鎖國的舊路，此實違反馬克思主義。中共以作家爲不甘就範的敵人，必欲統一彼等的思想而後快，殊不知人的思想不同，各如其面，毛澤東固然可以「與人鬥，其樂無窮」，徒眾執行任務時，就不免心餘力絀了。其生前如此，死後尤然，鄧小平繼志述事，於此體會最深，才有無休的整肅。

作家或爲一種志業，或爲一種職業，不宜妄自尊大，也不必妄自菲薄。任何個人、黨派與政權，都毋須高估其影響力，畢竟自古以來，一言喪邦的例子並未發生在作家身上。但任何個人、黨派與政權，也都不可剝奪其生存權與自由權。妨害自由該當何罪？「使人爲奴隸或使人居於類似奴隸之不自由地位者，處一年以上七年以下有期徒刑」，中華民國刑法如是說。「中華人民共和國」刑法又如何？遍查之下無此罰則，赫然在目者卻是「反革命罪」：「以推翻無產階級專政的政權和社會主義制度為目的，危害中華人民共和國的行為，都是反革命罪。」好一個萬方有罪，中共獨無！從魏京生到劉賓雁，無論繫獄或亡命，在共產黨領袖的眼中，罪狀都是造反；在廣大作家、讀者與人民的心中，他們卻是眞理的代表。一九九〇年十一月初，大陸畫家范曾投奔自由後，就吐露了類似的心聲。妨害自由與維護自由之戰，從四十年代到九十年代未曾稍歇，倘若中共的政策不變，戰爭會延續至鄧小平身後，一如毛澤東。屆時無論勝負，在人民心目中的法庭，下達殺人令在先、表揚劊子手在後的鄧小平，必將追隨毛澤東，穩居被告席，享有萬古的淒涼。

毛澤東業已離世多載，死靈魂仍附著於中共的文藝政策中，也禍延大陸作家，可謂其來有自。毛澤東身兼中共的列寧和史達林，此種雙重身分，已成歷史定論。因此，過去的俄共可以全面批判史達林，現在的中共則無法全盤否定毛澤東。鄧小平在第四次文代會上的祝詞，現已被中共奉為文藝工作的最高指導原則，其中就不止一次稱頌毛澤東及其思想。一九八三年七月出版的《鄧小平文選》，提及毛澤東之處更達五百二十一次，且語多揄揚。鄧小平有關文藝的言行，證明他自己也無法擺脫毛澤東的陰影。

甚至，他根本無意全面擺脫。共產主義本為一種意識形態，文藝則為所有意識形態中最引人入勝的一環。拿破崙在前線督戰時，猶隨身攜帶《少年維特之煩惱》，並以武人的身分，道出「筆勝於劍」這句千古名言。中共在有延安根據地之前，已於文藝戰場先操勝券，一九四九年大陸之赤化，三十年代文人亦有功焉。毛澤東昔日得逞的啓示，鄧小平心領神會，對作家也就既拉攏又威嚇了。時至今日，鉛字在大陸仍多屬管制品，作家欲發表作品，須先通過層層把關，與毛澤東時代殊無二致。「有創作自由，下筆如有神；無創作自由，下筆如有繩」。所謂社會主義的創作自由，既以堅持四項基本原則爲前提，下筆有神就成爲不少大陸作家的奢望了。

政治既爲一門藝術，自宜重視中庸之道。對共產黨領袖而言，藝術卻是政治的一部分，因此有文藝政策之設。早在三十年代前夕，梁實秋先生在與魯迅論戰時就指出，文藝而可以有政策，本身就是名詞上的矛盾。俄共頒布的文藝政策，只是兩種卑下心理的顯現：一是暴虐，以政治手段剝削作者的思想自由；一是愚蠢，以政治手段強求文藝的清一色。昔日的俄共如此，今日的中共亦然，因爲中共的文藝政策原就脫胎於俄共。大陸作家早已呼籲，要改變驚弓之鳥的現象，首應消滅驚鳥之弓。此弓即爲文藝政策，長期以來由中共領袖和文藝幹部掌握，偶有鬆手之時，但無棄弓之日，從過去到現在，莫不如此。所以，從現在到未來，我們不易想見，眞正的百花齊放會在大陸文壇出現，雖然這句口號已經標榜了數十年。

「中國左翼作家聯盟」六十年

前言

一九九〇年三月二日，上海舉行大會，紀念「中國左翼作家聯盟」成立六十周年，並以此為序幕，拉開一連串的活動，包括召開座談會和學術研討會，舉辦紀念電影展，出版紀念集等，位於虹口區多倫路的「左聯」會址紀念館，也正式對外開放，可謂極一時之盛。

「中國左翼作家聯盟」簡稱「左聯」，是第一個由中共領導的文藝團體，有別於五四運動後同仁性質的「文學研究會」和「創造社」。中共現謂「左聯」在三十年代文壇起了巨大的推動作用，「影響到一整代文學工作者的思想，在創作上取得了堅實的成績」，雖屬過譽，且偏離史實的重點，但其確有功於中共，則爲各方所公認。六十年來，「左聯」的史料逐漸披露，「左聯」人物的結局也爲世所共見，值得在此並陳，以明其來龍去脈。

六十年來的「左聯」史料

「左聯」原屬秘密社團，活動多不公開，一九三六年解散後，又因時局擾攘，文獻似亦湮沒一時。一九四九年中共建立政權後，有關「左聯」的史料逐漸刊布，至今達一高潮。從《新文學史料》到《中國現代文藝資料叢刊》，從《左聯回憶錄》到《文學運動史料選》，從《左聯紀念集》到六十周年學術研討會的多篇論文，反覆爬梳的結果，「左聯」的眞貌大致可辨。

一九三〇年二月十六日，「左聯」籌備會在上海四川北路公啡咖啡館召開，到會者十二人，自爲籌備委員，其重要性不可輕忽，但名單不一。依若干當事人的回憶，十位是一致的：魯迅、夏衍（沈端先）、馮雪峰、陽翰笙（華翰）、馮乃超、錢杏邨（阿英）、柔石、洪靈菲、蔣光慈、鄭伯奇。此外，夏衍和馮雪峰都提到了彭康。至於最後一人，於今觀之，應爲夏衍所說的載平萬，因爲「創造社」和「太陽社」各有四名執委，即前者的鄭伯奇、馮乃超、彭康、陽翰笙，後者的錢杏邨、蔣光慈、洪靈菲、戴平萬。其餘傳說中的沈起予、李初黎、潘漢年，當時或不在國內，或自己否認，或擔任中共中央宣傳部幹事，並未直接露面。由此可知，「左聯」籌備會的實際領導者和組織者，是退居幕後的共產黨員潘漢年，而非同路人的魯迅，這正是中共的一貫作風。

中共自建黨以來，即在黨員聚合之處成立黨團，以利指揮，「左聯」自不例外。其存在的六年中，黨團書記迭有更動，衆說紛紜，而以陽翰笙的回憶較爲詳盡，依序如下：1.潘漢年，2.馮乃超，3.陽翰笙，4.錢杏邨，5.葉林（耶林），6.丁玲，7.周揚。他說潘漢年從一九三〇年三月起即任此職，後來可能調到中共中宣部工作。馮乃超爲時較短，後來調到武漢。他本人從一九三〇年下半年到一九三二年下半年任職，後來調到「文委」（中共上海中央局文化工作委員會）和「文總」（中國左翼文化總同盟）。錢杏邨的任期也較短，葉林後來到江西蘇區，周揚則從一九三三年下半年開始工作，直至「左聯」解散。此說大致可信，但據馮雪峰與夏衍回憶，第一任黨團書記是馮乃超。潘漢年自一九二九年下半年至一九三〇年春，已任「文委」書記，不可能再兼任黨團書記。「左聯」黨團的職權，即在討論及執行「文委」下達的中共方針、政策及決定。換言之，中共是透過黨團來領導「左聯」的。「左聯」的盟員並非全屬共產黨員，但必須受到中共的指揮，這就先天註定了魯迅與周揚的衝突。

除「文委」外，「左聯」另一上級機關是「文總」，下轄「左聯」、「社聯」（中國社會科學家聯盟）、「劇聯」（中國左翼戲劇家聯盟）、「美聯」（中國左翼美術家聯盟）等，其中「社聯」底下還有教育工作者聯盟、新聞記者聯盟，名目繁多，但以「左聯」聲勢最大。「左聯」曾在北平、天津、保定、南京、濟南、太原、漢口、杭州、廣州等地設過分盟和地方小組，並在日本東京成立支部，其中以北平與東京的規模較大。北平分盟的正式名稱是「北方左翼作家聯盟」，簡稱「北方左聯」，名義上雖未表明是分支機構，系統上也無隸屬關係，但實際上是「左聯」的一個重要分部。潘漠華、臺靜農、楊剛、劉尊棋、孫席珍等人，既爲「北方左聯」的發起人，又爲成立後的常委，另一著名的發起人是謝冰瑩。謝冰瑩後來成爲反共作家，此與列名上海「左聯」成立大會的杜衡相同，可見「左聯」盟員並非全爲中共的長期擁護者。

「左聯」召開成立大會時，由於保密之必要，因此沒有會議紀錄，出席名單後來也引起討論。據一九三〇年三月出版的「左聯」機關刊物《拓荒者》報導，參加成立大會的有馮乃超、華漢、龔冰廬、孟超、莞爾、丘韻鐸、沈端先、潘漢年、周全平、洪靈菲、戴平萬、錢杏邨、魯迅、畫室、黃素、鄭伯奇、田漢、蔣光慈、郁達夫、陶晶孫、李初梨、彭康、徐殷夫、朱鏡我、柔石、林伯修、王一榴、沈葉沉、馮憲章、許幸之等五十餘人。此處實際列名者僅三十人，其餘不詳。

一九四九年後，國民黨留下的檔案記載，最初參加「左聯」的盟員計四十九人：馮乃超、華漢、龔冰廬、沈葉沉、孟起（應爲孟超）、俞懷、丘韻鐸、沈瑞先（應爲沈端先）、王潔予、馮潤璋（應爲馮潤璋）、顧鳳城、彭康、許峨、馮鑒（應爲馮鑑）、王任叔、潘漢年、周全平、洪靈菲、戴平萬、錢杏邨、馮憲章、魯迅、杜衡、蓬子、柔石、侍桁、畫室、吳貫中、黃素、鄭伯奇、魯史、朱鏡我、田漢、王一榴、蔣光慈、劉錫五、葉靈鳳、郁達夫、陶晶孫、戴望舒、李初梨、林伯修、殷夫、徐迅雷、程少懷、陳正道、許幸之、郭沫若、沈起予。

這兩份名單皆有可商榷處。郭沫若和沈起予當時尚未返國，蔣光慈因病缺席，郁達夫當日在家，並未出席。它們又至少漏列了李求實、潘漠華、龐大恩、童長榮等。如此統計的結果，當日到會者仍得四十餘人。李求實是後來「左聯五烈士」之一，時爲上海共青團負責人。潘漠華等人均爲中共黨工人員，所以特別保密。至於參與發起「左聯」者，約爲五十餘人，當日並未全部到會。

一九三〇年三月二日是星期天，是日下午二時，「左聯」成立大會在上海中華藝術大學舉行，首先推定魯迅、沈端先、錢杏邨三人爲主席團，馮乃超報告籌備經過，鄭伯奇說明「左聯」綱領，然後由「中國自由運動大同盟」代表潘漠華致祝詞，魯迅、彭康、田漢、華漢（陽翰笙）等發表演說。大會推定沈端先、馮乃超、錢杏邨、魯迅、田漢、鄭伯奇、洪靈菲七人爲執行委員，周全平、蔣光慈二人爲候補執行委員。大會通過了「左聯」理論綱領和行動綱領要點，還通過了成立「馬克思主義文藝理論研究會」、「國際文化研究會」、「文藝大衆化研究會」等機構，創辦機關刊物《世界文化》，又通過了與各革命團體發生密切關係、參加工農教育、組織自由大同盟分會、與國際左翼文藝團體建立聯繫等提案。由於缺乏經費與資料，加之「左聯」此時主要工作集中在鬥爭活動上，上述各機構並未正式組成，純由個人分別進行，效果自然不如其政治聲勢。

當時通過的「左聯」理論綱領，強調藝術不能不呈獻給「勝利，不然就死」的血腥鬥爭。「藝術如果以人類的悲喜哀樂爲內容，我們的藝術不能不以無產階級在這黑暗的階級社會之『中世紀』裡面所感覺的感情爲內容。因此，我們的藝術是反封建階級的、反資產階級的、又反對『失掉社會地位』的小資產階級的傾向。我們不能不援助而且從事無產階級運動的產生」。此份綱領由馮乃超起草後，隨同夏衍在會前徵求魯迅的意見，魯迅很仔細且很吃力地讀了這篇翻譯式的文字，終於表示同意，但又說：「反正這種性質的文章我是不會做的。」貶抑之情溢於言表，也可說明其與共產黨員有別，不願完全受制於政治。

理論綱領之後，還附有一個行動綱領，要點如下：1.我們文學運動的目的，在求新興階級的解放。2.反對一切對我們運動的壓迫。同時決定主要的工作方針是：1.吸收國外新興文學的經驗，以及擴大我們的運動，要建立種種研究的組織。2.幫助新作家的文學訓練，並提拔工農作家。3.確定馬克思主義的藝術理論及批評理論。4.出版機關及叢書小叢書等。5.從事產生新興階級文學的作品。對照兩份綱領可知，後者所說的新興階級，就是前者強調的無產階級。

「左聯」成立大會的地點是中華藝術大學，該校簡稱「中華藝大」，是在上海藝術大學（簡稱「上海藝大」）被封後，由中共上海地下黨於一九二九年所創，校長爲中共創黨人物陳望道，教務長爲夏衍，政治經濟則由地下黨負責人潘漢年領導籌劃。該校設中國文學和西洋畫兩科，中國文學科主任由夏衍兼任，任教者有鄭伯奇、馮乃超、李初梨、彭康、朱鏡我、李鐵聲、王學文、錢杏邨、沈起予等，西洋畫科主任由許幸之兼任，任教者有葉沉（沈西苓）、王一榴、盧炳炎等，多爲「左聯」中人。該校於一九三〇年八月即遭查封，壽命甚短，但因「左聯」在此成立而聞名，遺址近年也引起討論。

「中華藝大」一邊面臨北四川路（今四川北路）和竇樂安路（今多倫路），一邊又座落於橫檳路與天通庵路之間（屬越界築路地段），北通虹口公園（今魯迅公園），西近江灣鐵路，四周雖然都被租界包圍，但本身卻在中國地帶。六十年來物換星移，遺址面目全非，過去每以今多倫路一四五號爲準確，現據許幸之考證，應在多倫路二〇一弄二號（原竇樂安路二三三號），此即「左聯」的誕生地。

「左聯」和「中華藝大」的遺址過去誤爲多倫路一四五號，乃據馮雪峰和唐弢的指認，一九八〇年八月二十六日，上海市政府和文管會還頒布並勒石確定。在許幸之糾正以前，一四五號樓的修復工作已近尾聲，有關單位遂決定，將此處的「左聯」會址改建爲「左聯」會址紀念館，而於一九八九年十月十九日落成，內藏六百餘件文獻資料。至於二〇一弄二號，自爲眞正的「左聯」會址，修復工程則列入第二期。至此，「左聯」的人事時地皆已漸顯原貌。值得繼續探討的，則爲「左聯」人物的發展實況。

六十年來的「左聯」人物

「左聯」存在期間，包括各分盟和地方小組在內，陸續加入者達四九六人，連同發起人則爲五百餘位。他們的命運不一，已知者多以悲劇收場，魯迅、胡風、周揚堪稱代表人物。

身爲「左聯」的名義領袖，魯迅最後數年頗感自哀。他在怒答徐懋庸的攻擊後，另致楊霽雲的信中指出：「因爲不入協會，群仙就大布圍剿陣，徐懋庸也明知我不久之前，病得要死，卻雄赳赳首先打上門來也。……其實，寫這信的雖是他一個，卻代表著某一群，試一細讀，看那口氣，即可了然。」「某一群」即指「左聯」的黨團書記周揚等，魯迅明知周揚的身分爲中共所賦予，仍不惜與之絕裂，說明其不甘就範的性格。

一九三五年九月十二日，魯迅致函胡風，更透露被壓迫的情景：「一到裡面去，即醬在無聊的糾紛中，無聲無息。以我自己而論，總覺得縛了一條鐵索，有一個工頭背後用鞭子打我，無論我怎樣起勁的做，也是打，而我回頭去問自己的錯處時，他卻拱手客氣的說，我做得好極了，他和我感情好極了，今天天氣哈哈哈……。眞常常令我手足無措，我不敢對別人說關於我們的話，對於外國人，我避而不談，不得已時，就撒謊。你看這是怎樣的苦境？」所謂「裡面」指「左聯」，「工頭」即周揚。胡風曾問魯迅，三郎（蕭軍）應否加入「左聯」？魯迅在同函中明白表示，「現在不必進去」。他覺得還是外圍出了幾個新作家，有些新鮮的成績，加入後則像他一樣苦在其中。正由於「左聯」以文學為名，積極從事政治活動，盟員無法靜心寫作，致其成就在彼不在此。以魯迅本人而論，主要作品皆執筆於加入「左聯」之前，加入後則多為「雜感」。雜感較具鬥爭價值，較乏文學價值。魯迅被捧為「中國的高爾基」，盛名之下，後來似乎其實難副。

一九三六年春，中共為了「更好的促使文藝界抗日民族統一戰線的形成」，乃解散「左聯」。魯迅對此深表不滿，認為倘是同仁所決，方可謂之解散；若他人參加意見，那就是潰散，此事關係重大，他卻一無所聞。「潰散」之說顯示魯迅對中共政策的不悅，而非僅對執行者周揚動怒。中共本對魯迅尊而不親，此時連表面的尊敬也省略了。一九三六年五月四日，魯迅致函王冶秋時提到：「英雄們卻不絕的來打擊。近日這裡開作家協會，喊國防文學，我鑑於前車，沒有加入，而英雄們卻認此為破壞國家大計，甚至集會上宣布我的罪狀。我其實也眞的可以什麼也不做了，不做倒無罪。然而中國究竟也不是他們的，我也要住住，所以近來已作二文反擊，他們是空殼，大約不久就要銷聲匿跡的。」

周揚等人銷聲匿跡了嗎？魯迅立下「一個怨敵都不寬恕」的遺囑後，終在一九三六年十月十九日病逝，「國防文學」與「民族革命戰爭的大衆文學」之爭，因此暫停下來，但雙方的恩怨並未了結。當魯迅的遺體移至上海膠州路殯儀館時，中共的「文總」派人在附近散發傳單，指摘魯迅有錯。不久，魯迅的弟子胡風在葬禮上強調：「魯迅是被他的敵人逼死了的，我們要替他報仇。」繼承魯迅精神的胡風，後來果然指責周揚在文藝界的宗派統治，周揚則憑藉權勢鬥倒了胡風。世人有目共睹，魯迅加入「左聯」後，已使其文學創作停擺，晚年與共產青年的遭遇戰，更促其形體生命提前告終。魯迅後來享有中共的稱頌與紀念，不過說明「同路人的屍體是香的」，無法抵消他生前的雙重悲哀，也無法挽救其弟子的劫難。

一九二八年胡風赴日求學，加入共產黨和左傾的藝術學研究會，後爲「左聯」東京分盟負責人之一。一九三一年他短期返國，正式加入「左聯」。一九三三年回到上海，經馮雪峰介紹加盟魯迅系，受提攜擔任「左聯」常委。一九三五年底起，胡風爲了阿Q的典型問題，與周揚筆戰半年。周揚此時爲配合中共政治上的需要，提出「國防文學」的口號。魯迅與周揚原本不睦，便於一九三六年五月請胡風撰寫〈民大衆向文學要求什麼〉，提出「民族革命戰爭的大衆文學」口號，和周揚針鋒相對，引起「左聯」解散後兩個口號之爭。同年八月，魯迅發表〈答徐懋庸並關於抗日統一戰線問題〉萬言書，做爲對周揚系的總答覆。魯迅認爲胡風耿直，易於招怨，是可接近的，對周揚之類「輕易誣人的青年，反而懷疑以至憎惡起來了」。魯迅的評語，益使胡風成名。

一九四九年十月，中共政權成立，次月起何其芳、蕭三、周揚、林默涵就先後攻擊胡風。一九五二年底，林默涵和何其芳正式宣布其罪狀，包括拒絕中共和毛澤東思想的領導等。胡風此時不甘示弱，利用文藝幹部因《紅樓夢研究》事件被毛澤東指責的機會，向中共中央告御狀。他於一九五四年三月動筆，七月呈上兩次合計二、三十萬字的意見書，除爲自己和同伴伸冤外，還希望中共重新檢討文藝政策，撤換文藝官僚。胡風痛切指出，讀者和作家頭上被放下了五把刀子：1.共產主義世界觀，2.工農兵的生活，3.思想改造，4.只有過去的形式才算民族形式，5.題材能決定作品的價值。他的批評矛頭表面指向林默涵等，實際則指毛澤東，致觸後者的大怒。例如第三把刀子是思想改造問題，胡風認爲作家不必接受改造，此種觀點自與毛澤東的延安文藝講話背道而馳，其他各項亦然。

一九五五年一月，毛澤東決定親自出馬，公開胡風的意見書，並且展開批判。不久，胡風系所有人物都遭同時抄家，檔案資料也調到北京，毛澤東據此親撰按語，於五月十三日、二十四日和六月十日，分三次在《人民日報》公布〈關於胡風反革命集團的材料〉，指胡風的基本隊伍，「或是帝國主義國民黨的特務，或是托洛茨基分子，或是反動軍官，或是共產黨的叛徒，由這些人做骨幹，組成了一個暗藏在革命陣營裡的反革命派別，一個地下的獨立王國」。毛澤東這段御批，使胡風的苦難日益逼近，同年七月十六日他終於被捕。總結中共在文革前發動的歷次文藝整風，以胡風事件株連最廣，影響最大。一九五七年七月十八日的《人民日報》社論透露，胡風被捕後中共展開的肅反運動裡，共清查出八萬一千多名「反革命分子」，有一百三十多萬人交代了各種政治問題。

一九七九年一月十六日，胡風終於獲釋，此距其被捕已二十四年。一九八〇年三月底，他到北京就醫，正值「左聯」五十周年紀念的高潮，人們見到胡風，不免議論三十年代的是非功過，他由於憂慮，六月間精神病復發，出現了幻聽，有時深夜起來穿衣，說是要受審。十月間，海外來人在醫院和他見面，此時的胡風已是一名兩眼無神、口齒不清、涎水直流、衰頽不堪的精神病兼腦動脈硬化症患者。訪問尚未結束，胡風的心因病突發，眼神驟變，表情冷峻，用嘶啞的聲音趕走訪客，帶給衆人無窮的傷感，也爲其悲劇寫下漸終的篇章。

一九八五年六月八日，胡風與世長辭。死訊稍後登在《人民日報》體育版一角，短短兩行字的處理方式，說明中共有意淡化他的事蹟。他在垂暮之年，也頗以自己一生的道路爲苦，當兒子問及，妹妹的孩子要考大學，該報理工或文科？胡風連呼：「不報文科！不報文科！」此語實滲血淚，且不止一人的血淚，訴說了作家生命力的浪費，也透見了民族生命力的摧殘。胡風雖屬左翼作家，但在本質上不能忘懷廚川白村的創作觀：「忘卻名利，除去奴隸根性，從一切羈絆束縛下解放出來。」除了此種自由主義思想外，胡風的「精神奴役創傷論」，是傳統民族文化的否定者，但就他的「主觀戰鬥精神論」而言，則含有中國儒家的仁、誠之道。凡此觀點，自與扼殺自我、強調鬥爭的黨性文學大相逕庭。

周揚於一九三二年重新加入中共，稍後擔任「左聯」黨團書記、「文委」書記，兼任「文總」書記，並主編「左聯」的機關刊物《文學月報》，權傾一時，因黨同伐異，不遺餘力，被魯迅指爲「奴隸總管」。一九三七年秋，周揚到達延安，歷任陝甘寧邊區教育廳長、文協主任、魯迅藝術文學院院長、延安大學校長等職。一九四二年五月，毛澤東在延安文藝座談會上訓令，「還是雜文時代，還要魯迅筆法」的觀念，不適用於中共統治區，所以他雖設立「魯藝」，卻派魯迅的死敵周揚爲院長，在表面崇魯的背後，極力打壓其弟子延續下來的抗議精神。

周揚從此充當毛澤東的馬前卒，對衆多文藝工作者磨刀霍霍，包括一九四九年以前的王實味、蕭軍，一九四九年以後的孫瑜、俞平伯、胡風及其友人、丁玲、陳企霞、馮雪峰、吳祖光、秦兆陽、黃源，乃至其親密戰友徐懋庸。周揚藉此把寫信辱罵魯迅一事，說成徐懋庸的個人錯誤，與己無涉，這是滅口之舉。一九六四年六月，周揚又出賣了密友邵荃麟、夏衍、田漢，茅盾也受累而遭處分，但他本人終於難逃文化大革命的刼數，而於一九六六年被補，在牢中度過腳鐐手銬的長期歲月。

周揚在文革結束後出獄，一度沉默之後，擔任中國社會科學院副院長、社會科學院研究生院院長、第五屆全國政協常委、中共中央紀律檢查委員會常委、「文聯」副主席、「作協」副主席等職，發言曾被視爲代表新的官方，最後更升任「文聯」主席。一九八一年四月，他加入攻擊白樺的行列。一九八三年三月，他發表談異化的文章，批評到專制主義，令人耳目一新，結果成爲罪狀。鄧小平稍後即展開清除精神污染運動，胡喬木把握時機，當面指責周揚「反對黨中央」，並提醒他不要當靑年的尾巴。周揚表示當尾巴固然不對，當絆腳石更不光彩。但在胡喬木和鄧力群的輪番威脅哄騙下，周揚終於提出了「檢討」，從此身心狀況急轉直下，一九八四年患腦血管病入院治療，不久惡化到完全失去意識，靠藥物勉強維持生命，終在一九八九年七月三十一日去世。

周揚出獄時正好七十歲，囚徒生活使他得以自省，承認自己在錯誤路線的形成過程中，也有相當的責任。「在自己主管的範圍內，傷害過不少同志和戰友，使他們多年來得不到公正的待遇，失掉了爲黨爲人民工作的機會。想到這裡，自己心裡很不平靜」。他不止一次在公共場合表示，願向受到傷害的朋友及其家屬道歉，並親訪胡風、丁玲等，表達了晚年壯悔之意，凡此似可略滌早期的污垢。然而周揚的轉變，並不代表中共的轉變。恰恰相反，周揚因轉變而受中共處分，激發病變，以至於死。他成爲植物人後，中共又製造了方勵之事件、劉賓雁事件、王若望事件，以及反資產階級自由化運動等，終有一九八九年對青年學生和廣大人民的屠殺，周揚失去知覺，不聞上述慘事，不再多受刺激，可謂不幸之幸了。

「左聯」著名人物死於中共之手者，單就文革而言，至少就有田漢、錢杏邨、鄭伯奇、孟超、馮雪峰、王任叔、徐懋庸等。以馮雪峰爲例，三十年代前夕，他從內部慫恿其師魯迅轉向左翼陣營。「左聯」成立以後，又介紹胡風加盟魯迅系，儼然爲魯迅的代理人。一九五七年中共展開反右鬥爭，他被指爲「丁玲、陳企霞反黨集團」的重要人物，罪名包括資產階級個人主義的世界觀，以及修正主義的文藝思想等，結果被剝奪職業和黨籍，並下放勞動改造。文革期間，他更被送到湖北咸寧五七幹校挑糞，而於一九七六年一月三十一日死去。魯迅得意弟子，至此又弱一個，獨留其生哀死榮的幽靈，在中國大陸上空俯視著這些悲劇。

結論

中共在三十年代蘇區以外影響力的擴大，首功應歸「左聯」，因此六十周年紀念時，自然稱讚它的歷史貢獻，頌詞偏重於政治，亦屬可解之事。大陸少數檢討的文字則表示，認識「左聯」的方法必須多樣化，既不能重複那個完全政治標準的時代，前一段時間純從文學的角度看待「左聯」，也不利於學術研究的深入開展。舉例言之，「左聯」籌委會、常委會的人員組合，主要即非出於文學的考慮，而是對文藝有興趣的政治鬥爭者。依夏衍的自白，他在成為籌備委員前，「不是作家，也沒有寫過一篇作品」。「左聯」之奏效，若還原歷史因素，實得力於舉世的左傾狂潮，與中國的內憂外患，因此缺失固多，仍能產生影響，形成一個界碑。

「左聯」盟員現尚健在者，只有二十人左右。已死的五百餘人中，不乏悲劇的典型，例如魯迅。大體而言，中國士人可分兩類，一為儒林（經師），一為文苑（詞章），魯迅的成就在後者，但抱負在前者。他加入「左聯」，成為「革命的旗手」，固因大勢所趨，不甘孤立，但內心總有一份排除阻礙與黑暗的使命感。然而魯迅的「為人生」，是要「載自己的道」，並非「言他人之志」，所以不願受制於教條，造成晚年與中共幹部的格格不入。胡風師承魯迅，個性亦本相近，自不能倖免於難。

周揚遲至文革時也發現，所謂社會主義革命所反對的，正是他自己身上存在的東西。四十年代起，許多「左聯」人物身在延安，心在上海亭子間，亭子間雖窄，心情卻比較無羈，思想更可以脫韁，不似延安和中共入主後的北京，皆無自由可言。「左聯」當年雖有階級鬥爭的綱領，但對盟員的監控比較鬆弛，待毛澤東握有文網，灑向作家時就巨細靡遺了。周揚不能根除的自由主義思想，一如魯迅，造成晚年形體的惡化，卻換來世人對他的重新評價。六十年來「左聯」人物的發展，多已走向極權主義的對立面，這也不正是一種舉世的狂潮嗎？

79.11.中國大陸研究

中共的「魯迅崇拜」

前言

魯迅在世五十五載，辭世至今恰也五十五載，一九九一年九月二十五日是他的一百一十歲誕辰。二十四日上午，中共在北京中南海懷仁堂舉行紀念大會，與會者一千一百人，包括李鵬、李瑞環、胡喬木、王忍之、賀敬之、林默涵等，不乏六四後復出並活躍於文壇的官僚。大家聆聽了江澤民對魯迅精神的高度評價，以及「推而廣之」。中共的政治訴求與政策走向，由此清晰可見，五十五年來皆然，今年何能例外？

魯迅並非共產黨員，但在中共世界享有的歷史聲譽，可謂無與倫比，即毛澤東亦望塵莫及。毛澤東身兼中共的列寧與史達林，死後依官方的評價，前者的部分是開國有功，後者的部分是建國有過和文革有罪，因此有功有過，魯迅則有功無過。魯迅崇高的歷史地位，得力於他的文學成就，也得力於中共的政治需要，值得世人回顧往事，理解現狀，展望未來。

魯迅崇拜的歷史回顧

馬克思曾經表示，他不是馬克思主義者。其意當指生前即遭思想的扭曲，死後更無論矣。一九三六年十月十九日魯迅病逝上海，三天後中共中央委員會、中華蘇維埃人民共和國中央政府發出三則電報。第一則告全國同胞和全世界人士，稱魯迅爲中國文學革命的導師、思想界的權威、文壇上最偉大的巨星，並決定在全蘇區內：1.下半旗誌哀，在各地方和紅軍部隊中舉行追悼大會；2.設立魯迅文學獎金，基金拾萬元；3.改蘇維埃中央圖書館爲魯迅圖書館；4.蘇維埃中央政府所在地建立魯迅紀念碑；5.搜集魯迅遺著，翻印魯迅著作；6.募集魯迅號飛機基金。該電同時要求中國國民黨中央委員會和南京政府八事：1.魯迅遺體進行國葬，並付國史館列傳；2.改浙江省紹興縣爲魯迅縣；3.改北平大學爲魯迅大學；4.設立魯迅文學獎金，獎勵革命文學；5.設魯迅研究院，搜集魯迅遺著，出版《魯迅全集》；6.在上海、北平、南京、廣州、杭州建立魯迅銅像；7.魯迅家屬與先烈家屬同樣待遇；8.廢止魯迅生前一切禁止言論、出版自由的法令。

第二則電報致魯迅遺孀許廣平，稱魯迅爲最偉大的文學家，熱忱追求光明的導師，獻身於抗日救國的非凡領袖，共產主義蘇維埃運動的親愛戰友。「謹以至誠電唁，深信全國人民及優秀之文學家必能賡續魯迅先生之事業，與一切侵略者，壓迫勢力作殊死的鬥爭，以達到中國民族及其被壓迫的階級之民族和社會的徹底解放」。第三則電報致中國國民黨中央委員會與南京政府，稱魯迅對於中華民族功績之偉大，不亞於高爾基之於蘇聯，並重申前述八事。

這三則電報的諸多頌詞，如「思想界的權威」，魯迅若有知覺，恐欲迎還拒。他有筆如槍，擊向權威，從未明言自己要取而代之，中共的掌聲無異一種「捧殺」，實不利於魯迅的形象。至於其他贊詞，如抗日領袖與蘇維埃運動的戰友之類，魯迅可能亦感陌生。他以筆爲媒，旨在喚起國人，改造精神，此與梁啓超、孫中山、胡適諸先生相同，惟其以藝術的手法爲之，故別具吸引讀者的力量。魯迅並未留下多少抗日的文字，倒是他和日本友人的情誼深厚，傳頌至今。魯迅親愛蘇維埃運動的證據更嫌薄弱，晚年書信中透露的對手，卻多屬共產青年。生哀死榮的文學家不乏其人，但以魯迅最哀最榮。

「個性即命運」，魯迅晚年飽受共產青年的糾纏，其中不乏意氣之爭，也涉及創作自由的眷戀與設限。魯迅甘爲孺子牛，對於不知敬老的孺子，卻不惜與之決裂，內心百味雜陳，在私函裡表露無遺，胡風、楊霽雲、王冶秋等人，都收到既哀且怒的傾訴，說明他的不甘就範，也證實他與胡秋原先生的主張無異，自由主義一如人道主義，同爲三十年代作家的最愛，政治的訓令非魯迅所能長期服膺。他加入「中國左翼作家聯盟」的動機不一，其中當含排除黑暗的使命感在內，結果烏雲壓頂，非其所能長期忍受，自然要發出抗聲了。

一九三五年九月十二日，魯迅致函胡風，透露當時的心情：「一到裡面去，即醬在無聊的糾紛中，無聲無息。以我自己而論，總覺得縛了一條鐵索，有一個工頭背後用鞭子打我，無論我怎樣起勁的做，也是打，而我回頭去問自己的錯處時，他卻拱手客氣的說，我做得好極了，他和我感情好極了，今天天氣哈哈哈……。眞常常令我手足無措，我不敢對別人說關於我們的話，對於外國人，我避而不談，不得已時，就撒謊。你看這是怎樣的苦境？」所謂裡面指「左聯」，工頭即周揚。後因中共對魯迅的重視，使得周揚在魯迅百年誕辰時，終須公開認錯。

前述第二則電報並將民族解放和階級解放相提並論，此固違反馬克思主義，但有列寧主義的奧援。列寧將帝國主義與資本主義之間劃上等號，民族主義原本反帝，共產主義原本反資，如此代換的結果，民族解放運動和階級解放運動之間也劃上等號，實有利於共產黨的爭取人心。一九三五年七至八月，第三國際召開第七次世界代表大會，又通過了建立國際統一戰線的決議，指出在中國必須結合人民的反帝運動。中共代表王明於會中承認：「在共產黨方面，除了反對日本帝國主義的民族統一戰線這個策略而外，沒有其他的任何辦法能動員全體中國人民，去與日本帝國作神聖的民族革命戰爭。」因此，中共不久就改口爲「抗日救國」了。一九三五年九月一日，周恩來致函陳果夫和陳立夫先生，聲明中共要求停戰抗日的立場。一九三六年八月二十五日，中共發表致中國國民黨書，正式提出「抗日民族統一戰線」，凡此皆爲電報措詞的近因，亦顯見悼念魯迅與宣揚政令的結合。

毛澤東坐穩延安後，魯迅正式封神。一九三七年十月十九日，毛澤東在陝北公學演講，稱魯迅是中國的第一等聖人，思想、言論與行動「都是馬克思主義化的」。此說與史實不無距離，一個初步的共產主義知識分子應該具備那些條件？大陸內部後來探討及此，有人提出以下幾點：1.對馬克思主義最基本原理有初步的瞭解，2.相信共產主義，3.贊成俄國十月革命，4.主張暴力革命，5.承認無產階級專政，6.徹底的反帝反封建等。準此以觀，魯迅左傾以後仍非十足的馬克思主義者。他所以加入「左聯」，除了懷抱排除黑暗的使命感，主要是大勢所趨不甘孤立，而中共亦想方設法，投其所好，於是乃有魯迅的入盟。此外，按照他過去的說法，「為人生」既是改良社會，革命則是改革社會的積極和具體表現，當時他大約也存此念。周作人曾經指出，言他人之志即是載道，載自己的道亦是言志。由此看魯迅的「為人生」，實接近言志，與大部分左派的「為人生」是載道者不同，這是極細微的區別，但關係重大，所以他不願受教條約束。加之魯迅的抗爭精神亦無與倫比，拂其逆鱗者不論政治立場，皆須面對他的迎戰，其中包括中共幹部，後者以無產階級的先鋒隊自命，當時怎能想到，魯迅的思想、言論與行動「都是馬克思主義化的」？

一九四〇年一月，毛澤東提出「新民主主義論」，更指魯迅是共產主義文化新軍最偉大和最英勇的旗手。「魯迅是中國文化革命的主將，他不但是偉大的文學家，而且是偉大的思想家和偉大的革命家。魯迅的骨頭是最硬的，他沒有絲毫的奴顏和媚骨，這是殖民地半殖民地人民最可寶貴的性格。魯迅是在文化戰線上，代表全民族的大多數，向著敵人衝鋒陷陣的最正確、最勇敢、最堅決、最忠實、最熱忱的空前的民族英雄。魯迅的方向，就是中華民族新文化的方向」。此種空前的推崇，有其抗日民族統一戰線的背景，卻也產生了後遺症。

繼承了魯迅精神的三十年代作家，許多人身在延安，心卻在上海亭子間，亭子間雖窄，心情卻比較無羈，思想更可以脫韁。然而中共向以文藝爲鬥爭的工具，有了安身立命的據點後，就更強調文藝的武力說，且將其進一步政治化與教條化，無異標誌一個自由寫作時代的全盤結束。一九四二年五月，毛澤東爲了打壓在延安重現的上海精神，乃於文藝座談會上強調，「還是雜文時代，還是魯迅筆法」的觀念，不適用於中共統治區。所以他雖設立魯迅藝術文學院，卻派魯迅的死敵周揚爲院長，在表面崇魯的背後，極力扼殺其弟子延續下來的抗爭精神。

一九四九年以後，中共幾乎統治了整個大陸（西藏晚兩年才赤化），全區遂不適用魯迅筆法矣。於是，中共年年紀念已死的魯迅，又年年撲殺復活的魯迅，並行無礙。從胡風到劉賓雁，身上都流著魯迅的血液；從主觀戰鬥精神到第二種忠誠，也都接獲迎面的斧鉞。中共認定魯迅是歷史人物，只能扮演「古爲今用」的角色，替共產黨的政治服務。《人民日報》評論員爲江澤民的講話作註，直稱魯迅是中共最忠誠的同志和戰友，這就是魯迅的官方定位。胡風病瘋而死，劉賓雁亡命天涯，官方崇拜魯迅，雖然並陳於世。

四十多年來，大陸出現了數千名魯迅研究者，發表了數萬篇文字，出版了數百種專書，「魯迅學」恆爲顯學，形成大陸文壇的一個異數。一九五一年，魯迅著作編刊社就著手整理新版《魯迅全集》，至一九五八年出齊十卷，內有註釋五千八百餘條，近五十四萬字。一九七八年起，更新的全集開始編校，至一九八一年魯迅百年誕辰時出版，計十六卷，本文四百萬字，包括書信與日記，註釋則增加到二萬三千多條，達兩百萬字。「由於堅持了歷史唯物主義、調查研究、實事求是的精神，就使新註本在思想性和科學性方面都有提高」，中共如是說。値得一提的是註釋工作的主持者，正是教條派的胡喬木和林默涵。

魯迅崇拜的政治現實

一九八一年魯迅百年誕辰，時任中共總書記的胡耀邦在紀念大會上強調，魯迅和共產黨站在一起，直到生命的最後一息，他處於共產黨陣營和左翼文藝界的內部，「總是著重於團結起來，一致對敵」。此說是否禁得起史實的考驗，已廣爲人知。

一九九一年魯迅一百一十歲誕辰，現任中共總書記江澤民在紀念大會上擔綱。江澤民一如毛澤東以降的中共領袖，供奉魯迅在祭壇之上，又不時請回人間，解決疑難雜症。中共的問題堆積如山，魯迅的死靈魂也就不得安歇，長期在大陸的天空待命。此次獲派的主要任務，在充當反和平演變的門神。因爲「國際敵對勢力一天也沒有停止對我們進行和平演變，資產階級自由化則是他們進行和平演變的內應力量」，所以要用魯迅愛國主義的光輝典範，教育廣大幹部群衆和青少年。

依中共之見，愛國主義不是一種抽象的超時代、超階級的社會意識，而是一個歷史的、階級的範疇，在不同的歷史時期有著不同的歷史內容，不同的階級對它也有不同的理解。毛澤東指出：「愛國主義的具體內容，看在什麼樣的歷史條件之下來決定的。」中共認爲剝削階級的愛國主義，在某種特定條件下具有進步意義，但它是建立在生產資料私有制的基礎之上，因而常有很大的階級侷限性。無產階級的愛國主義是眞正的徹底的愛國主義，代表著本國人民和世界各族人民的共同利益。準此以觀，中共認可的愛國主義有其特殊定義，與世人所思者名同而實異。

中共長期以來由於統治的失敗，造成大陸人民對共產主義的遍失信仰，以及對共產黨的遍失信心。面對此類危機，中共只有提供愛國主義，企圖使大陸人民因愛中國，也連帶愛起中共來。一九八一年中共批判作家白樺，就直指其劇本《苦戀》違反愛國主義。其實，白樺只是違反愛共主義而已。無論如何，愛國主義已成爲大陸宣傳品中不可或缺的名詞。

一九八三年七月，中共中央宣傳部和書記處研究室，聯合推出關於加強愛國主義宣傳教育的意見，強調以下三點：1.在社會主義現代化建設的進程中，經常進行和加強愛國主義的宣傳教育，培養全體人民特別是青年的愛國主義精神，提高他們的愛國主義覺悟，是建設以共產主義爲核心的社會主義精神文明的一項要務，是宣傳教育和思想政治工作的一項基本內容。2.愛國主義是一個歷史範疇。在中國歷史發展的長河中，愛國主義的具體內容，愛國主義運動的具體形式、範圍、規模，推動愛國主義運動前進的社會力量，是隨著歷史條件和歷史階段的變化而發展的。3.愛國主義宣傳教育的內容、素材非常廣泛豐富，包括宣傳祖國新貌和建設成就、宣傳英雄人物和先進集體的模範事跡、宣傳成功的建設經驗、宣傳祖國的壯麗河山和名勝古跡、宣傳重大的歷史事件和著名的歷史人物、宣傳歷代傑出的文藝家及其作品、宣傳歷代傑出的科學家及其貢獻、宣傳歷代文物、宣傳各族人民對祖國的歷史貢獻、宣傳僑居國外的愛國者和世界各國的著名愛國者。由此可知，中共企圖將共產主義與愛國主義合而爲一，並與民族文化混同。

中共每次提出愛國主義，都因情勢所迫不得不然，所以也都帶有統戰的意味在內。六四事件後的一九九〇年五月三日，江澤民在北京青年紀念五四報告會上，宣稱在現階段，愛國主義的主要表現爲：獻身於建設和保衛社會主義現代化的事業，獻身於促進祖國統一的事業。鄧小平曾說：「中國人民有自己的民族自尊心和自豪感，以熱愛祖國、貢獻全部力量建設社會主義祖國爲最大光榮，以損害社會主義祖國利益、尊嚴和榮譽爲最大恥辱。」此種論調仍不脫愛共主義的企圖，江澤民則奉爲圭臬，且引爲反和平演變的利器，盼能吸引知識青年，忘卻前一年的鎭壓。然則，墨寫的謊言如何掩蓋血寫的事實？

於是，中共在一九九一年不斷重彈此調，試圖挽回人心。七月一日，江澤民在慶祝中共成立七十周年的大會上，首先歌頌「偉大、光榮、正確的黨」，繼而歌頌毛澤東是「中國共產黨和中國各族人民的偉大領袖，是偉大的馬克思主義者，是偉大的無產階級革命家、戰略家和理論家」，接著歌頌鄧小平是「捍衛、堅持和發展馬列主義、毛澤東思想的傑出代表」。這些文革時慣見的語言，重現於強調改革開放的今日，令人想起了托爾斯泰所說的「豪奴吆喝」。與愛國主義有關的講詞是：「統一戰線是我們黨團結一切可以團結的力量，不斷奪取革命和建設勝利的一大法寶。在社會主義現代化建設過程中，要繼續鞏固和擴大最廣泛的愛國統一戰線，調動一切積極因素，共同促進經濟和社會的發展，促進祖國統一大業的完成。」江澤民並不諱言，祖國統一的前提在中共取得勝利，至於臺灣如何獲致更佳的地位與前途，則非其所能計及。

中共近年深感反和平演變與愛國主義密不可分，皆爲燃眉之急，因爲「和平演變和資產階級自由化思潮，對我國的獨立和主權，對我們的建設和改革開放，構成現實的威脅」。其實，改革開放本身就是一種和平演變，但其重點在經濟層面，此種所謂鄧小平模式，是以資本主義的管理方法，推動社會主義經濟。十載以還，大陸的生產力因此而獲改善，人民的生活亦然。可惜中共在經濟上向右轉，政治上依然靠左行，從逮捕魏京生到北京屠殺，皆在鄧小平的訓令下爲之，十年經改的令譽也就毀於六四一旦。

中共在經濟上推行和平演變，在政治上抗拒和平演變，此實明顯違背馬克思的唯物史觀，可謂行不顧言。「世界潮流，浩浩蕩蕩，順之則昌，逆之則亡」，中共面對流遍全球的民主潮，卻編就《和平演變戰略的產生及其發展》等書，充爲反面教材，在大陸內部發行，用以證明確實存在一個針對中共的、「露骨而又險惡的」戰略，這股「國際壟斷資產階級敵對勢力」，它的盟主就是「美國統治集團」。中共強調鬥爭是必要和緊迫的，因此不可一時或忘，魯迅一百一十歲誕辰之前如此，之後自不例外。一九九一年十月一日中共慶祝「建國」四十二周年，十月十日中共紀念辛亥革命八十周年，也在高唱愛國主義之餘，表示絕不會屈服於任何壓力和困難，益證江澤民在紀念魯迅時的危言並非特例。亡黨亡國的「憂患意識」時繞中共領袖的心頭，爲了現實的利益，鬥爭勢必延續下去，魯迅一如其他歷史人物和事件，也將繼續出場，爲中共所用。

結論

崇拜原指對所信奉的超自然體加以尊崇和敬拜，是宗教的基本要素之一。按照不同的崇拜對象，可對不同的宗教加以分類，例如自然宗教有自然崇拜，部落宗教有圖騰崇拜，文明社會有偶像崇拜和神靈崇拜等。崇拜的目的主要在感恩和祈求，爲此而發展出各種儀式，以及主持這類儀式的專職人員，如祭司、僧侶等。

魯迅晚年成爲中共統戰的對象，但後者對他尊而不親，有時連表面的尊敬也無法維持，甚至使其形體生命提前告終。魯迅死後享有大量的稱頌與紀念，主要說明同路人的遺體是香的。他也物化成一個超自然體，享有偶像般的崇拜，主持儀式者則恆爲中共的黨政領袖，祈求他的死靈魂能夠有利於四項基本原則，尤其是共產黨領導。共產黨領導的道路越崎嶇，對魯迅的崇拜也就越不可或缺，於是，世人聽到了紀念大會上的政治語言，也看到了註解詳盡的《魯迅全集》。

但是，一樣看書，兩樣心情。魯迅的原著俱在，千千萬萬個讀者可能接受官方的強解？中共崇拜魯迅的最大後遺症，正是印出了他的全集，歷史的眞貌於焉彰顯，作者的抗爭精神也就表露無遺。「石在，火種是不會絕的」。是的，原典如石，抗爭的火種不會絕的，最後且將蔚爲燎原之姿，逼視那不義的政權。

賀敬之的道路

前言

一九九二年十月十八日，中共「十四大」閉幕，新的中央委員名單揭曉，賀敬之不在其中。一九八九年的六四事件後，文化部長王蒙解職，賀敬之取而代之，並仍兼任中央宣傳部副部長，中宣部正是文化部的上司。代理文化部長期間，他與中宣部長王忍之重新走上極左路線，遂令大陸文化界對此二人，或「敬而遠之」，或「痛而忍之」。如今，兩人在此次差額選舉中，同時失去原有的中央委員職位，似可說明人心之取向。

賀敬之是忠誠的共產黨員，論者甚至指爲愚忠。共產黨常謂「道路是曲折的，前途是光明的」，此語現已不盡適用於賀敬之。然而他從棗莊到延安，再從延安到北京，及至近年的仕途有礙，可視爲部分中共幹部的縮影，因此値得重現來時路，剖其心態，以概其餘。

從棗莊到延安

一九二四年十一月五日，賀敬之誕生於山東省嶧縣，該地今屬棗莊市。他出身貧農之家，正合中共的標準。童年靠親戚協助，在私立小學讀書。十三歲入滋陽縣的鄉村師範學校，不久抗戰軍興，遂流亡湖北，就學於國立中學。十五歲赴四川，開始習作。十六歲到延安，決定了一生的方向。

一九四〇年夏，賀敬之到延安，先入自然科學院中學部，後考進魯迅藝術文學院文學系。這所簡稱「魯藝」的學校，成立於一九三八年，另設戲劇、音樂、美術等系，以及研究室和實驗話劇團。領導人周揚，正是魯迅的怨敵，已爲衆所周知，堪稱歷史的嘲諷。

賀敬之在赴延安途中，有詩歌〈躍進〉四首，記錄投奔「革命聖地」的心情，曾被胡風選入詩集《我是初來的》。稍後，他又寫下〈並沒有冬天〉，抒發初到延安的感受。凡此，可視爲其「政治文學」的濫觴。

一九四一年，十七歲的賀敬之加入中國共產黨，此後的詩作如各種傳記同述，「深刻揭露了舊社會的黑暗，憤怒控訴了反動統治階級剝削壓迫勞動人民的罪行」。稍早的一九四〇年，河北省西北部晉察冀邊區盛傳，一名被地主迫害的農村少女隻身逃入深山，靠偷取廟中供果爲生，洞中生活多年後，全身毛髮變白，附近村民稱爲「白毛仙姑」。八路軍來到後，把她救出山洞。西北戰地服務團的邵子南，一九四四年把劇本的草稿帶至延安。一九四五年一至四月，「魯藝」師生集體討論，賀敬之、丁毅執筆，創作了歌劇《白毛女》。

一九四五年四月，《白毛女》在延安公演。此後，該劇在晉察冀、晉冀魯豫、東北解放區相繼演出。一九四六年，賀敬之等在張家口大幅修改劇本，將六幕原本改爲五幕。一九四七年和一九四九年，又在東北與北京修改。一九五二年，修改本由北京人民文學出版社推出，賀敬之也因該劇享名近半世紀。

起初，有人認爲這個故事可以當做「破除迷信」的題材來寫，但賀敬之等決定，要以此傳奇爲基礎，「表現兩個社會的不同對照，表現人民的翻身」。因此，該劇的主題終於成爲這兩句：舊社會把人逼成鬼，新社會把鬼變成人。指導思想既定，主人翁喜兒在遭到地主黃世仁的連續迫害後，放下她的天眞無邪，帶著強烈的復仇願望上山，把「萬恨千仇，千仇萬恨」牢記在心，展示了階級鬥爭的意志。馬克思的階級鬥爭發生於工人與資本家之間，《白毛女》則定位於農民與地主之間，以符中國的現實，而利號召最大宗的人口。

《白毛女》被封爲第一部革命現實主義的新歌劇，經馬可、張魯、瞿維等譜曲後，一九四五年四月在中共「七大」的代表面前首演，獲得毛澤東、周恩來等人的充分肯定。此後，《劉胡蘭》、《王秀鸞》、《赤葉河》等新歌劇相繼問世，可謂受其帶動。一九四九年以後，電影、京劇、川劇、滬劇、芭蕾舞劇的《白毛女》紛紛推出，且在捷克、印度、蘇聯、日本等國上演。一九五一年，該劇獲史達林文學獎金二等獎，而為賀敬之所樂道。

《白毛女》是毛澤東文藝政策下的產品。一九四二年五月，毛澤東在延安文藝座談會上發表引言與結論，強調文藝是整個共產革命機器的一部分，也是團結和教育人民、打擊和消滅敵人的有力武器。為達此目的，首先要瞭解熟悉工農兵。同時，文藝必須為政治服務，製造矛盾和鬥爭的典型化。凡此皆為賀敬之所服膺，也使他名利雙收。延安時期，他還發表過歌詞《南泥灣》、《紅五月》、以及秧歌劇《栽樹》、《周子山》等。秧歌古已有之，中共則充分利用，黃震遐先生稱之為「秧歌王朝」，亦可旁證文藝的力量。

抗戰勝利後，賀敬之隨文藝工作團到華北，在聯合大學文藝學院工作。國共內戰期間，他參加過土改，也投身青淪戰役，立功受獎。一九四九年，他來到北京，逐漸步入仕途。

從延安到北京

一九四九年四月，賀敬之當選新民主主義青年團的第一屆中央委員。七月，他參加第一次全國文學藝術工作者代表大會，與其餘八百二十三名代表聆聽了毛澤東、朱德、周恩來的訓示。後者強調文藝工作者要表現新時代，就必須高舉毛澤東思想的旗幟，貫徹文藝爲工農兵服務的方向。與會者也紛紛表態，謂毛澤東《在延安文藝座談會上的講話》雖是七年前的指示，現仍完全正確和適用，是今後大家實踐的方向。大會在向毛澤東致敬後閉幕，宣言中重申其文藝方針的卓越，並矢志繼續遵辦。果然，賀敬之日後奉行不渝。

一九四九年七月，賀敬之獲選爲中國戲劇家協會理事。同年底，任職於中央戲劇學院創作室。一九五二年一月，《劇本》創刊，他兼任編輯。一九五三年十月，當選爲中國作家協會理事。一九五四年十二月，出席中（共）蘇友好協會第二屆全國代表大會。一九五七月一月，《詩刊》創刊，擔任編委。一九六二年十二月，任中國戲劇家協會書記。一九六四至一九六六年，任《人民日報》文藝部副主任。

五十年代起，賀敬之發表了大量詩篇，歌頌當局和英雄人物。一九五六年他重返延安，借鑑陝北民歌〈信天游〉的格式，寫下熱情有餘的〈回延安〉。同年，他又發表〈放聲歌唱〉，爲中共的「八大」歡呼。該詩連同〈三門峽歌〉等，於一九六一年結爲《放歌集》。一九六三年，他推出《雷鋒之歌》，又爲當令之作。從四十年代起，他集「憤怒詩人」與「歌德派」於一身，心之所思，筆之所寫，極少脫離政治。中共肯定其作品之餘，亦直指爲政治抒情詩。

一九六六年文革爆發，賀敬之與妻子柯岩同遭批鬥，關進「牛棚」。柯岩設法脫身後，帶領家人張貼大字報，強調「賀敬之不是反革命」、「賀敬之是好同志」。此後，他被押到煉鋼廠，監督勞動改造，直至四人幫覆滅。柯岩是王震的乾女兒，在重視親情的中國官場，此甚有助於賀敬之的仕途。眞正的歌德在《浮士德》中讚道：「永恆的女性，引我們上升。」賀敬之夫以妻貴，使歌德此句獲一別解。

一九七九年四月五日，賀敬之寫下長詩〈中國的十月〉，又是憤怒與謳歌的交錯，首尾如下：

> 一九七六年，中國的十月。歷史的巨筆，將這樣書寫：無產階級革命的又一偉大戰役，爲眞理而鬥爭——新的光輝一頁！
>
> 任妖魔善變，任道路曲折——馬列必勝。人民不朽。眞理不滅。這就是一九七六年十月戰役的偉大總結。我們的黨呵大有希望！社會主義大有希望！這就是今日的中國又一次這樣回答今日的世界！

由此可知，賀敬之和若干復出的老幹部一樣，在與四人幫爭奪馬列主義的正統，揮舞著相同的無產階級革命紅旗，也都自稱代表人民，是眞理的化身。他們與四人幫勢不兩立，背後卻有一個共同的毛澤東。

一九七八年一月十九日，賀敬之已以文化部副部長的身分，會見羅馬尼亞劇作家。一九七九年，山東人民出版社推出《賀敬之詩選》，依時序分為五輯，從一九四○年到一九七七年，從〈躍進〉到〈八一之歌〉，處處表現了他的政治激情。同年十一月，兼任第三屆中國作家協會副主席，益見其影響力。

八十年代伊始，賀敬之的權力又見擴大。一九八○年七月，他兼任中宣部副部長，身跨黨政兩界。一九八二年五月，文化部精簡，卸除副部長職，但中宣部的工作未受影響，九月更補選為第十二屆中共中央委員。一九八四年，他投身於清除精神污染運動，打擊青年作家甚力，但也遭到反彈。

一九八五年一月，「作協」舉行全國代表大會，結果賀敬之失去副主席的位子，甚至連理事亦告落選。當選常務副主席的王蒙，從此與賀敬之角逐權力，形同水火。一九八六年四月，王蒙獲任文化部長。一九八七年一月，胡耀邦因「反自由化」不力，被迫辭去總書記職務，王震在倒胡事件中寶刀未老，賀敬之再度抬頭，於該年十一月的中共「十三大」上，連任中央委員。

一九八九年八月初，王蒙因同情學生運動，被中共撤去文化部黨組書記職位，遺缺由賀敬之接任。同月底，國務院提請「人大」常委會，免去王蒙的文化部長職位，同時任命賀敬之為文化部副部長，代理部長。至此，賀敬之成為六四事件的受益者，在數以千計的青年倒下後，他爬上權力的又一高點。

九十年代的升沉

九十年代是賀敬之的豐收期，他得意官場，發號司令，言必稱毛，令人有置身延安之感。但不過三年，卻走向漸隱之路，顯示了宦海的無情。

一九九〇年一月，中共爲涿州會議翻案。該會經中宣部指導，由《紅旗》文藝部、《光明日報》文藝部、《文藝理論與批評》編輯部合辦，於一九八七年四月六日至十二日，在河北涿州舉行，與會者包括賀敬之等一百二十人，會中研讀該年春中共發出的文件，即鎮壓一九八六年學生運動的「堅持四項基本原則，反對資產階級自由化」，同時展開組稿工作。稍後的五月十三日，趙紫陽則在宣傳、理論、新聞和黨校幹部的千人大會上講話，把反自由化改爲反左，成爲「文藝界資產階級自由化思潮最大的保護傘」。六四事件後，趙紫陽全面解除職務，當局「平反」涿州會議時，強調對於自由化思潮，任何時候都不能手軟，不僅要抓，還要一抓到底。此說襲自鄧小平接見北京戒嚴部隊軍以上幹部時的講話，文藝自由成爲夢幻泡影。

一九九〇年五月二十一日和二十二日，近六百名文藝工作者聚集北京人民大會堂，參加由延安文藝學會等單位聯合發起的研討會，紀念毛澤東《延安文藝講話》發表四十八周年。與會者稱頌這篇講話是「科學的論著」，發展了馬列主義的文藝觀和美學觀。「就文藝領域內一手抓整頓，一手抓繁榮，沿著『講話』的正確道路，端正文藝方向，整頓文藝隊伍，深入開展反對資產階級自由化的教育和鬥爭，是我們會議必須議論的課題」。延安文藝講話造成萬馬齊瘖，百花凋零，甚至千萬人頭落地，如今中共又奉爲圭臬。「一手抓整頓，一手抓繁榮」，賀敬之在同年十月九日仍彈此調，但他也承認，此種兩面手法有許多困難。「眼前無路想回頭」，中共文藝政策的回頭路，卻見殘陽似血。

一九九一年三月一日和十六日，賀敬之在中共中央的《求是》半月刊上，長文專論建設有中國特色的社會主義文化，提出的工作指標，不外堅持馬列主義和毛澤東思想、加強和改善黨對文化工作的領導、堅持文化爲人民和社會主義服務、堅持百家爭鳴與百花齊放的方針、建設一支又紅又專的文化工作隊伍等，可謂了無新意，而他不厭其煩，再三彈唱，似可證聽者之藐藐。

一九九一年九月七日，賀敬之出席全國對外文化交流工作會議，指示文藝界要增強抵禦和防止和平演變的能力。衆所周知，中共在經濟上推行和平演變，在政治和文化上則抗拒和平演變，此實明顯違反馬克思的唯物史觀，而爲馬列主義的信徒所不顧。隨著鄧小平經濟改革的呼聲日高，賀敬之的權位也產生微妙的變化。

一九九二年大陸文壇的一大問號，就是賀敬之會不會下臺？三月七日，中共消息人士指出，賀敬之最近被鄧小平點名批判後，已經提出辭呈。鄧小平在內部會議中譴責他身兼中宣部副部長，卻未能適當宣傳經濟改革的計畫。三月十日，賀敬之已成爲文化部的代表，將出席十月召開的中共「十四大」。自二月中旬以來，各部會開始推選代表，王蒙在文化部高票領先，但遭賀敬之變更除名。三月十三日，北京歐洲外交人士指出，賀敬之原定四月出訪葡萄牙、西班牙與義大利，現在稱病取消行程。三月十四日，在列席即將召開的七屆「人大」五次會議各部會名單中，獨漏文化部。接替賀敬之的人選，此時以胡啓立的呼聲較高。三月十九日，「人大」新聞發言人姚廣指出，賀敬之因爲身體不佳，本屆會議業已請假。三月二十二日，傳出賀敬之請辭代部長一職，經逐級呈報至總書記江澤民，均未在辭呈上慰留。

一九九二年四月七日，鄧小平已下令清查反改革者的勢力，中央紀律委員會派人進駐文化部。四月八日，香港《明報》透露，賀敬之曾在河北易縣召開三天會議，決定就鄧小平的南巡講話，採取「針鋒相對，寸土不讓」的八字方針。與會者包括中宣部文藝局李准、《文藝報》主編鄭伯農、中國藝術研究院院長李希凡、中國劇作家協會黨組書記趙尋、《中流》雜誌主編徐非光、《中國文化報》主編馬長安、《人民日報》文藝部主編丁振海、《光明日報》文藝部張常海等。四月十六日，以中紀委副書記李鎭平、中宣部副部長劉忠德爲首的調查組，已正式進駐文化部，調查賀敬之等。王蒙也寫就萬言書，揭發賀敬之策畫「文藝報事件」，以及召開「黑會」。

一九九二年五月十二日，中共消息人士指出，在改革派和保守派的妥協下，賀敬之近期不會下臺。爲免影響過鉅，中共高層已決定，在「十四大」前後再處理這些人事問題。九月十二日，日本《讀賣新聞》報導，賀敬之將在「十四大」後，辭去文化部代部長和中宣部副部長等職。十月七日，中共中央已任命鄭必堅為中宣部副部長，劉忠德為文化部副部長，前者的排名僅次於王忍之，後者的排名僅次於賀敬之。至此，賀敬之承受的壓力日深。十月十八日，「十四大」結束，也結束了他的中央委員職位。十一月上旬，劉忠德接任文化部長的呼聲日高。

賀敬之得以代理文化部長，曾獲鄧小平的首肯，他強調要在文藝領域內反對自由化，也是鄧小平的主張。然而，「狡兔死，走狗烹；飛鳥盡，良弓藏」，一片改革開放聲中，鄧小平固仍同時反自由化與反和平演變，但目前的重點在彼不在此，且六四事件的復原工作暫告一段落，趁勢而起的賀敬之等人，宜乎「功成身退」了。

結論

賀敬之自幼至今，除了抗戰期間短暫的國統區經驗，幾乎都生活在中共世界裡，既沒有其鄉長高魁元先生的黃埔歲月，也沒有其恩師周揚的上海閱歷。高先生畢生反共，周揚晚年壯悔，凡此皆非其所能想像。他的世界觀來自馬列，中國觀來自中共。對他而言，中共即中國，中國即中共，因此只有一種政治立場，本此立場寫詩撰文，以直露的語言，表達思想與情感，如是而已。詩文的含蓄之美，恐非其所能欣賞。

賀敬之的吶喊作品，略近創造社時代的郭沫若，而才情遠遜之。但有一事，他走在郭沫若的前頭。早在一九四一年九月，他就歌頌〈另一個太陽〉：

爲啥如今光景比往年好？
不是天差神佑保，
因爲有了毛澤東——
溫暖的太陽在心頭。
毛主席比太陽更溫暖，
他比那太陽更長久。
張三拉了泥菩薩的架，
灶君神扔到火裡頭！

此詩較郭沫若的「兩個太陽」說，不僅推出得早，而且更見揄揚。共產黨原本反對宗教，指爲人民的鴉片，必欲除之而後快，結果卻塑其領袖爲新神，香火旺於從前。文學在其領袖心中，向爲政治的利器，部分作家遂發揮歌功頌德的長才，爲文學史平添弄臣的篇章，「外慚清議」之說，又非其所能計及。

如今，賀敬之走向政治的尾途，大陸懷念毛澤東的文字依然層出，不讓其作品專美於前，

〈小平，你好〉之類的詩篇更大量湧現，成爲媒體的新歡。世上沒有全同的兩個人，鄧小平自然不是毛澤東，二者有不同的利益，其堅持共產黨領導則一，視文藝爲權力的工具亦無二致。世人可以忘卻天安門廣場上的血，也可以想像大陸人民現在的笑——只要我們放棄文學，容忍新的豪奴吆喝，歌功頌德。準此以觀，賀敬之近年的仕路不平，雖然引人注目，愛好自由的注目者卻不必喜形於色。舊世紀漸終，新世紀將臨，如何讓文學的道路上花繁葉茂，園丁與遊客兩皆稱便，不受政治的巨石阻擋，是我們解讀「賀敬之現象」後，必須面對的嚴肅課題。

81.12 中國大陸研究

第八輯

父親的回憶錄

民國七十七年十一月十四日，父親在撰寫回憶錄時倒下，帶給我此生最大的哀傷，始終不能復原。父親素稱體健，偶有病痛，總可迎刃而解，久之我們也習以爲常，不想致命的心臟病一朝襲來，打得我不振至今。我在追悔莫及中，哭著抹上父親的眼，請他瞑目，莫再凝視我的不孝。三十多年來，我受惠於父親的，豈止是生命與生活？些許的風格與榮譽，亦拜父親所賜。我報答父親的，卻是讓他留下飽滿的智慧，至佳的記憶，以及最後的清淚，絕塵而去！

父親還留下回憶錄，成爲畢生唯一未竟之作。我自幼以來，長期目睹父親的役苦，記憶中的背影，以伏案寫作爲大宗。我清晨起身，中午返家，深夜歸來，恆見他與時間競賽，奮力相搏。父親少小離家，在國難中求學與工作，艱辛的歷程非我所能想像，壯歲以後日日與文字纏鬥，我視爲苦役，父親則甘之如飴。他以此延續生命，卻付出了燃燒生命的代價。

父親辭世前，我以節勞相勸，他笑謂能思能寫，就能長壽。我想到曾師虛白和胡師秋原的佳例，不無釋懷，二師至今筆力猶健，實大可賀，我卻在瞬間失去了父親！八十三歲算不算長壽？父親何等曠達，最後湧出淸淚，除了不捨親友，或亦掛念未竟之作吧。

面對父親的遺篇，思及他布衣粗食，一無所求，只盼借到更多的餘生，完成自己的著作。這麼單純的願望，我卻未助一臂之力，大慟之後，又徒擁哀傷，一籌莫展。這樣的人子，還坐享虛名，眞不知如何立足於天地之間。我在精神恍惚中度日，想起馬叔禮兄的來信所言，「父喪如天崩」。崩裂的天，怎麼修補呢？

幸而家叔文湘公聞訊，毅然負起續完的重任，了卻大家的心願。文湘公根據父親的散稿，參考相關資料，加上追隨多年的體驗，在數載的努力下，終使本書完整問世，從父親的童年起，寫到退休生活，個中章節皆爲原訂，內容則收踵事增華之效。父親的天靈有知，必然欣慰不已，存歿俱感四字，如今應獲最好的印證。

三民書局兼東大圖書公司的主人劉振強先生，是我最敬佩的出版家，也是本書的催生者。近三十年來，劉先生眼見父親如此勤奮，力勸退休後撰寫回憶錄，爲靑年朋友留下一個榜樣。如今，本書正式呈現在讀者面前，我深深感激上述各長輩，也確信父親的生命業已延續，連同他的其餘著作，逐步走向二十一世紀。

82.3.15.中央副刊

父親的著作

父親辭世五年了，展讀遺著，父親依然活著。

我還沒有找齊父親的作品。最近孫起明兄持贈一書，令我喜出望外。這本《三民主義哲學思想之基礎》，成於民國二十九年，是父親的第一本著作。抗戰時的克難紙張，如今早已泛黃，我的眼中卻見鮮亮。那年，父親三十五歲，任教於昆明的同濟大學。

父親在自序首段中指出，「馬克思主義的洪流，氾濫於世界；法西斯蒂的火燄，照射著全球。前者以新唯物論相標榜，後者以新唯心論作護符。漂蕩在心物兩思潮激湍中的中國人，何去何從，倒是一個值得研究的問題」。友人說我爲文喜好對仗，看來得自父親的眞傳。此後近五十年，父親寫了四十部書，外加一千篇文章，字字皆辛苦。這樣的成績，我輩窮其一生固不可得，減半也算是異數了。

人壽有限，文章無窮，這是父親寫作的最大動力。因此，他寫到最後一天方休。父親英俊瀟脫，晚年方見發福，在他有生之年，家中並無冷氣，夏日揮汗執筆，背心一日換上半打，爲此他還和母親搶著洗衣呢。父親的書不乏暢銷者，卻領不到版稅，極其有限的稿費，都拿來支付我們兄弟姊妹在海內外的學費了。母親後來說，我們累死了父親。啊，不孝的人子，但見父親的筆力剛健，誰知瞬間便油盡燈枯！

五年來，我們已逐漸披露父親尚未發表的作品，並整理出版，包括回憶錄與哲學著作等。回憶錄中提及，除了首著的《三民主義哲學思想之基礎》外，另著《總理總裁的哲學思想》、《三民主義哲學》、《革命哲學》、《中國近代哲學史》、《三民主義的哲學體系》、《哲學概論》、《中國哲學史》等書，最後的力著《蔣公哲學思想與中西哲學》，現已排版，就待我校對了。凡此說明父親的主要領域在哲學，世人多知他撰寫的《國父思想》，卻未見背後那個廣闊的天地。哲學，是父親的最愛。

是的，容我在此更動李白的一字：古來聖賢皆寂寞，唯有作者留其名。著書立說，苦人做的苦事，享福的人雅不欲爲，但不過數十年，名與身往往俱滅了，留下了什麼？父親留下了著作，將跨躍世紀，活在字裡行間，我心深處！

82.8.國魂

關於《胡秋原選集》

我久思爲秋原師編一套選集，今始如願，遲來的喜悅湧現於心，有不能已於言者。

秋原師以一支健筆，馳騁中國思想界六十餘年，歷久不衰。早在民國十八年春，梁啓超先生辭世之際，秋原師尚未弱冠，即已獻力於文字，三年後投身文藝自由論辯，更聲動全國。一甲子以還，其著作早逾千萬言，譽爲梁先生後第一人，當能邀多數史家的首肯。

秋原師於學無所不涉，「一事不知，儒者之恥」的古訓，在二十世紀之今日猶能力行者，恐不多見，秋原師即占其中的鰲頭。民國六十九年端陽節，其七十壽辰的祝賀會上，已展出著作一百二十三種，十餘年來更增多冊，展現了龍馬精神。

秋原師的凡百學問，以文學啓其端，本選集第一卷爲《文學與歷史》，自有根據。更精確的說法是，其青年時代離開自然科學後，經由文學進入史學，終以後者的成就最爲人知。第一卷收入《我的文藝觀》和《我研究歷史之由來、經過、結果》，當有助讀者理解其文史歷程。

本選集第二卷爲《哲學與思想》，亦歸納了秋原師的學問重點。其中《我的哲學簡述》有謂，重建中國的根本之道，在超越傳統主義、西化主義、俄化主義，前進創造中國新文化。如何超越前進？首先，要激發國人獨立自尊的志氣，解除人格殖民地化的卑屈心理，本知性精誠，求學問的自立，因此提倡人格尊嚴、民族尊嚴、學問尊嚴。其次，依學問的方法、人類生命與文化的價值從事研究，對中國文化進行正當的因革損益。

秋原師由哲學研究建立了人生觀，也依據人生觀著書立說，盡其對天地、歷史、民族、祖先、父母、師長和後世的責任。這個責任何其重大，遂令耄耋之齡的秋原師，爭分競秒，未曾小休，我在父親身上，也看到同樣的光景。三十年代的讀書種子，臺灣已經絕無僅有了。

有感於此，我在秋原師浩如煙海的文字中，選出五十餘萬言，成爲一套學術精華錄，重現其震撼人心的光輝。秋原師一如梁先生，筆鋒常帶感情，感情的主要對象則爲國族。國族有難，伸手援之，提筆救之，秋原師又如兩千五百年前的孔子，知其不可而爲之。我在逐字校讀中，窺見一位學問家對國族的熱愛、憂心與祝願，這是一種「全燃燒」！誠盼更多的讀者，有感於秋原師的大塊文章後，加入愛國敬學的行列，共爲三大尊嚴而努力。

本選集得以問世，最要感激劉振強先生，以及許多小姐先生，他們對學術的敬重，造就了兩岸第一的出版地位。滄海叢刊也必將因本選集，更添跨世紀的口碑。

82.11.1.中央副刊

向陽花開

——《副刊學的理論基礎建構》讀後

我在大學擔任「副刊與文藝」的課程有年，每苦於教材的短缺。副刊原本偏向實務，歷年的主編似又無暇撰寫相關著作，所以誠如向陽先生指出，副刊學其實尚未誕生。如今向陽花開，在《聯合文學》九十六期爲我們拋出了這塊玉，帶給我遲來的喜悅。

向陽先生的大作，爲副刊學添增若干理論，誠屬不易。正因副刊學尚未問世，沒有前例可循，所以理論的原型多來自外國，但也不乏創見的吉光，爲有志研究者開窗闢戶，顯現其學養與苦心。

向陽先生對七十年代以後臺灣副刊的巨變，投以精細的描述，並比較《聯合副刊》和《人間副刊》，說明詩人出身的瘂弦先生和新聞系出身的高信疆先生，兩位編輯理念的異同，藉以凸顯副刊理論的建構，有助我們重睹中國副刊史的亮色，正視兩位健者深深的足印。誠如瘂弦先生所言，副刊編者具有文學人、新聞人和社會人三種角色。當今臺灣副刊的風貌互異，但大體不脫文學、新聞、社會三種特質，可謂異中有同。我個人認爲，兩刊在意識形態上並無對立，高信疆先生的編輯三原則：擁抱臺灣、熱愛中國、胸懷天下，同爲瘂弦先生所服膺。大家殊途同歸，經之營之，遂使魯殿靈光，重現東海之濱。

向陽先生指出，八十年代臺灣本土意識勃興，爲若干副刊注入了新貌。的確，中國知識分子的目光，最後總是回到鄉土，這是一個可貴的傳統。我想請教的是，臺灣文化是否必須和中國文化對立？美國獨立，不廢英文；日本獨立，不廢漢字，都有助兩國的強盛。美國詩人龐德羨慕中國人，生來就有如此豐富的遺產，不像美國歷史這般淺短。他曾有志歸化英國，只因英國的文學遺產遠較厚實。以向陽先生的智慧，想必不反對臺灣文化與中國文化的相得益彰。

我還想請教向陽先生，從五十年代到六十年代的臺灣文學和副刊眞貌，果如若干人士所說的那樣不堪？五十年代後期起，我已是《中央副刊》每天的讀者，在這份執政黨辦的報紙上，讀到鍾肇政先生情感眞摯的小說，以及許達然先生嚮往遠方的散文，回味至今。《中央副刊》當時在孫如陵先生主持下，直承五四運動後《晨報副刊》孫伏園先生的風格，注重作品的文學價值，阻擋政治的教條干擾，培養了不分省籍的無數作家，當今海內外的文壇重鎮，率多出身於《中央副刊》者，這是無庸諱言的。向陽先生以「荒蕪」形容五十和六十年代的臺灣副刊，絕口不提《中副》和其他刊物的勝景，恐非鍾肇政先生等前輩作家所能首肯。

我在感念向陽先生撰文的辛勞之餘，呼籲學術界或文藝界，認眞考慮籌辦「臺灣五十、六十年代文學研討會」，以客觀的立場，開闊的心胸，全面還原這頁似遠猶近的歷史，讓久違的花，重開！

81.12.聯合文學

讀介《中國的古拉格》

一九九二年堪稱吳弘達先生的豐收年，中、英文的專書分別出版，勞改基金會（The Laogai Research Foundation）也在美國加州成立，他是執行主任。該會的沉痛公告，恰爲兩本專書的縮寫：

四十年前，中共設立了勞改隊。勞改隊是中共實行暴力專政的工具，勞改隊是中共專制統治的基石之一。

千萬人禁錮在勞改隊中，其中有所謂的現行反革命分子、階級異己分子、反黨反社會主義分子、宗教人士、歷史反革命分子，以及天安門事件中的民運人士。他們被迫按照中共的政治要求「改造思想」，被迫放棄政治觀點和宗教信仰。他們在飢餓及刑罰的情況下被強迫勞動。勞改產品銷售到國內及國外的市場上，爲中共政權獲取巨額利潤。

吳先生寫《中國的古拉格》，舉目當世，可謂不做第二人想。十九年的勞改經驗，獲得自由後的勤奮蒐證，以及重返地獄的認眞探訪，成就了兩本專書的紮實內容。兩書的正文大抵相同，第一章爲概述，第二章爲判刑勞改，第三章爲勞動教養，第四章爲強制就業，第五章爲勞改近況。兩書的附錄略有不同，都極具參考價值，其中勞改隊名單及各省市自治區的勞改隊分布圖，在中文版中厚逾百頁，計九九五個，但仍僅及實際總數的三分之一至五分之一，則勞改隊的大觀可以想見，大陸人民的苦難亦可透知。時至今日，隊中尚有一千二百萬至一千六百萬人，兩書爲他們而寫，自非中共所樂見。

人類對本身的所作所爲，總有辦法自圓其說。擁有龐大宣傳工具的中共，更千方百計美化勞改，說成合情合理合法，既改造了人，又創造了財富。中共充分肯定勞改，因此有如下的認知：勞改不僅受到人民群衆的支持和讚揚，也爲國際法律界人士所交口稱譽，認爲「中國改造犯人的制度是最好的制度」、「是令人欽羨的刑罰制度」，「取得了完全的成功」，「全世界都應該效法」，甚至認爲勞改的成就是「人間奇蹟」。

此類文字固然令人感慨，但並非無前例可循。史達林統治下的蘇聯，曾被西方作家描繪成一片樂土；文化大革命推出後，費正清更指爲中國三百年來最好的一件事。必待史達林遭到鞭屍，四人幫被迫下臺，西方人士大夢初醒，才見改口。如今中共挾洋自重，顧盼自得，又與前者何異？

毛澤東曾經強調，統一戰線、武裝鬥爭、黨的建設，是中共在內戰中獲勝的三個法寶。揆諸實際，四十年來中共得以控制大陸，更賴另一法寶，即勞動改造。憲法本爲人民權利的保障書，中共憲法第二十八條卻明文規定，「國家維護社會秩序，鎭壓叛國和其他反革命的活動，制裁危害社會治安、破壞社會主義經濟和其他犯罪的活動，懲辦和改造罪犯分子」。這是勞改的法律依據，也是人民民主專政政權的根本任務，肅殺之氣溢於言表。何謂「反革命」?中共刑法第九十條至第一百零四條載有定義和罰則，「以推翻無產階級專政的政權和社會主義制度爲目的的、危害中華人民共和國的行爲，都是反革命罪」。一九七九年三月二十五日，魏京生在《探索》雜誌號外上批評鄧小平，四天後即遭逮捕，結果以「反革命」治罪，判刑十五年，迄今仍在獄中。由於逮捕令由鄧小平親自下達，因此魏京生不可能在鄧小平有生之年得到平反，遂使今日之大陸，還停留於「朕即國家」的狀況下。

由此我們必須探討中共政權的本質。它自稱是工人階級領導的、以工農聯盟爲基礎的、人民民主專政的社會主義國家。所謂人民，所謂社會主義，在中共的觀念中都有特殊指涉，與衆不同。例如「人民政協共同綱領」中，人民的定義是「工人階級、農民階級、小資產階級、民族資產階級，以及從反動階級覺悟過來的某些愛國民主分子」。這還是含有強烈統戰意味的從寬解釋，但絕非指全民，自不待言。社會主義在彼之心目中，更爲共產主義的過渡和必經階段。此二名詞原在法律和經濟上各有要涵，中共則在政治上壟斷它們，用以迫害異己，造就了人類史上最多最大的勞改營。

也由此使我們想起了孫中山先生。他早就指出民主與專制不能並存：「余之民權主義，第一決定者為民主，而第二之決定，則以為民主專制必不可行。」此語無異對中共堅持的人民民主專政，做了先知式的批判。吳先生則以血淚的經驗，化為理性的文字，追隨孫中山先生，成為捍衛眞正民主的鬥士。證諸中外史實，民權主義大致可謂理論指導行動，如今自由、民主與人權的觀念業已深入人心，沛然莫之能禦，則文字收功之日，亦大陸勞改營解體之時，誰能輕忽吳先生的著作？

81.12 光華月刊

哀莫大於心未死

請仔細看這個題目，共有七個字。

這是白樺先生新書的名字。

這本書得到了金鼎獎。

民國八十二年十二月七日下午四時，我趕到臺北凱悅飯店，出席金鼎獎的贈獎典禮，抱著一線希望，在數百賓客中尋找白樺先生。

他果然沒有來！

會場分發的精美手冊中，有一頁專門介紹其人其書，稍能彌補他不能出席之憾。其中評語是我擬的：「一個火熱的生命，爲了革命的理想，一再犧牲了愛情。作者寫活了大陸知識分子的挫折，爲抗議文學添一強音。」

受限於字數，我只能寫這麼多，眞是掛一漏萬了。

大陸知識分子的挫折，是用血淚寫成的，而且是千萬人的血淚，白樺先生本人不過千萬中之一例而已。幸而他有筆，記錄了部分的血淚，這就撼動了千萬個人心，也驚動了一個政權。這個政權製造了血淚，卻不准受害者記錄它，已有的記錄也強行抹去，但是血淚猶存，逼視著這個政權。

記錄一旦排成鉛字，就無法全面消除，因爲印刷品是可以複製的，從《苦戀》到《哀莫大於心未死》，都說明了這個事實。從現代的、宏觀的角度來看，禁書是可笑之舉，而且沒有必要。幾本書就能推翻一個政權，或走向推翻的路程，這個政權也未免太脆弱了。

我們開卷，更可知書中的主人翁原本熱愛這個政權，希望它實踐革命時的諾言，表現救國救民的情懷。結果，《苦戀》的主人翁面臨第一次天安門事件後的追捕，《哀莫大於心未死》的主人翁面臨第二次天安門事件時的槍聲，他們的夢紛紛碎了，畢生的寄託化爲灰燼，肉身終於冰冷，他們心死了。

哀莫大於心未死，這本書到了結尾，卻指出六四的槍聲擊中了主人翁，於是他的心死了。心死是悲劇，也是嘲諷，嘲諷了書名，也嘲諷了大陸知識分子。他們獻出了青春，犧牲了愛情，託空了理想，最後失去了一切。知識分子是民族的菁英，國失菁英過鉅，則國將不國，那個政權懂不懂？

中國要現代化，固賴全民的努力，知識分子的責任尤重。略如魯迅所說，他們吃的是草，擠的是奶，而吐的是血。一個知識分子大量失血的民族，不容易健壯與復興，可憂的是政權並不以此爲憂，則國族積弱不振，伊於胡底？四個現代化又如何指日可待？一個政權拖累了一個民族，使得十二億人民受害，這不是禍國殃民嗎？

這個政權的前任領袖，不久以前百年冥誕，彼岸自然熱烈紀念，此地也有少數人行禮如儀，稱之爲「民族主義者」。殊不知一個馬克思主義者，先天即與民族主義爲敵；一個眞正的民族主義者，則必然寶愛優良的傳統文化，並思發揚光大，蔣介石先生的遺命「復興民族文化」，正掌握了民族主義的眞義。毛澤東在政治上利用民族主義，在文化上破壞民族主義，已爲舉世所共見。倘其死而有知，聽到「民族主義者」的稱謂，且出自歌頌人士之口，會有何種表情？

白樺先生年輕時，曾爲毛澤東効命，並投身淮海戰役。觀其初心，必具救國救民的信念，且一念多年不改。時至今日，他有筆如槍，文章報國，並未放棄誠摯純潔的心情，只是早已認清政治領袖的眞貌了。從《苦戀》到《哀莫大於心未死》，他一一道出了實況，視政權的威脅如無物，寫所當寫，勇者不懼，此之謂大丈夫！

書中主人翁的心死了，白樺先生本人則樂觀奮鬥，向上發展。他在得獎後表示，希望自己是一棵樹，反映著自尊與自信，而且力求正直，「樹是沒有退路的，所以堅定不移是我們唯一的選擇」，好一棵挺立田野的白樺！

聽說白樺先生今年得以訪臺，我們由衷歡迎他！

83.1.24.中央副刊

她的父親鄧小平

我看完了《我的父親鄧小平》。

這部四十六萬字的厚書，臺灣版排出了六百頁，內容全同於大陸版與香港版，兩岸三地同步發行，堪稱出版界的一件盛事。吸引我目光的，是作者毛毛強調的史學角度。毛毛的本心，是要把她知道的告訴大家。

毛毛和我同年，一九五〇年生，屬於戰後的一代。爲了寫她的父親，她勤查資料，探訪老人，窮三年之力，才寫出了她父親的前半生。現在，我也試著以史學的角度，把她不知道的告訴大家。

她或許知道，但是沒有寫出來，這就造成了本書的缺憾。我當然知道，子爲父隱，直在其中。毛毛以孝女的身分與心情，寫出她父親的光榮偉大，這也是人子之常情，無足深怪。我只是感慨，歷史求眞，全面鋪陳，是何其困難的工程！

本書是一部以鄧小平爲中心的中共黨史，有別於過去以毛澤東爲中心，但歌功頌德則一。從第一頁到最後一頁，都在述說鄧小平的光榮偉大，甚至封面和封底也不例外。封面印出毛毛的序言：「我所記述的只是一段歷史，但它卻與中華民族幾千年的光輝歷史一脈相承。」歷史不免價值判斷，但須根據事實，這就是史學的角度，我們現在開卷吧！

本書從鄧小平退休的這一天寫起，時爲一九八九年十一月九日，下午三時，中共十三屆五中全會通過，鄧小平辭去中央軍事委員會主席。當晚，在鄧家工作三十多年的楊師傅，精心設計了豐盛的宴席，歡樂的一家人，都高高舉起紅光閃爍的酒杯。

鄧小平的么女鄧榕，也就是本書的作者毛毛，此時心中激動難言。是的，她沒有說出，此時距血腥的六四事件僅僅五個月左右，曾有許多紅光閃爍在北京街頭。不過，她提醒了讀者，鄧小平最後一個職位是中央軍委主席。

六四事件的劊子手，是軍隊加上武裝警察和公安幹警。依中共規定，調動軍隊須經中央軍委主席或兩名副主席簽字，當時身爲第一副主席的趙紫陽已經失勢，不可能調兵，因此鄧小平確是派兵鎮壓的元凶。北京宣布戒嚴後，鄧小平批准了十六個野戰軍進城，合計五十萬人之譜，最後下達作戰命令，以衝鋒槍和坦克等，面對非武裝的學生和群衆，演出了九十年代前夕的血劇。

毛毛支持鄧小平退休，爲的是他能更加健康長壽。容我在此問一聲：那些死者的父親誰來關愛？四年了，越來越多的北京人，包括共產黨員在內，告訴我，這筆帳還沒有算，即使拖到鄧小平死後，也一定會算的。毛毛在宴席上，看見她父親「深沉的笑容」，感到由衷的高興。啊！這一對父女的喜悅，能否長存？

本書接著開始家族尋跡，敍述鄧小平的生史。一九〇四年農曆七月十二日，也就是公曆八月二十二日，鄧小平在四川省廣安縣協興鄉的牌坊村出生，當時他的父親鄧文明十八歲，母親淡氏二十歲。毛毛一再指出，淡氏的名字不知，「父親二十二歲的時候她便死了」。二十二歲並不算小，即使他已離家，六十七年來，總該打聽出母親的名字，但是，現年八十九歲的鄧小平始終不知。父母之年，不可不知；父母之名，尤其不可不知。溫情主義的我，讀到此處迷惘了。

一九二〇年九月十一日，鄧小平在上海登上郵輪，啓程赴法，準備勤工儉學。此後在法國五年兩個月，做工約四年，其餘一年左右在黨團機關服務，可見勤工有餘，儉學不足。一九二二年夏季，他被吸收進入中國社會主義青年團旅歐支部，成爲馬克思主義者。一九八九年十一月，鄧小平退休之日，中共中央對他有如下的頌詞：傑出的馬克思主義者、堅定的共產主義者、卓越的無產階級革命家、政治家、軍事家、黨和國家久經考驗的領導人。

這麼豐富的評價，毛毛當然指爲崇高，引爲光榮。鄧小平如何評價自己呢？此時他躊躇滿志，笑納頌詞，我卻想起他的過去。一九六六年十月二十三日，他在中共中央工作會議上公開檢討：「我是一個沒有改造好的資產階級小知識分子，是一個資產階級世界觀沒有得到根本改造的人，是個沒有過好社會主義關的人。現在初步用鏡子照照自己，眞是不寒而慄。」

鄧小平的不寒而慄，其實來自對文化大革命的恐懼，因此他不惜辱身，以求自保，但未能如願，遂和廣大幹部及人民一樣，成爲文革的受害者。與衆不同的是，他在會場上還有這些慷慨的陳詞：「對於我這樣犯錯誤的人，應該老老實實地向林彪同志學習，學習他高舉毛澤東思想紅旗，學習他活學活用毛主席著作，這是我改正錯誤，力求做一點對黨對人民有益工作的唯一可靠途徑。」

此後十餘年，他不斷發表類似的言論，換取信任與職位。一九七六年十月十日，他寫信給汪東興，轉呈華國鋒和中共中央：「我衷心地擁護黨中央關於由國鋒同志擔任黨中央主席和軍委主席的決定，我歡呼這個極其重要的決定對黨和社會主義事業的偉大意義。不僅在政治上思想上國鋒同志是最適合的毛主席的接班人，就年齡來說，可以使無產階級領導的穩定性至少可以保證十五年或二十年之久，這對全黨全軍全國人民來說是何等重要啊！怎不令人歡欣鼓舞呢？」信的結尾，他「情不自禁地高呼萬歲萬歲萬萬歲」！

一九七七年四月十日，鄧小平再度致函華國鋒，表示「完全擁護」，並建議中共中央，將他的前後兩信印發黨內，以供衆覽。同年七月二十日，他在中共的十屆三中全會閉幕前夕，召集在北京開會的各省市、自治區黨委負責人，舉行座談會，公開批判劉少奇，肯定文化大革命：「我們的黨是堅持馬列主義，堅持社會主義路線的，但有些人卻不要馬列主義，不要社會主義，這些人往往利用我們以爲風平浪靜想當然的時候，暗中絆我們一腳，使我們四腳朝天，他們就趁機把中國帶到資本主義的道路上去，劉少奇就是這種人。」劉少奇與鄧小平在文革時同被打成反黨集團，結果前者慘死，後者倖存，倖存者鞭撻慘死者，這已非世態炎涼四個字所能形容了。

鄧小平接著指出：「要不是毛主席發動文化大革命，把資本主義和馬列主義、社會主義之間的鬥爭通過大字報、大鳴、大放、大辯論來使我們認識清楚，我真會讓劉少奇拉著鼻子走，這說明什麼?是我過了幾年太平日子，思想模糊了，路線搞不清楚，很多同志也會有這種錯誤，現在基本上扭轉過來了，這就是文化大革命的首功。所以說文化大革命的成績，主要的是保住了黨的本質，也保住了江山不變色，毛主席的偉大之處也就可以在這裡體現出來。」夠了，政治的是非，事件的對錯，人物的忠奸，制度的好壞，鄧小平都有如此獨特的論斷。一波又一波這樣的言論，加上異乎常人的行動，他終於爬上權力的頂峰。

毛毛在書中提到，鄧小平進入中共黨政「最高領導集體」，是在一九五六年。從該年的中共八屆大會上，他當選中央政治局常委和中央總書記起，到一九七八年的十一屆三中全會上實權在握，歷經二十二年的努力，他從「之一」變成「唯一」，走過了腥風血雨，也帶來了腥風血雨。

一九五七年六月起，中共展開反右派鬥爭，即毛澤東所說的陽謀。毛毛在書中明白指出，此時鄧小平身爲總書記，主持中央書記處的日常工作，是毛澤東的重要助手。值得補充的是，該年九月二十三日，鄧小平在中共八屆三中(擴大)全會上表示，這次反右派鬥爭，主要是在資產階級和知識分子的範圍內進行，其中包括工商業者、民主黨派、教育界、新聞出版界、文藝界、科學技術界、衛生界、國家機關的許多工作人員、大學生等。「對於敵人，要進行堅決的鬥爭，要用揭露、孤立和分化的方法，有的還要用懲辦和鎭壓的方法。」鄧小平如此說，也如此做。他還譴責一些同志，在鬥爭黨內的右派分子時，表現了比較嚴重的溫情主義，「特別是對一些應該劃爲右派的老黨員更加惋惜、心軟、下不了手，這種情緒必須加以克服。」

鄧小平自己當然沒有這種情緒，從反右派鬥爭到六四大屠殺，或爲執行官，或爲指揮者，他從來沒有對敵人仁慈過。毛毛克紹箕裘，在書中對共產黨的敵人也從未仁慈過，她用盡了貶抑的字眼，使對手永世不得超生。於是，全書充斥了「反動」、「反革命」、「下三濫」、「死有餘辜」、「殘渣敗鄙」、「得勢便猖狂」、「封建」、「爲人不齒的反共走卒」、「頑固」、「卑劣」、「腐朽」、「獨裁」、「驕蠻」等，不一而足。時序已入一九九三年，兩岸日趨緩和，毛毛推出了新書，心態卻是四十年前的，臺灣的讀者有何感想，恐非其所能思及；國共三度合作與和平統一的號召，也非本書之所能計。毛毛傾瀉了歷史的仇恨，仇恨的書難免後遺症，這是她爲臺灣版的推出額手稱慶之餘，必須想到的。

相對於此，毛毛用盡了尊貴的詞句，形容她的父親和長輩。他們人人犧牲奉獻，個個驍勇善戰，時時愛民如己，刻刻心存黨國。他們遠離一切罪惡，全無私心雜念，所到之處都受民衆歡迎，統治之地即成君子之邦。毛毛的添加與省略，使得他們全部超凡入聖了，尤其是她的父親。添加物實在不勝枚舉，且看一個省略的例子吧。一九三五年一月的遵義會議，在中共黨史上極其重要，毛毛強調他的父親是出席者，雖然沒有在會上發言，但毫無疑問是毛澤東的堅定支持者。其實，鄧小平是列席者，擔任會議記錄，既無發言權，也無表決權。凡此原無損於鄧小平的光榮偉大，但毛毛似乎不作此想，遂使本書類似我們少年時代的名人傳記，但是我們已經長大了。

容我這樣說，本書低估了臺灣的讀者，也羞辱了任何一個開放的社會與心靈。如在三十年代的蘇聯，這種筆法必獲史達林的嘉獎，舉爲社會主義寫實主義的典範。如在四十年代的延安，這種筆法必獲毛澤東的表揚，舉爲工農兵文學的代表。這是一部頂峰之作，歌頌自己到了頂峰，打擊別人也不例外。啊！歌德說，一切的頂峰。

但是，現在屬於九十年代，大陸已非昔日可比，人民亦非愚不可及，因此我相信，本書也低估了大陸的讀者，尤其是身受其害的知識分子，六四的血還在他們身上流傳，很少人甘受如此巨大的嘲弄。雖然如此，我和他們一樣，期盼毛毛繼續執筆，寫出她父親的後半生，包括反右派鬥爭，以及六四慘案。

源源本本，不要留白。

82.10.7.聯合副刊

兩本《鄧小平之後的中國》

我收集了近百種專書，書名都有「鄧小平」三字，內容則可大別爲文選、傳記與研究三類，其中十餘本是正體字排成的，部分活絡於臺灣的書市。

展卷可知，有些書對臺灣沒有善意，更沒有感情。例如《我的父親鄧小平》，徒然暴露作者「多層的淺薄」，以及令人感嘆的世界觀。臺灣讀者因此得見大陸權貴的心態，未嘗不是好事。

最近出版的兩本書，則迥異於此。巧合的是，兩書同名，都是《鄧小平之後的中國》，證明了執筆者不約而同，扣緊了時代的命題。鄧小平是中共的國家主席？還是中央總書記？或者國務院總理？不，什麼都不是。他九十歲了，早已退休，舉步維艱，餘日無多。一個無職無責的老人，卻享有無與倫比的權力，其生死可能影響十二億人民，這種成就感的背後，徧布了荒謬和不安。

這是全體中國人的悲哀，要爲此人之死背書。這兩本書說出了大家的無奈，但也指點了若干迷津，有助讀者化險爲夷。準此以觀，兩書需要更多的讀者，包括兩岸當局在內。鄧小平本人如能細閱兩書，或能得到一些啓發。

世界書局的版本，解析十個生死攸關的問題，包括權力鬥爭、政權存亡、經濟發展、人民造反、地方割據、軍閥混戰、民族糾紛、兩岸戰火、香港地震、新的黃禍等。執筆者吳國光先生和王兆軍先生分析，鄧小平身後，中國大陸的前景有六：1.大亂；2.回到左翼極權；3.出現右翼集權或軍人專政；4.維持現狀，既左且右；5.迅速民主化；6.漸進民主化。前三種都可能對臺用兵，第四種還可能挺個三年五載，第五種不易出現，第六種最爲理想，但實現的困難不小。執筆者提出的解決方案，在人民自主，改變制度。這是臺灣的號召，也是自由世界的願望，執筆者來自大陸，也都擔任過公職，如今則以自由人的立場和心情寫作，使我們對大陸的未來，還能懷抱希望。

新新聞文化公司的版本，說明了何頻先生持續的努力。他已撰就多部專書，解析中共的人事，本書則爲四十三位名家的訪談錄，範圍包括軍事、政治、經濟、社會、外交和兩岸關係。各家的看法不盡相同，也正因如此，本書呈現萬花撩亂之貌，提供讀者多面思考的機會。執筆者和受訪者的善意，尤其表現在臺灣話題的問答上。例如，大陸軍事學者艾端午先生斷言，中共犯臺勢在必行，兩岸力量的對比發生質變後，虛假的調情階段即將結束。在二十一世紀，失去臺灣即意味中國整體戰略上的死亡，因此中共絕不會容忍任何形式的臺獨。

兩書的執筆者和受訪者，都視中共攻臺爲悲劇，也都憂心不已。是的，主張臺獨的先生從未告訴我們，「臺灣共和國」一旦成立，有何實力對抗彼岸的討伐？「開國」諸君身上的外國公民證、居留證、護照等，又是否能夠付之一炬，每個人都留下來，與兩千一百萬同胞共存亡？

假如答覆是猶豫的，請也展讀這兩本書，然後說負責任的話，做負責任的事，讓鄧小平之後的中國，少一分流血，多一分流汗，兩岸人民都能投身於和平的建設，不亦宜乎？

83. 5. 5. 聯合報

紅色議長從頭看

八十四年三月五日到十八日，八屆「全國人民代表大會」三次會議在北京舉行，這是「人大」的例會，原本不爲外界重視，但本年對中共規畫的兩位副總理人選，投下了大量反對票，顯示過去「橡皮圖章」的作風已有改變，「人大」委員長喬石的名字，也就引人注目了。

恰在此時，臺灣推出了《中共巨頭喬石》，頗有助於讀者的閱報。喬石在中共政壇上排名第三，僅次於江澤民和李鵬，有關江李的專書多矣，喬石則似未出現。有之，恐從本書始。

本書的作者高新先生，以多部人物傳記，奠定了他的中共專家地位。喬石早年從事學生運動，是中共的秘密黨員，欲寫其詳傳，文獻不足是必然的。作者又曾因六四事件被捕，獲釋後出走海外，不可能親訪喬石。上述種種原因，使本書無法臻於完美，但仍不失爲一本重要的參考書。

喬石以學運起家，活動的地點，又是中共起家的上海，這一段經歷，對他得有今日，終究管用。中共編寫的《中國現代史》，就是以五四運動開頭的。一九四九年以前，中共協製學運；一九四九年以後，中共打壓學運，一九八九年六月四日達到高峰，其中的周折，在於身分的改變。喬石一如整個中共，從在野者變成執政者，面對後來的學運，心情不免尷尬。高新先生於此，有較仔細的分析，但不無替喬石脫罪之意。

這或許是出於作者的善意，期待中國大陸出現一個明主，讓人民有好日子過。這種善意貫穿全書，喬石也就成爲幾無缺點的人物。過去，我們讀過很多類似的傳記，不論傳主是否健在，隨著時局的發展，眞相的托出，讀者後來總不免失望。對於臺灣來說，喬石本人就是一個例子。他最近訪問南韓，公開支持釜山主辦二〇〇二年的亞運，反對高雄的爭取。稍早，他也表示中共不會放棄武力攻臺。看來，喬石對臺灣的態度，一如鄧小平、江澤民和李鵬，沒有太多的善意。

當然，本書仍有不少可取之處。例如，喬石的身世，與陳布雷千絲萬縷的關係，他的西北經驗等，皆爲外界所罕聞。作者在文獻不足的情況下，多方查訪，大致理清了頭緒。本書較弱的一環，則爲文革時期的喬石。由於欠缺直接的資料，旁徵博引之下，與喬石本人有關的文字仍嫌不足，令人興「巧婦難爲無米炊」之感，有待將來的補強。

喬石生於一九二四年，今已年逾古稀，仍被西方媒體看好，指爲黑馬，這也旁證期待明主之心，中外皆然。作者在結論中，看好喬石的前途，理由如下：1.他是經歷職務最多的現職中共領導人，2.他是最有組織實力的現職中共領導人，3.他是最具潛在勢能的現職中共領導人，4.他是幕後老臣最願支持的現職中共領導人，5.他是主管法紀執掌特殊權力的現職中共領導人，6.他是在政治局內擁戴者最多的現職中共領導人，7.他是最具法統地位的現職中共領導人。以上諸說在作者的詮釋下，可謂言之有理，但喬石能否超越江澤民，成爲中共的最高領袖，牽涉到政治的倫理、軍事的實力，以及大陸經濟的發展，乃至社會的各項變數，在可見的未來，尚爲未定之天。作者的善意，正在接受時間的考驗。

84. 6. 明報月刊

書名

人有人名，書有書名。中國的人名不長，書名亦當如此。

魯迅的兩本小說集，一名《吶喊》，一名《徬徨》，合計不過四字，簡潔易記。巴金的《激流三部曲》，分曰《家》、《春》、《秋》，合計不過三字，過目難忘。檢觀中國自古以來的名著，書名鮮有冗長者，其能流傳久遠，固以內容取勝，簡單之名亦有功焉。

時至今日，中國的出版業越演越烈，書名也越取越長，似有不可收拾之態，直向讀者的記憶挑戰。例如，政大國際關係研究中心出版一書，其名有三，主書名爲《自由之血民主之花》，副書名一爲《中國大陸民主的坎坷路》，二爲《民國七十八年中國大陸民主運動紀實》，以上合計三十四字，誰能記得周全？爲什麼不簡化爲《八九民運紀實》六字呢？封面與書脊的空間有限，實在不容塡鴨。

同理，時報出版一書，其名有二，主書名爲《悲劇性的開端》，副書名爲《臺灣二二八事變》，似可省略前者，扶正後者。書名不是篇名，應盡量避免二題並陳，理論書籍尤應避免形容詞的書名。試問：在這個快速的科學時代，《自由之血民主之花》與《悲劇性的開端》之類，讀者不易判斷，書店不易答詢，圖書館不易分類，損失者誰？

臺灣如此，大陸亦然。中國社會科學出版社的《溝通與更新》，副書名是《魯迅與日本文學關係發微》。上海文藝出版社的《遁世與救世》，副書名是《中國文化名著新評》。吉林教育出版社的《衝擊與蛻變》，副書名是《西方文化與中國政治》。凡此，似皆應以副爲正，取消原名。

書名應該一語中的，除了宜簡，也宜明。鄙意以爲，文學創作之外的所有書籍，名字都不必懸疑，令人猜想。書名不明，如同燈謎，考驗讀者的耐性，結果難免自苦。

例如，師大書苑出版一書，封面和書脊都僅印出「不安海域」四字，所論是水文學？抑或兩岸關係？都不是，原來在談臺灣新世代詩人。湖南文藝出版社有一本書，書脊僅印「實踐、思考與追求」，請問是談政治還是哲學？都不是，原來是毛澤東文藝思想研究，爲什麼不直接標明呢？

理想的書名，以不超過五字爲宜。例如，《論語》、《紅樓夢》、《古文觀止》、《國史大綱》、《雅舍小品》、《唐詩三百首》，皆朗朗可誦。如遇專有名詞，不得已有較長的書名，則應刪去形容詞與副詞等，務求精準。能用一字，不用兩字，不但有利讀者，更造福作者本身，何樂而不簡？

印象深刻的叢書

我生長在一個愛書之家，自幼至今，都以讀書爲業，數以萬計的卷冊，滋潤了我若渴的心。

印象深刻的叢書，首推黨史會的國父百年誕辰學術論著，民國五十四年出版時，我還是初中生，課業繁忙之際，抽空閱讀，誦之再三，強化了至今不拔的政治理念。豐實厚重的「國父墨蹟」，寫出了主人翁的國族大愛。《國父孫中山先生傳》，透露了主人翁的婚姻生活，打破了當時的禁忌，作者傅啓學先生的勇氣可敬。《革命先烈先進詩文選集》等，帶我走進那個大革命的時代。有那麼多優秀的人才獻身國民革命，這是中華民國的苦難與光榮！

高中時代，正值《文星叢刊》風行海內，我從衡陽路追隨到昆明街，搶購這些四十開本的書籍。胡適先生的選集，李敖先生的雜文，余光中先生的散文與評論，朱西寧先生與司馬中原先生的小說，都在此時和我興奮照面。文星書店主人蕭孟能先生的貢獻，在於影響了一代人的思考，堪稱叢書界的王者。如今中年以上的知識分子，何人不識《文星叢刊》呢？

相形之下，三民書局主人劉振強先生的貢獻，則在超越世俗，爲冷門的學科服務。劉先生先後推出了多套文史哲叢書，包括《三民文庫》、《滄海叢刊》和《三民叢刊》。《三民文庫》中，葉嘉瑩女士的《迦陵談詩》，唐君毅先生的《說中華民族之花果飄零》，裴普賢女士的《詩詞曲疊句欣賞研究》，陳慧劍先生的《弘一大師傳》，以及薩孟武先生、彭歌先生、趙滋蕃先生、吳相湘先生的大著，每爲我所擊節。《三民文庫》現已罕見，其中《弘一大師傳》列入《滄海叢刊》，再版發行，嘉惠讀者，至盼其他佳構亦能比照。

《滄海叢刊》數百冊中，劉述先先生所著《文學欣賞的靈魂》，予我的印象最深。該書最早由香港人生出版社出版，我在初中時不經意得之，讀後深受感染，多年後方獲解脫，及至滄海中重逢，只有喜悅，不再傷痛。劉先生是哲學家，文學論著似僅此一部，不想書中的唯情主義，影響我這麼久。

《滄海叢刊》的作者，例如錢穆先生、胡秋原先生、傅偉勳先生、韋政通先生、唐翼明先生等，皆爲我開窗闢戶，得見風景無限。拙著也蒙滄海不棄，納爲一粟，其中《大陸文藝新探》更幸獲國家文藝獎，實令我感激終生。近年來，有別於此的《三民叢刊》亦已問世，人文關懷愈爲濃厚，我爲臺灣的讀者賀。

憶往追昔，我當然不能忘記其他叢書的光輝。商務印書館的《人人文庫》，志文出版社的《新潮文庫》，大同公司的《協志叢書》，以及傳記文學、各報社的叢書等，它們對我的教育，不下於課堂，而無不廉美。教室的聲音日漸遙遠，書籍則仍在我身邊，清晰可見，能不奉爲師友？

新的叢書出現了，印刷精良，令人愛不釋手，但我不免懷念那個時代。寄語年輕的朋友，兼顧新舊，涵泳古今，置身大世界，留下買書錢！

83. 9.《文訊》

滄海叢刊書目（二）

國學類

先秦諸子繫年	錢 穆 著
朱子學提綱	錢 穆 著
莊子纂箋	錢 穆 著
論語新解	錢 穆 著
周官之成書及其反映的文化與時代新考	金春峰 著
尚書學述（上）、（下）	李振興 著
周易縱橫談	黃慶萱 著
考證與反思——從《周官》到魯迅	陳勝長 著

哲學類

哲學十大問題	鄔昆如 著
哲學淺論	張 康 譯
哲學智慧的尋求	何秀煌 著
哲學的智慧與歷史的聰明	何秀煌 著
文化、哲學與方法	何秀煌 著
人性記號與文明——語言・邏輯與記號世界	何秀煌 著
邏輯與設基法	劉福增 著
知識・邏輯・科學哲學	林正弘 著
現代藝術哲學	孫 旗 譯
現代美學及其他	趙天儀 著
中國現代化的哲學省思——「傳統」與「現代」理性結合	成中英 著
不以規矩不能成方圓	劉君燦 著
恕道與大同	張起鈞 著
現代存在思想家	項退結 著
中國思想通俗講話	錢 穆 著
中國哲學史話	吳怡、張起鈞 著
中國百位哲學家	黎建球 著
中國人的路	項退結 著

中國哲學之路	項 退 結 著
中國人性論	臺大哲學系主編
中國管理哲學	曾 仕 強 著
孔子學說探微	林 義 正 著
心學的現代詮釋	姜 允 明 著
中庸誠的哲學	吳 怡 著
中庸形上思想	高 柏 園 著
儒學的常與變	蔡 仁 厚 著
智慧的老子	張 起 鈞 著
老子的哲學	王 邦 雄 著
當代西方哲學與方法論	臺大哲學系主編
人性尊嚴的存在背景	項 退 結編著
理解的命運	殷 鼎 著
馬克斯・謝勒三論	阿弗德・休慈原著、江日新 譯
懷海德哲學	楊 士 毅 著
海德格與胡塞爾現象學	張 燦 輝 著
洛克悟性哲學	蔡 信 安 著
伽利略・波柏・科學說明	林 正 弘 著
儒家與現代中國	韋 政 通 著
思想的貧困	韋 政 通 著
近代思想史散論	龔 鵬 程 著
魏晉清談	唐 翼 明 著
中國哲學的生命和方法	吳 怡 著
孟學的現代意義	王 支 洪 著
孟學思想史論（卷一）	黃 俊 傑 著
莊老通辨	錢 穆 著
墨家哲學	蔡 仁 厚 著
柏拉圖三論	程 石 泉 著
倫理學釋論	陳 特 著
儒道論述	吳 光 著
新一元論	呂 佛 庭 著

宗教類

佛教思想發展史論	楊 惠 南 著
佛教思想的傳承與發展——印順導師九秩華誕祝壽文集	釋 恆 清主編

佛經成立史	水野弘元著、劉欣如譯
圓滿生命的實現（布施波羅密）	陳柏達 著
薝蔔林・外集	陳慧劍 著
維摩詰經今譯	陳慧劍譯註
龍樹與中觀哲學	楊惠南 著
公案禪語	吳怡 著
禪學講話	芝峰法師 譯
禪骨詩心集	巴壺天 著
中國禪宗史	關世謙 著
魏晉南北朝時期的道教	湯一介 著
佛學論著	周中一 著
當代佛教思想展望	楊惠南 著
臺灣佛教文化的新動向	江燦騰 著
釋迦牟尼與原始佛教	于凌波 著
唯識學綱要	于凌波 著
從印度佛教到中國佛教	冉雲華 著
中印佛學泛論 ——傅偉勳六十大壽祝壽論文	藍吉富主編
禪史與禪思	楊惠南 著

社會科學類

中華文化十二講	錢穆 著
民族與文化	錢穆 著
楚文化研究	文崇一 著
中國古文化	文崇一 著
社會、文化和知識分子	葉啟政 著
儒學傳統與文化創新	黃俊傑 著
歷史轉捩點上的反思	韋政通 著
中國人的價值觀	文崇一 著
奉天承運 ——古代中國的「國家」概念及其正當性基礎	王健文 著
紅樓夢與中國舊家庭	薩孟武 著
社會學與中國研究	蔡文輝 著
比較社會學	蔡文輝 著
我國社會的變遷與發展	朱岑樓主編
三十年來我國人文社會科學之回顧與展望	賴澤涵 編

社會學的滋味　蕭新煌 著
臺灣的國家與社會　徐正光、蕭新煌主編
臺灣的社區權力結構　文崇一 著
臺灣居民的休閒生活　文崇一 著
臺灣的工業化與社會變遷　文崇一 著
臺灣社會的變遷與秩序（政治篇）（社會文化篇）　文崇一 著
鄉村發展的理論與實際　蔡宏進 著
臺灣的社會發展　席汝楫 著
透視大陸　政治大學新聞研究所主編
寬容之路
——政黨政治論集　謝延庚 著
憲法論衡　荊知仁 著
周禮的政治思想　周世輔、周文湘 著
儒家政論衍義　薩孟武 著
制度化的社會邏輯　葉啟政 著
臺灣社會的人文迷思　葉啟政 著
臺灣與美國的社會問題　蔡文輝、蕭新煌主編
自由憲政與民主轉型　周陽山 著
蘇東巨變與兩岸互動　周陽山 著
教育叢談　上官業佑 著
不疑不懼　王洪鈞 著
戰後臺灣的教育與思想　黃俊傑 著
太極拳的科學觀　馬承九編著
兩極化與分寸感
——近代中國精英思潮的病態心理分析　劉笑敢 著
唐人書法與文化　王元軍 著
C理論——易經管理哲學　成中英 著

史地類

國史新論　錢穆 著
秦漢史　錢穆 著
秦漢史論稿　邢義田 著
宋史論集　陳學霖 著
宋代科舉　賈志揚 著
中國人的故事　夏雨人 著
明朝酒文化　王春瑜 著

劉伯溫與哪吒城 ——北京建城的傳說	陳學霖著
歷史圈外	朱桂著
歷史的兩個境界	杜維運著
近代中國變局下的上海	陳三井著
當代佛門人物	陳慧劍編著
弘一大師傳	陳慧劍著
杜魚庵學佛荒史	陳慧劍著
蘇曼殊大師新傳	劉心皇著
近代中國人物漫譚	王覺源著
近代中國人物漫譚續集	王覺源著
魯迅這個人	劉心皇著
沈從文傳	凌宇著
三十年代作家論	姜穆著
三十年代作家論續集	姜穆著
當代臺灣作家論	何欣著
史學圈裏四十年	李雲漢著
師友風義	鄭彥棻著
見賢集	鄭彥棻著
思齊集	鄭彥棻著
懷聖集	鄭彥棻著
憶夢錄	呂佛庭著
古傑英風 ——歷史傳記文學集	萬登學著
走向世界的挫折 ——郭嵩燾與道咸同光時代	汪榮祖著
周世輔回憶錄	周世輔著
三生有幸	吳相湘著
孤兒心影錄	張國柱著
我這半生	毛振翔著
我是依然苦鬥人	毛振翔著
八十憶雙親、師友雜憶（合刊）	錢穆著
烏啼鳳鳴有餘聲	陶百川著

語文類

標點符號研究	楊遠著

訓詁通論　吳孟復 著
入聲字箋論　陳慧劍 著
翻譯偶語　黃文範 著
翻譯新語　黃文範 著
翻譯散論　張振玉 著
中文排列方式析論　司琦 著
杜詩品評　楊慧傑 著
詩中的李白　楊慧傑 著
寒山子研究　陳慧劍 著
司空圖新論　王潤華 著
詩情與幽境
——唐代文人的園林生活　侯迺慧 著
歐陽修詩本義研究　裴普賢 著
品詩吟詩　邱燮友 著
談詩錄　方祖燊 著
情趣詩話　楊光治 著
歌鼓湘靈
——楚詩詞藝術欣賞　李元洛 著
中國文學鑑賞舉隅　黃慶萱、許家鶯 著
中國文學縱橫論　黃維樑 著
漢賦史論　簡宗梧 著
古典今論　唐翼明 著
亭林詩考索　潘重規 著
浮士德研究　李辰冬 譯
十八世紀英國文學
——諷刺詩與小說　宋美瑾 著
蘇忍尼辛選集　劉安雲 譯
文學欣賞的靈魂　劉述先 著
小說創作論　羅盤 著
小說結構　方祖燊 著
借鏡與類比　何冠驥 著
情愛與文學　周伯乃 著
鏡花水月　陳國球 著
文學因緣　鄭樹森 著
解構批評論集　廖炳惠 著
細讀現代小說　張素貞 著

續讀現代小說	張素貞 著
現代詩學	蕭　蕭 著
詩美學	李元洛 著
詩人之燈 ——詩的欣賞與評論	羅　青 著
詩學析論	張春榮 著
修辭散步	張春榮 著
修辭行旅	張春榮 著
橫看成嶺側成峰	文曉村 著
大陸文藝新探	周玉山 著
大陸文藝論衡	周玉山 著
大陸當代文學掃描	葉穉英 著
走出傷痕 ——大陸新時期小說探論	張子樟 著
大陸新時期小說論	張　放 著
大陸新時期文學（1977～1989） ——理論與批評	唐翼明 著
兒童文學	葉詠琍 著
兒童成長與文學	葉詠琍 著
累廬聲氣集	姜超嶽 著
林下生涯	姜超嶽 著
青　春	葉蟬貞 著
牧場的情思	張媛媛 著
萍踪憶語	賴景瑚 著
現實的探索	陳銘磻 編
一縷新綠	柴　扉 著
金排附	鍾延豪 著
放　鷹	吳錦發 著
黃巢殺人八百萬	宋澤萊 著
泥土的香味	彭瑞金 著
燈下燈	蕭　蕭 著
陽關千唱	陳　煌 著
種　籽	向　陽 著
無緣廟	陳艷秋 著
鄉　事	林清玄 著
余忠雄的春天	鍾鐵民 著

吳煦斌小說集	吳煦斌 著
卡薩爾斯之琴	葉石濤 著
青囊夜燈	許振江 著
我永遠年輕	唐文標 著
思想起	陌上塵 著
心酸記	李喬 著
孤獨園	林蒼鬱 著
離　訣	林蒼鬱 著
托塔少年	林文欽 編
北美情逅	卜貴美 著
日本歷史之旅	李希聖 著
孤寂中的迴響	洛夫 著
火天使	趙衛民 著
無塵的鏡子	張默 著
關心茶 ——中國哲學的心	吳怡 著
放眼天下	陳新雄 著
生活健康	卜鍾元 著
文化的春天	王保雲 著
思光詩選	勞思光 著
靜思手札	黑野 著
狡兔歲月	黃和英 著
老樹春深更著花	畢璞 著
列寧格勒十日記	潘重規 著
文學與歷史 ——胡秋原選集第一卷	胡秋原 著
晚學齋文集	黃錦鋐 著
天山明月集	童山 著
古代文學精華	郭丹 著
山水的約定	葉維廉 著
明天的太陽	許文廷 著
在天願作比翼鳥 ——歷代文人愛情詩詞曲三百首	李元洛 輯注
千葉紅芙蓉 ——歷代民間愛情詩詞曲三百首	李元洛 輯注
鳴酬叢談	李飛鵬 編纂

秩序的探索
——當代文學論述的省察　周慶華 著
樹人存稿　馬哲儒 著

美術類

音樂與我	趙　琴 著
爐邊閒話	李抱忱 著
琴臺碎語	黃友棣 著
音樂隨筆	趙　琴 著
樂林蓽露	黃友棣 著
樂谷鳴泉	黃友棣 著
樂韻飄香	黃友棣 著
樂海無涯	黃友棣 著
弘一大師歌曲集	錢仁康 著
立體造型基本設計	張長傑 著
工藝材料	李鈞棫 著
裝飾工藝	張長傑 著
人體工學與安全	劉其偉 著
現代工藝概論	張長傑 著
藤竹工	張長傑 著
石膏工藝	李鈞棫 著
色彩基礎	何耀宗 著
當代藝術采風	王保雲 著
都市計劃概論	王紀鯤 著
建築設計方法	陳政雄 著
古典與象徵的界限 ——象徵主義畫家莫侯及其詩人寓意畫	李明明 著
民俗畫集	吳廷標 著

～涵泳浩瀚書海　激起智慧波濤～